乡村产业振兴案例精选系列

全国乡村产业园区典型案例 彩图版

农业农村部乡村产业发展司　组编

中国农业出版社
农村读物出版社
北　京

丛书编委会

本 书 编 委 会

主　编　王　维

副主编　程勤阳　刘　康

参　编（按姓氏笔画排序）

王志杰　王雪琪　毛祥飞　付海英　任　曼

刘明慧　李世宁　何思敏　谷莉莎　谷琼琼

张　哲　邵　广　赵成涛　高志伟　高逢敬

序

　　民族要复兴，乡村必振兴。产业振兴是乡村振兴的重中之重。当前，全面推进乡村振兴和农业农村现代化，其根本是汇聚更多资源要素，拓展农业多种功能，提升乡村多元价值，壮大县域乡村富民产业。国务院印发《关于促进乡村产业振兴的指导意见》，农业农村部印发《全国乡村产业发展规划（2020—2025年）》，需要进一步统一思想认识、推进措施落实。只有聚集更多力量、更多资源、更多主体支持乡村产业振兴，只有乡村产业主体队伍、参与队伍、支持队伍等壮大了，行动起来了，乡村产业振兴才有基础、才有希望。

　　乡村产业根植于县域，以农业农村资源为依托，以农民为主体，以农村一二三产业融合发展为路径，地域特色鲜明、创新创业活跃、业态类型丰富、利益联结紧密，是提升农业、繁荣农村、富裕农民的产业。当前，一批彰显地域特色、体现乡村气息、承载乡村价值、适应现代需要的乡村产业，正在广阔天地中不断成长、蓄势待发。

　　近年来，全国农村一二三产业融合水平稳步提升，农产品加工业持续发展，乡村特色产业加快发展，乡村休闲旅游业蓬勃发展，农村创业创新持续推进。促进乡村产业振兴，基层干部和广大经营者迫切需要相关知识启发思维、开阔视野、提升水平，"新时代乡村产业振兴干部读物系列""乡村产业振兴案例精选系列"便应运而生。丛书由农业农村部乡村产业发展司组织全国相关专家学者编写，以乡村产业振兴各级相关部门领导干部为主要读者对象，从乡村产业振兴总论、现代种养业、农产品加工流通业、乡土特色产业、乡村休闲旅游业、乡村服务业等方面介绍了基本知识和理论、以往好的经验做法，同时收集了种养典型案例、脱贫典型案例、乡村产业融合典型案例、农业品牌典型案例、乡村产业园区典型案例、休闲旅游典型案例、农村电商典型案例、乡村产业抱团发展典型案例等，为今后工作提供了新思路、新方法、新案例，是一套集理论性、知识性和指导性于一体的经典之作。

　　丛书针对目前乡村产业振兴面临的时代需求、发展需求和社会需求，层层递进、逐步升华、全面覆盖，为读者提供了贴近社会发展、实用直观的知识体系。丛书紧扣中央"三农"工作部署，组织编写专家和编辑人员深入生产一线调研考察，力求切实解决实际问题，为读者答疑解惑，并从传统农业向规模化、特色化、品牌化方向转变展开编写，更全面、精准地满足当今乡村产业发展的新需求。

　　发展壮大乡村富民产业，是一项功在当代、利在千秋、使命光荣的历史任务。我们要认真学习贯彻习近平总书记关于"三农"工作重要论述，贯彻落实党中央、国务院的决策部署，锐意进取，攻坚克难，培育壮大乡村产业，为全面推进乡村振兴和加快农业农村现代化奠定坚实基础。

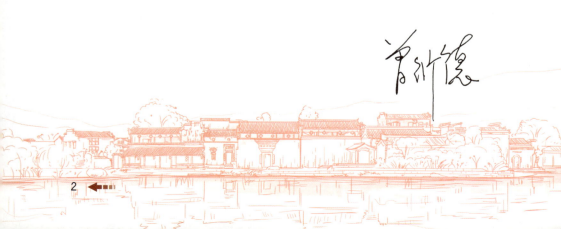

前言

  "十三五"时期是我国全面建成小康社会的决胜期。在经济社会发展新常态背景下，转变农业发展方式、推进农业现代化是"四化同步"的必然要求，是实现农业强、农村美、农民富的重要途径，是确保农村在全面建成小康社会中不掉队的战略支撑。经过多年努力，我国农业农村发展不断迈上新台阶，已进入深入推进农业供给侧结构性改革的历史阶段。农业供给侧结构性改革要求提高农业供给体系质量和效率，优化供给、提质增效，促进农业转型升级、推进一二三产业融合发展、实现农民增收，坚持绿色发展、规模化发展、集聚发展，打造农业品牌。

  深入贯彻党的十九大精神，践行新发展理念，按照高质量发展要求，围绕实施乡村振兴战略，以推进农业供给侧结构性改革为主线，立足优势特色产业，聚力建设规模化种养基地为依托、产业化龙头企业带动、现代生产要素聚集，"生产＋加工＋科技"的现代农业产业集群，促进一二三产业融合发展，创新农民增收利益联结机制，培育农业农村经济发展新动能，打造高起点、高标准的现代农业建设样板区和乡村产业兴旺引领区，为农业农村现代化建设和乡村振兴提供有力支撑。

  全国乡村产业园区典型案例是各个省份所属企业在园区创建工作中积累的宝贵经验。这些成绩的取得，凝聚了全党全国各族人民的智慧和心血。为此，农业农村部乡村产业发展司从全国征集了 100 多个乡村产业园区典型案例，由中农智慧（北京）农业研究院组织专家团队进行评审，以利益联结紧密度、农村居民人均可支配收入及带动农民增收的质量为评判标准，最终评选出 31 个典型案例汇编成此书并宣传推广。特别说明，本书所引案例及涉及品牌只为内容说明需要，未对其经营及产品质量进行考察，对此不持任何观点，仅供参考。全国乡村产业园区典型案例既是对带动当地产业发展成就的总结和展现，又可对日后其他地区创建园区工作提供借鉴，提供可复制的路径模式，促进逐步实现共同富裕，进而推进乡村全面振兴，谱写鲜活生动的乡村振兴新篇章。全国乡村产业园区典型案例的展现体现出我国园区建设成为推动全面建成小康社会、助力乡村振兴的有效途径，在实践中形成的经验为有效解决产业发展缓慢这一世界难题提供了科学方法。中国的经验可以为其他发展中国家提供有益借鉴，为全球农业事业贡献中国智慧。由于水平有限，书中疏漏之处在所难免，敬请读者批评指正。

编　者

2022 年 12 月

目录

序
前言

第一章　农业产业园区发展案例分析

北京大兴：航食基地现代农业产业园

导语： 大兴长子营航食基地现代农业产业园（以下简称航食产业园）是 2017 年 9 月获得北京市农村工作委员会、北京市财政局批准创建的市级现代农业产业园。航食产业园依托以航食为特色的临空产业副中心，打造集航食育苗基地、航食种植基地、航食加工基地于一体的新兴农业综合体。围绕航食产业园核心区建设，通过建设航食加工体系、航食监管体系及食品安全可追溯体系，建立航食产业标准；通过种植基地建设，推动集体经济组织、农业协会组织调整种植结构、实现转型升级，带动农民增收；通过种植-加工的无缝对接，逐步实现航食原材料种苗繁育、种植、加工、配送的全产业链条。

一、主体简介

长子营镇物产丰富，是典型的农业大镇。全镇耕地总面积 4.5 万亩*，其中粮田面积 0.5 万亩、菜田面积 3.1 万亩耕地；全镇林地面积 2.8 万亩，其中平原造林面积 2.1 万亩、果树地面积 0.57 万亩，森林覆盖率达到 36%；全镇设施农业面积 1.2 万亩。全镇农民专业合作社总数 108 家，涉及种植、农机、技术信息、流通运输等行业；"三品"基地 32 家，无公害农产品 56 个，其中绿色食品基地 3 家、有机食品基地 2 家、标准化基地 24 家；全国"一村一品"示范村 3 个。随着航食产业园的大力推进，京农现代农业 4.0 智慧温室项目、航食鲜切加工基地、沃圃生精准农业示范园等关键节点合作项目相继落地，长子营湿地公园、马朱路农

---

* 亩为非法定计量单位，1 亩≈667 平方米。

业产业带景观与基础设施提升等项目均已建成，平原造林工程得到大力推进。长子营镇已经形成了绿色生态掩映下的现代化农业产业发展态势。

二、主要模式

1. 发展模式　长子营镇依托自身区位优势和资源禀赋，围绕航食产业园核心区建设，通过建立"一平台、两标准、三机制"的发展模式，逐步建立区域性全产业链条。"一平台"，即依托集体企业北京凤河现代农业示范区，建立航食产业园管理服务中心，负责航食产业园运营管理。"两标准"，即通过与北京农学院合作，共同研究制定航食种植标准、航食加工标准，并逐步打造成为行业标准。"三机制"：一是建立全过程监管机制。通过建立投入品监管体系、全程可追溯体系及航食农产品质量安全监管体系，实现航食种植全过程监管。二是探索农民利益联结机制。采取"合作社＋企业＋农户"的方式，依托凤河平台，通过土地入股、利润分红或订单种植，推动集体经济组织、农业协会组织调整种植结构，实现农民与企业的利益联结，探索农民利益长远保障机制。三是品牌创建与销售推广机制。针对现有的农业生产基地品牌，推进产业园内品牌整合，全力打造"凤河源"品牌；同时，依托区位优势，全面打通高端销售渠道，推动航食产业园与航空配餐公司的对接，实现航食原材料配送。通过源头把控、标准制定，航食种植与加工无缝衔接、全过程监管、品牌推广、高端销售，逐步实现航食原材料种苗繁育、种植、加工、配送的全产业链条。通过航食产业园的创建，使长子营镇农业产业结构由适应性调整变为战略性调整，再向功能性调整转变，实现产业版块协同发展，形成产业价值的"放大器"、区域发展的"发动机"。

2. 发展策略　长子营镇充分发挥航食基地依托北京大兴国际机场的优势，重点发展优质、生态农业，形成合理的三次产业结构，即以第一产业农业为基础、带动加工等第二产业、发展农旅一体化等第三产业。

（1）**优先发展航食蔬菜产业**。全镇菜田 3.1 万亩，其中露地菜田 0.49 万亩、设施菜田 2.6 万亩。菜田蔬菜种植品种主要以叶菜类和果菜类为主，其中叶菜类（油菜、生菜、莜麦菜等）占菜田面积 70%、果菜类（黄瓜、茄子、番茄等）占 30%。

（2）**协同发展航食果品产业**。全镇果树占地面积 0.57 万亩，年产约 260 万千克，主要集中在赤鲁、东北台、西北台、李堡、朱庄、罗庄、公和庄等村，形成了以梨、桃、枣、樱桃等为主的特色果品业。在保证现有种植品种基础上，积极开展航食果品的引进、选育及当地果树优良品种的改造升级。

（3）**推广发展航食特色产业**。以提高区域农副产品特色化、多样化、品牌化为目的，形成主导产业和特色产业并存的发展趋势。目前，形成了以泰丰肉鸽、河津营生菜、东北台油菜、昌兴有机梨、青圃园富硒蔬菜、京祤峰特色蔬菜为主的品牌化航食特色产业。

（4）**大力发展航食加工产业**。通过招商引资，引进龙头企业裕农公司，开发具有地域优势、科技含量高、附加值高的深加工产品，延长农业产业链，实现农产品的增值、增效。目前，航食加工基地项目已实现投产运营。

（5）**探索发展农业融合产业**。探索农业与旅游、创意、文化、康养、特色民宿等相关产业融合发展，突出科普教育基地、休闲采摘园、农耕文化旅游、农业公园，改变传统产业结构，转变产业发展模式，增强产业间互动效应，催生出新型业态，提高产业附加值，扩大产业价值。目前，呀路古热带植物园、奥肯尼克家庭农场已实现农旅一体化发展模式，并通过雇用产业工人、土地分红等形式，探索建立农民利益联结机制，带动农民持续增收。

3. 主要做法

(1) 建立航食育苗基地。大兴区农业种植中心育苗基地坐落在长子营镇永和庄南，占地 205 亩，年产 2 600 万株蔬菜种苗，可为航食基地提供优质蔬菜种苗。

(2) 建立航食种植基地。一是政府自建基地，包括沁水营、朱恼、北蒲洲营等政府自建基地共 800 亩；同时，大力整合土地资源，推进集约化、规模化利用，已实现储备种植基地 2 000 亩，可进行招商引资，持续拓宽航食产业园发展道路。二是企业示范基地。京农集团投资建设占地 450 亩的现代农业 4.0 智慧温室项目，引进世界最先进的荷兰智慧温室建造技术和种植技术，投资 1.58 亿，打造目前北京市单体面积最大的智能温室。项目一期建筑面积 63 000 平方米，其中温室种植面积 51 500 平方米、育苗区面积 3 100 平方米、设备及包装车间面积为 5 800 平方米。目前，该智能温室项目已投产使用，先期以种植 191、192、鸡尾酒等品种串收小番茄为主。沃圃生的精准农业示范园占地 120 亩，项目的主要特点是基于互联网、物联网的生产和销售。以水肥一体化、无土栽培、物联网、全程可追溯体系、大数据等技术为依托，集成展示蔬菜育苗、土壤栽培、基质栽培等精准农业技术，主要定植番茄、彩椒、西甜瓜等品种。

(3) 建设航食产业园核心区。一是建设航食加工基地。长子营镇投资 8 000 万元，与北京裕农优质农产品种植有限公司合作，通过采购国内外先进的食品加工设备和引进先进技术，严格按照航空食品加工工厂的标准和行业设计要求，建成占地面积 112 亩、建筑面积 7 000 平方米的航食鲜切加工车间、研发化验办公楼和一座现代化的蔬菜种植试验示范基地。目前，加工车间已投产，预计到 2022 年生产加工鲜切果蔬及冷链即食食品可达 3 万吨。二是建设航食产业园管理服务中心。依托凤河平台公司，推动镇域航食种植基地和航食加工基地的有效无缝对接，依据加工基地所涉及原料的需求情况，叶菜原料全部由长子营镇提供，采取订单种植模式，收购镇域内优质农产品，带动农民增收。中心现已与种植大户签订直立生菜全年供应合同，月供应量 9 吨；与北京绿福蔬菜产销专业合作社签订生菜供应合同，供应品种为球生菜、罗莎绿、苦苣，供应期为 2019 年 10～11 月，其中球生菜总供应量 200 吨、罗莎绿总供应量 24 吨、苦苣总供应量 6 吨。三是制定航食标准。长子营镇与北京农学院食品科学与工程学院合作，共同研究制定航食种植标准、航食加工标准，已完成标准文本的编制工作，下一步将依托专家团队技术培训与指导，加快与已纳入航食产业园的合作社、农业企业进行对接，严格按照此标准进行农产品种植及加工，并积极探索申请成为行业标准。四是建立全过程监管体系。打造全镇农业物联网大数据中心，依托与北京市农林科学院的院镇合作，利用物联网、信息技术对长子营镇农业情况进行数据收集、传导，建立航食基地信息化安全监管体系和安全追溯平台，对全镇农业情况进行动态监管；成立镇级农产品检测中心，对镇域内农产品进行质量安全检测，有效地保障长子营镇农产品质量安全和航空食品原材料质量要求，支撑长子营镇农业产业发展。

(4) 品牌创建与市场销售。一是塑造"凤河源"航食品牌。加强农业品牌管理的顶层设计，针对现有的农业生产基地品牌，推进产业园内品牌整合，建立和完善区域品牌、企业品牌和产品品牌三级品牌标准体系，全力打造"凤河源"品牌。同时，强化农产品品牌保护和监管，加快建立农产品品牌目录制度。二是全面打通高端销售渠道。由长子营镇政府牵头，推动航食产业园与航空配餐公司的对接，打通航食原材料配送"最后一公里"；依托龙头企业裕农公司的资源优势，推动建立镇级农产品交易平台，利用与亦庄临近的区位优势，逐步扩宽产品的销售渠道，推进与规模化农企对接、农餐对接、农超对接，同时逐步建立社区直销菜店。

三、利益联结机制

1. 建立"合作社＋企业＋农户"的利益联结　依托凤河平台，通过土地入股、利润分红或订单种植，推动集体经济组织、农业协会组织调整种植结构，实现农民与企业的利益联结。

2. 龙头企业及特色合作社的辐射带动　通过龙头企业京农集团、裕农公司、沃圃生的行业资源及技术优势，以及青圃园富硒蔬菜合作社、河津营生菜合作社、东北台油菜合作社、再城营昌兴梨园、绿禄葡萄园及泰丰肉鸽合作社等的特色产业优势，带动周边 3 600 余户农民增收。

3. 职业农民的蜕变　通过京农集团、裕农公司、沃圃生等龙头企业落户长子营镇提供的就业机会，截至目前带动本地劳动力就业 300 余人。随着企业的相继投产及产能提升，将会持续产生大量就业岗位，实现由农民向产业工人转变。

四、主要成效

1. 经济效益　通过制定航食生产标准和航食加工标准，实现农业生产提质增效。通过打入航食高端市场、塑造产业品牌，提高农业产业综合生产能力和市场竞争力，产业盈利能力得到进一步增强。通过培育农民合作社和职业农民，加快了农业产业化龙头企业建设，农民组织化和专业化程度得到进一步提高，持续增收能力显著增强，农民人均可支配收入年均增长 2% 以上。相关规划的实施显著提高了农业综合生产能力，农产品有效供给不断增强，主要农产品的单产和总量稳步提高，农产品质量明显升高。根据结构调整的需要，蔬菜产业通过设施改善、管理水平提升、品质提升、品牌效应扩大，蔬菜年均总产量由不足 3 万吨提高至 7 万吨。航食果蔬生产和航食加工两大主导产业产值由 2.9 亿元增长至 4.2 亿元。相关产业的发展还将增加创业就业岗位，促进农民增收。例如，发展旅游，将给农民提供创办民宿、开办餐饮服务等创新创业机会；发展冷链物流，将给农民提供冷藏、分拣、制冷技工等就业岗位。

2. 社会效益 通过规划实施航食产业园，大幅改善了农业生产条件，促进了科研成果进一步转化应用，全面提升了农业劳动力生产率、土地产出率和资源利用率。通过推广高产优质高效技术和培训，有效提高了广大农民群众对现代农业的认知水平和接受能力，提高了农业劳动力的整体素质。通过延伸产业链条，带动农产品生产、运销、物流、加工、休闲旅游、餐饮等产业全面发展，充分集聚各类资源的优势对传统农业结构进行调整，拓展农村经济全新增长点，促进地区农业经济增长和推动农业增收，实现区域化经济协调发展。

3. 生态效益 航食产业园注重农业生产与资源环境相互协调，大力推广生物农药和高效低毒低残留农药，结合病虫害绿色防控、测土配方施肥、节水灌溉等技术措施减少化肥和农药使用量，控制农业面源污染，完善农村生产生活基础设施，促进农膜、农药包装物回收利用，改善农业生态环境，提高可持续发展能力。转变农业发展方式，发展标准化果园、标准化菜园，强化科技的支撑作用，可以有效地节约土地资源、提高土地产出率。

五、启示

1. 现代农业产业园的特点 现代农业产业园是发展现代农业、实现农业现代化的主要载体和有效模式。它具备几个特点：一是空间区域性，应有明确的边界和区域，即明显的地理位置及范围；二是要素集聚性，需规模经营和集约经营，产业要素应完备且具有形成规模；三是机制创新性，如"企业＋合作社＋农户"的模式可推动农民利益长远保障机制的建立；四是发展持续性，只有起点没有终点，现代农业产业园的发展是具有持续性的；五是生产组织性，由园区管委会统一管理，建立健全运营管理机制。

2. 充分发挥农民协会组织和合作社的功能 一是积极扶持农民协会组织的发展。降低农民协会组织进入成本，在吸引更多农民参与的同时，促进更多组织成立。小规模的生产结构、个体农户的经济市场力量比较小，缺乏竞争能力，但各种各样的农民协会组织使得个体农户形成一个巨大的专业群体，个体农户借助这个群体的力量获取信息、获得贷款、推销产品和扩大经营。二是充分发挥合作社的"纽带和桥梁"作用。通过合作社的方式将农民联系起来发挥集团效应、规模效应，能够有效克服个体农民在市场交易中交易费用过高、打通高端销售渠道和信息不对称等难题。

目前，我国合作社各地发展与运行质量很不平衡，合作社入社的农户数和生产经营规模所占的比重还很低，带动农户的能力不强，组织化程度不高，与建设现代农业的要求还有很大差距。因此，把发展农民专业合作社、全面提高农民组织化程度，作为市场经济条件下由传统农业向现代农业转变的战略性措施来抓，推动农民专业合作社在发展数量和运行质量上实现新的提高。通过"企业＋合作社＋农户"的方式，建立农民与企业的利益联结机制，可带动农民持续高效增收。

河北魏县：博浩现代农业园区

> **导语：** 2018 年中央 1 号文件明确，实施乡村振兴战略是党的十九大作出的重大决策部署，是新时代"三农"工作的总抓手。以规模化种养基地为基础，依托农业产业化龙头企业带动，集聚现代生产要素，建设"生产＋加工＋科技"的现代农业园区，发挥技术集成、产业融合、创业平台、核心辐射等功能作用，为现代农业园区提供了新的发展契机。
>
> 在此背景下，在魏县沙口集乡创建了博浩现代农业园区，园区构建"一带二区二中心、五园三基地"的格局。"一带"是滨水休闲景观带；"二区"是"梨乡民俗风情体验区""高标准农田示范区"；"二中心"是"园区管理服务中心""种苗繁育中心"；"五园"是"精品蔬菜园""精品水果采摘园""生态种养循环农业园""农产品加工物流园""养生农业园"；"三基地"分别为"优质甘薯种薯生产基地""优质鸭梨标准化生产基地""高效节水农业示范基地"。根据园区内产业基础和独特的资源优势，加快农业产业结构调整，一二三产业全面融合发展，农民持续从二产、三产发展增值中全面受益，全面实现联农、带农、惠农、富农的农村发展新格局，为全面推进魏县农村产业深度融合、全面推进乡村振兴提供重要的示范引领。

一、主体简介

博浩现代农业园区成立于 2014 年 3 月，位于魏县沙口集乡郑二庄村南，法人代表赵荣，是一家股份制民营企业。公司现有员工 180 人，其中管理人员 10 人、技术人员 31 人（中级职称技术人员 2 人）、工人 139 人。园区以推进农业现代化进程、增加农民收入为目标，以现代科技和物质装备为基础，集农业生产、科技、生态、观光等多种功能于一体的综合性示范园区。园区秉承"以质量求生存，以信誉求发展"的宗旨，以甘薯、蔬菜及养殖和高新技术推广为抓手，把分散的农户组织起来，采取"四统一"，解决"一家一户办不了、办不好"的事情，辐射和带动周边农户实施标准化无公害生产，实现共同致富的目标。公司技术攻关的甘薯新品种设施种植是魏县甘薯产业发展的又一重大举措，是农业产业结构调整的重要内容，是促进农村经济发展和贫困农民增收、脱贫致富的良好机遇。甘薯新品种设施种植项目实现了储藏、育苗、种植、收获、加工销售全产业链运行。公司拥有无公害甘薯、蔬菜及养殖生产基地 10 000 亩，品种主要为甘薯、蔬菜，年可生产无公害优质甘薯、蔬菜 18 000 吨。在生产上，采取配方施肥、精细修剪、优化授粉组合、无公害病虫防治等措施，全面实施标准化无公害管理，建成高标准无公害示范园。公司拥有一座储存能力为 1 000 吨的冷藏库，芹菜、辣椒、番茄、茄子等新品种注册了"源蔬源味"商标。在生产的关键季节，聘请大专院校和县林业局的专家教授对公司员工进行技术培训，提高员工的技术水平，为无公害生产管理奠定基础；在生产上做到统一采购农资、统一施肥浇水、统一用药防治病虫害、统一品牌销售。通过实施农业产业化经营，提升了果蔬质量，提高了果蔬售价，增加了农民收入，增强了农户无公害标准化管理意识；同时，带动了纸箱厂、纸袋厂、果蔬加工企业，以及运输、销售、包装、冷藏等相关产业的发展，增加了劳动力就业机会，带动了基地群众共同致富，促进了乡村振兴和繁荣稳定。

二、主要模式

1. 发展模式

（1）订单产业。推行"公司＋合作社（农户）＋保底价收购＋市场二次连动价分红"的运作模式。由企业为农民提供农资服务（先赊后扣），建立契约式订单关系，鼓励农民以土地承包经营权入股，开展股份化合作，推广"保底收益＋按股分红"分配方式，切实维护农民利益。结合园区自身生产经营优势，帮助全县部分村组建了蔬菜种植专业合作社。公司将 3 000 多个农户及贫困户通过订单形式联合起来共同闯市场、避风险，结成比较紧密的利益共同体，为全县种菜农户搭建了增收平台。

同时，为把好产品质量安全关，实施标准化无公害生产，公司全面加强管理，推行增施有机肥，积极推广测土配方施肥，提高土壤有机质含量，减少化肥用量，降低对土壤和环境的污染。大力推广物理、生物防治技术。引导菜农、果农科学用药、合理用药，采取综合防治措施，提高质量安全水平。

(2) 蔬菜产业。采取"龙头＋基地＋农户"的利益联结机制。农民通过地租＋务工劳动收入来实现收益分享。通过龙头企业带动周边农民规模种植，为农民提供技术、销售、物流、品牌等方面的配套服务，增强农民增收能力。园区采取"龙头＋基地＋农户"的产业化经营运作模式，积极为全县农户提供优质蔬菜、甘薯种苗，帮助重点村建立专业合作社，培植种养基地。每年直接带动 3 000 多农户，辐射带动全县 10 000 多个农户进行蔬菜、甘薯种植，加快了农民增收步伐，促进了县域经济发展。园区生产的无公害蔬菜产品和甘薯产品具有较强的市场竞争力，产品畅销京、津、冀、鲁、豫市场。同时，园区在帮助并扶持农户脱贫致富方面，针对贫困村、贫困户实际情况，制订帮扶方案。通过筛选对接 390 户贫困户，充分发挥企业的产业优势，带动贫困户共同实现利益的最大化，破解了贫困村农业增效和农民增收的难题，壮大了企业产业化经营规模，同时也解决了贫困户的后顾之忧，把"输血扶贫"变成了"造血扶贫"，实现从过去的"输血救人"到"造血扶人"的转变。通过扶贫资金的股权投入，实现了资金资本化、主体企业化、投资法律化、扶贫产业化、效益持久化。

在带动魏县优势产业蔬菜种植发展和重点村农户增收过程中，公司充分发挥产业龙头企业的示范作用，舞龙头、壮龙身，切实搞好"产前、产中、产后"一条龙式的服务工作，为全县蔬菜种植农户提供优质种苗和跟踪服务，逐步提高优质甘薯、蔬菜市场占有比例，辐射带动群众增收效果明显。为确保农户种植成功、增产增收，公司技术人员采取跟踪巡回培训方式，走村串户，传授种植、养殖技术，科学指导生产。每年培训农民10 余次，培训农民 3 000 多人次，收到了良好的经济效益和社会效益。

(3) 科技产业。推行"企业＋村委会（合作社）＋宣传投入"模式。由企业与村委会签订协议，由村委会（合作社）组织农户参与，避免了企业与农民之间由于信息不对称造成的争端与矛盾。魏县"星创天地"由邯郸市博浩农业科技有限公司创建于 2014 年，"星创天地"设在公司下属的博浩现代农业园区。该园区为省级现代农业园区，省级农业产业化重点龙头企业。"星创天地"以"创新、发展、绿色、共享"战略为指导思想，建成现代农业科技与产业创新发展的窗口、京津冀休闲旅游养生基地、优质绿色农畜产品生产基地、生态精品农产品生产示范基地，成为邯郸市一流、省内知名的现代农业"星创天地"，产品已注册"源蔬源味"商标。园区和"星创天地"技术依托单位为中国农业大学和河北工程大学。中国农业大学已确定园区为该校的实验基地，园区已与河北工程大学签订了技术合作协议及培训实践、实验基地。中国农业大学指派了 4 名教授、河北工程大学指派了 7 名教授为园区和"星创天地"的技术顾问；这两所大学的教授专家定期、不定期地在园区开展技术培训和服务，为"星创天地"的创客提供了坚实的技术支撑，及时解决入驻企业和个人在创新创业中遇到的技术难题。"星创天地"依托"博浩农业科技园区"，通过技术示范新技术、新品种、新模式的应用及新成果转化，引导、辐射周边地区，促进农业产业化发展，带动魏县农业和农村经济结构调整和产业升级。"星创天地"在园区内有培训教室 560 平方米、办公场所 510 平方米，创客独立办公场所宽敞、舒适，免费提供宽带接入、水电暖，配有创客宿舍、食堂、活动场所等配套设施，尽可能为创客提供周到服务。检测实验室有 530 平方米，检测仪器 50 多台套，专业检测技术人员 4 名。

公司在形象推介和产品宣传上采取多维空间宣传模式。一是利用媒体宣传，通过报纸、杂志、电视、电台新闻报道推介公司产品，先后有邯郸晚报、邯郸日报、河北经济日报、魏县电视台、邯郸电视台等媒体单位进行过报道。二是利用路牌效应，在道路、桥梁、建筑物等明显位置建立 6 块大型路牌介绍公司产品。三是利用展板、宣传片、宣传页推介产品。公司每年在县"两会"和梨花节期间宣传公司的产品，每年发放产品宣传页万余份。四是积极参与国内大型招商引资、（廊坊）农产品展销会，利用国内一些较大展示平台宣传公司、宣传产品。五是不断完善公司电子销售网络平台，利用互联网技术通过网络营销把公司的形象和产品推介出去。

2. 发展策略　坚持"创新发展、协调发展和共享发展"理念，创新各种农业经营方式的利益联结机制，协调平衡不同经营主体间的综合利益，确保薄弱环节生产型经营主体（农户）的基本权益，建立公平公正的产权分配机制及有利于可持续发展的成果共享机制。

（1）发挥联合合作社的重要纽带作用。依托园区建设，大力发展"一村一品、一品一社、一品多社"的合作经营模式，做大做强一批运作规范、市场竞争有力的农民专业合作示范社。在培育壮大单个合作社规模的同时，重点发展种养大户、加工企业、营销组织共同组建的产销联合合作社，让合作社成员分享加工流通增值效益。目前，园区内已有 85% 的农户参与合作社经营，提高了农民进入市场的组织化程度，增强了农产品市场竞争力和农户抗御市场风险的能力。

（2）建立新型股份合作制经营实体。在园区内开展以精准扶贫为目标、贫困农民为主体的股份合作经营试点，以家庭农场、合作组织、村组集体等作为经营主体控股，通过资金入股、土地入股的方式建立新型股份合作制经营实体，健全股东代表大会、董事会等运行机制，建立以保护农民权益为核心的"风险共担、利益均沾"的新型经营实体盈余分配机制，带动以农民为主体的家庭经营、合作经营和集体经营的融合创新发展。进一步完善了利益联结机制，保障了农民分享二三产业的增值收益。

（3）创新产业化融合经营机制。整合农业生产经营产业链，构建农业产业化经营利益共同体，将农业生产的产前、产中和产后环节纳入企业经营的内部价值链，降低农户生产经营风险，保障并提高农民收益水平。分类引导新型经营主体与企业建立股份制合作关系，引导单一的农户、家庭农场、合作组织等经营主体优先与中小型企业开展股份制合作，直接以土地、劳动力、生产资料、技术等资源要素入股，形成紧密型利益联结共同体；引导合作联社、新型股份合作制经营实体优先与大型龙头企业开展股份制合作，以连片土地、集体经营资产、技术知识产权等资源要素入股，解决农企利益、权益不平等问题，完善利益联结机制，保障农民分享二三产业增值收益的权利。

3. 主要做法

（1）打造博浩特色农业技术新实验基地，有效提升园区创新能力。为提升园区创新能力，园区开展农业科技研发、成果转化、示范推广，并建立博浩现代农业技术研发中心、产学研教育基地等科技研发平台。其中，中农博后农业科学研究院已在博浩农业园区开展高效能激光补光器科研实验。项目实验成功后可消除雾霾对日光温室的危害，在雾霾天气实现正常生产。与河南未来再生能源科技有限公司合作，建设废气、废物利用粪便无害化有机循环项目，实现园区绿色、无公害持续发展。

（2）积极探索农村科技服务体系建设新途径，加速农业科技成果的转化推广。建园以来，建立了蔬菜种植、畜禽养殖、水产养殖3个农业科技专家队伍；构建了公司+农户联动的农村科技信息传播和培训网络体系，有效推进科技成果转化推广，为农村农业生产的产前、产中、产后提供科技服务。从河南农业科学院引进甘薯新品种"台农71"并在园区种植，作为园区特色菜向社会推广，取得了良好的经济效益；通过引进先进的管理模式，实现大棚蔬菜一年三茬的种植目标。

（3）加强与大专院校、科研院所的合作，初步形成"产学研"和"农科教"相结合的基地。与中国农业大学、河北工程大学等院校建立合作关系；与县科技局、县农牧局、县委组织部等单位合作共建技术培训基地、实践见习基地，引进、消化、吸收科技成果、新技术10项。2014年，博浩园区通过张伟教授由广东引进台湾泥鳅（大鳞副鳅）。该泥鳅病害少，自然死亡率低，收益好，见效快。经过两年试验养殖成功后，博浩园区现已建设1 000平方米养殖塘6个，放养泥鳅150万尾，达到年纯效益50余万元。

三、利益联结机制

企业跟农民建立紧密型利益联结机制是实现园区发展的关键。推进农业现代化，就是要通过完善利益联结，提高第一产业在收入分配中的比重，提高农民劳动成果和劳工报酬在初次分配中的比重。

1. **构建"政府＋企业＋合作社＋农户"合作机制**　由合作社和农户签订农资统一供应协议书，农户享受优质优价的农资供应，并按照统一的生产要求开展标准化生产，达到分户生产与统一经营相结合；在利益分配方面，实行低价供应、按股分利、订单让利、节约奖励、二次返利等方法，最终形成"政府引领、企业带领、合作社牵头、农户生产"的运行方式。

2. **构建土地承包经营权入股"保底＋分红"机制**　加快推进农村集体产权制度改革，将土地承包经营权确权登记颁证到户、集体经营性资产折股量化到户，实行"保底＋分红"模式，将土地入股或土地流转收入按股分红，作为固定保底收益、实现农民变股民；同时，农民在园区从事生产经营，股民又是务工农民，让农民可从多个环节分享收益。

3. **构建加盟连锁种养机制**　吸引协会、合作社、家庭农场或经营大户加盟到公司中，通过品牌营销、金融服务、品种授权、技术标准、农资服务和全程品控实现"公司＋专业合作社＋家庭农场＋种养大户"的现代农业经营方式，连接"上游生产者＋下游市场＋消费者"，打通产业链，实现多方共赢。

四、主要成效

博浩现代农业园区坚持"为农、务农、姓农、兴农"导向，确立农民在产业园创建中的主体地位，完善利益联结机制，带动农民就业增收、增产增收和增效增收，让农民充分分享园区发展成果。

1. **推进农业供给侧改革发展，优化产业结构，形成产业集群**　园区建设立足区位优势，通过规划，实现园区农业转型升级，全方位、多层次与二三产业有效融合。先进的农业技术和产业化的运作模式有力地推进了农业水平，促进当地农业产业结构进一步优化和升级，形成了集空间扩展、技术研发推广和模式示范于一体及生态保护与功能性产品开发并行的产业集群。

2. **提高科技水平，提升农民就业素质**　通过园区建设，对本地、周边地区农村和农民形成巨大辐射作用，并为当地农民增收创造条件，使一大批贫困农民脱贫致富。同时，园区为提升上岗人员的工作素质，通过岗前技术培训再上岗，让农民通过科技提高生产效率和生产收益，使农业生产走向依靠科技发展的道路。目前，园区已建成核心区1万亩、示范区4.17万亩、辐射区50万亩。建设形成高效设施农业、生态休闲服务业、循环农业三大产业，空间构建出"一带二区二中心、五园三基地"的格局，覆盖2个乡镇18个村4.18万农业人口。博浩现代农业园区被授予中农博后农业科学研究院博士后科技成果应用示范基地、河北工程大学产学研教育基地、北京中研益农种苗科技有限公司品种示范基地、河北顺斋农业科技公司联合供应基地、河南未来再生能源科技有限公司试验基地等荣誉称号；被县科技、农牧主管部门列为县级农村科技培训基地、科技星创天地。

3. **走生态农业之路，建绿色农业形象**　遵循现代农业发展理念，将生态、绿色的理念贯穿于各个环节，从源头把关，发展绿色、有机种植，构建循环经济新模式，园区建设对水源涵养、水土保持、环境保护及维护生态平衡产生重要的作用。同时，倡导无公害、绿色、有机生产，进一步形成自然生态保障体系，将生态农业贯穿到园区生产和管理的各个环节，发挥综合生态服务功能，打造优美和谐的农业生态景观环境，完善园区与周边环境的和谐融合。

五、启示

在博浩现代农业园区建设工作中，虽然做了一些工作，也取得了一定成绩，但距现代农业发展的要求还有很大差距。下一步，园区将进一步加大工作力度，强化推进措施，狠抓工作落实，全力加快自身建设，持续推动农业稳定发展、农民持续增收和乡村振兴不断繁荣！

1. **夯实园区发展基础**　整合水利、土地、农发、扶贫、电力、科技等相关项目与支农资金，实行"渠道不变、捆绑使用"的运作模式，集中力量搞好园区的道路、水利、农田等基础设施建设，提高农业抵御自然灾害的能力，增加生产效益。县级以上部门应合理安排专项资金用于补助现代农业园区基础设施及水利设施建设。

2. **强化科技支撑** 指导园区加强与西北农林科技大学、咸阳农科院等农业科研单位的联系，聘请专家教授等高技术人才组建专家服务队，定点、定向包抓园区，开展新技术的推广应用，强化园区发展的科技支撑，提高园区生产经营水平。

3. **提升园区产品质量** 积极完善农产品质量安全检测网络，在生产、加工农产品和质量、管理、销售等各个环节推行标准化生产，着力实现规模化、专业化、品牌化生产，增强市场竞争力。县级以上部门应设立专项资金有计划地帮助基础条件好、已成规模的园区开展名牌产品及地理标识认定，提高农产品知名度。

4. **规范园区土地流转机制** 加快建立健全农村土地承包经营权流转市场，促进土地向现代农业园区规范有序流转，着力提高园区土地规模经营水平。县级以上部门应设立专项资金采用以奖代补的形式给园区主体企业适当流转费用补偿，减轻企业生产成本。

河北威县：君乐宝乳业园区

导语： 威县县委、县政府高度重视农业工作，2012年聘请中国农业科学院专家编制了《威县现代农业示范区总体规划》，确定了围绕"三带三园六板块"总布局来发展现代农业，现已形成了畜牧、林果、粮棉和蔬菜四大主导产业，"三带三园"和"南鸡北牛"现代农业布局基本形成，素有"十里鸡鸣、十里荷塘、百里菜廊、万亩果香"之美誉。

在得知君乐宝集团要投资建设奶牛养殖基地和乳品加工厂的信息后，威县积极与君乐宝集团进行多次沟通联系，总投资50亿元的君乐宝乳业产业园项目于2013年12月正式签约。2014年7月，第一个万头牧场——乐源牧业威县有限公司正式开工建设，并于当年12月建成投产，打破了国内万头牧场建设的纪录，打造了多项业内第一，至今仍然广为称道。为保障奶牛产业的可持续发展，威县又引进了国内大型牧草专业生产企业河北艾禾农业科技有限公司（以下简称艾禾公司），在威县流转土地发展标准化、规模化饲草种植和加工产业，实现饲草就地、就近生产供应，降低了牧场的养殖成本，加快了奶牛养殖的发展步伐。2016年，第二个万头牧场——乐源君邦牧业有限公司建成投产。2018年，乐源君邦牧业公司奶牛单产水平达到10.5吨，生产水平跃居君乐宝集团8个自有大型牧场首位，威县成为君乐宝集团最大的奶源基地。随着乐牛乳业公司的建成投产，第四个和第五个万头牧场相继开工建设，到2019年年底实现了5个万头牧场全部投产运营的目标，奶牛存栏达到5万头。

为全面落实国家、省、市奶业振兴和乡村振兴战略，勇做河北奶业振兴和乡村振兴的排头兵，威县于2018年编制了《威县乳业产业园总体规划及乳业小镇控制性详细规划》，计划依托君乐宝乳业园区大力打造集奶肉牛养殖、牧草种植、乳品加工、肉牛屠宰、观光旅游、乳业小镇于一体的现代化乡村振兴示范区。

一、主体简介

君乐宝乳业园区位于县域东北部，涵盖赵村镇、候贯镇、章台镇、七级镇和高公庄乡5个乡镇，规划面积150平方千米，主导产业是奶牛养殖与乳品加工。2018 年，园区共计生产牛奶 150 806 吨，年奶业产值达到 8.2 亿元以上，占全县农业总产值的 12.06%，已经成为威县农业的主导产业。

截至 2019 年 7 月，园区已经建成万头牧场 3 个、千头牧场 1 个，存栏奶牛 3.1 万头，日产鲜奶 450 余吨。2019 年，年产 16 万吨液态奶的乐牛乳业公司已经于 2 月投产运营，该公司共设计安装 5 条生产线，2 条学生奶、2 条白小纯和巴氏奶生产线均已投产。乐牛乳业公司日可加工生鲜乳 480 吨以上。到 2019 年 3 月，开工建设的 2 个万头牧场和 1 个 5 000 头奶牛场，已全部建成投产，奶牛存栏达到 5 万头。

二、主要模式

1. **模式概括**　乳业园区发展模式为"奶牛养殖＋乳品加工＋休闲旅游"。

2. **发展策略**　乳业园区定位：大力发展奶牛养殖和牧草种植，培育壮大乳品加工和屠宰加工，带动服务业及观光旅游业发展，打造三产融合发展示范区。到 2025 年，万头牧场达到 5 个、存栏奶牛达到 8 万头，年产优质鲜奶 55 万吨、年产液态乳 16 万吨、婴幼儿乳粉 2 万吨，牧草面积达到 15 万亩、年产各类优质牧草 40 万吨、奶牛饲料 18 万吨，年产值达到 50 亿元以上，打造成为国内规模最大、产业链条最完善的乳品基地。同步建设宜居宜业美丽乡村示范区，完善农业农村基础设施，深入实施农村人居环境整治攻坚行动。全力推进君乐宝乐源牧业省级工业旅游示范基地申报和创建国家 AAAA 景区工作，推进"旅游＋"融合发展。

```
                    威县乳业园区定位
    ┌──────────┬──────────┼──────────┬──────────┐
 大力发展奶牛养    培育壮大乳品加    带动服务业及观    打造三产融合
 殖和牧草种植      工和屠宰加工      光旅游业发展      发展示范区
```

3. 主要做法

（1）运作"四资"，破解产业发展资金难题。为加快项目建设，大力推进农村土地"三权分置"改革，创新村委会集体收储农民土地方式开展土地流转。村委会与村民签订《农村土地承包经营权流转委托书》，将土地经营权转化为"集体形式"；再由村委会与企业签订《土地流转合同》，落实村集体所有权，稳定农户承包权；将 4 万亩流转土地经营权统一移交艾禾公司，通过土地经营权抵押贷款平台融资 750 万元。园区实现了变资源为资产、变资产为资金、变资金为资本。

（2）明确"四权"，构建现代农业产权制度。扎实推进产业扶贫，创新利益联结模式，明确政府主导权、企业经营权、投资平台管理权、农户受益权，让贫困户参与进来、分享收益，构建了归属清晰、权责明确、保护严格、流转顺畅的现代农业产权制度。一是国企融资建厂。县政府成立威州农投公司，以特许经营权模式，建设君乐宝第三牧场和乐牛乳业公司。二是企业租赁经营。项目建成后，由君乐宝公司承包经营，承租期25 年。前 15 年，每年按照威州农投公司固定资产总投资的 10% 支付租金；后 10 年，每年支付租金 1 000 万元，或按照项目净残值一次性回购所有资产，用于全县相对贫困人口的动态扶贫救助。三是扶贫资金入股。县政府整合财政扶贫资金，为每名贫困群众配股 4 500 元入股合作社，加入威州农投公司建设项目，让"扶贫资金变资产"，贫困户成为"特惠股东"，并实行动态管理。四是贫困群众受益。君乐宝集团缴纳租金用于还本付息后，剩余资金由农投公司和合作社按照每人每年 10% 的收益进行分配，结余资金用于 65 个贫困村集体收益。2017—2018 年，已经连续两年为乳品产业涉及的贫困群众每人分红 450 元，每村集体收益 2 万元。

（3）融合"四化"，打造新型农业经营体系。坚持以集约化生产为目标、专业化管理为手段、组织化经营为路径、社会化服务为保障，着力构建新型农业经营体系。一是集约化生产。引进投资 2 亿元的艾禾公司饲草种植加工项目，将流转的 4 万亩土地交由艾禾公司统一经营，成方连片种植青贮玉米、苜蓿、燕麦等作物，为君乐宝牧场提供粗饲料。二是专业化管理。艾禾公司是国内知名的专业化饲草生产加工企业，公司购置了播种机、喷灌机、收割机、打捆机等各类高端大型农机具 50 多台套，饲草种植实现从种到收全部机械化操作。三是组织化经营。君乐宝产业化项目把分散的 6 000 余户 2.1 万人的小农生产组织起来，统一实施规模化种养殖，形成有规模、有组织、有科学管理的合作形态，促进了分散经营向适度规模经营转变。四是社会化服务。君乐宝项目实施以来，改变了以往个体经营高成本、低效率、低效益的农业生产模式，形成种植技术、运输、包装等新型社会化服务网络。以该镇土地全部流转的东范庄村为例，全村共有 265 户 1 100 人。土地流转后，村内有 309 人离开土地，从农业领域转向了非农领域就业；86 人从事与君乐宝项目相关的运输业、服务业。

（4）推动"三合"，促进城乡统筹融合发展。坚持把重塑城乡关系作为主攻方向，走城乡融合发展之路，初步实现乳业园区资源整合、企业聚合、产业融合。一是强力推进土地流转。在调查摸底、层层发动的基础上，创新村委会集体收储方式，仅用不到 3 个月的时间就完成土地流转 1.2 万亩，创造了君乐宝集团乃至全国业界"百日进牛"的新纪录。目前，流转土地已达 4 万余亩，占全镇耕地总面积的三分之二，有效整合了土地资源。二是延伸产业链条。大力开展产业链招商，成功引进艾禾公司饲草种植项目，种植饲草 4 万亩，每年为君乐宝牧场提供青贮饲料近 18 万吨。目前，乐牛乳业公司正式投产运营，下一步将积极谋划乳粉加工、饲料加工和食品包装等相关项目，实现关联企业聚合发展。三是推动三产融合。以打造全国知名"乳业小镇"为目标定位，以现代化牧场建设带动乳业深加工、旅游休闲、商贸物流等二三产业发展。目前，3 个万头牧场和乐牛乳业公司建成投产，"乐源牧业＋乐牛乳业"旅游观光区已经开门迎客。自 2019 年以来，已经接待游客 5 000 多人次，带动了本地旅游业的发展。2019 年，第四个和第五个万头牧场全部建成投产，奶牛存栏达到 5 万头，年产牛奶 20 万吨以上。2020 年，建成 1 个物流配送基地；到 2021 年，乳业小镇启动建设，构建 80 余千米的"六横三纵"路网，打造一二三产业融合示范区。

（5）统筹"三区"，建设"三生合一"特色小镇。统筹乳业园区、新农村社区、旅游景区建设，实现生产、生活、生态"三生合一"。一是乳业园区。聘请中国科学院以高标准编制《威县乳业产业园总体规划及乳业小镇控制性详细规划》，总面积 150 平方千米，涵盖赵村等 5 个乡镇 96 个行政村，覆盖人口 15 万人。规划建成 5 个万头奶牛养殖基地（打造中国第一牧场群）、15 万亩标准化饲草种植基地、2 个乳品加工厂、1 个饲料加工厂、1 个物流配送中心、6 个配套加工厂，打造河北最大、设施最好的现代化乳业园区。二是新农村社区。统筹推进镇区建设及新民居建设，建成新型镇区 1 个、中心村 5 个，每个中心村人口 1 万～2 万人，打造全国知名乳业小镇。三是打造旅游景区。大力发展旅游观光业，规划建设观光牧场、奶牛科普馆、酸奶文化馆、乳品工厂等，推进"六横三纵"路网及水、电、信等基础设施，建设 AAAA 级工业旅游景区。

4．主要措施

（1）创新工作机制。威县乳业园区成立园区管委会，并探索建立了

"4321（四个统一、三个统筹、两个整合、一个产业）"工作机制，确保园区有序运行。"四个统一"，即统一规划建设、统一土地流转、统一增加收益、统一提供服务。园区积极为入驻企业提供征地清表、手续办理等服务，使服务由分散变集中。"三个统筹"，即统筹项目对接、统筹项目摆放、统筹项目评估。园区对入驻的项目，严格落实产业政策评估、投资实力评估、经营规模评估、产品水平评估、市场前景评估、社会效益评估"六项评估"。"两个整合"，即整合涉农资金、整合融资平台。例如，成立威县威州农业开发有限公司，对取得政策性扶持资金的企业，以扶持资金作担保，帮助其向银行申请贷款。大力发展以饲草种植、奶牛养殖为主的第一产业、以乳品加工为主的第二产业及以旅游观光、物流配送为主的第三产业，做大做强乳产业，实现一二三产业融合发展，将融合产业作为"一个主导产业"辐射带动全县及周边相关产业发展。

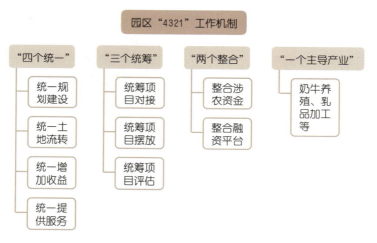

（2）**加强政策扶持**。一是县政府列出专项资金。县政府给予引进的每头进口奶牛补贴2 000元优惠政策；对饲草种植企业，给予当年新增流转土地每亩200元的财政补贴。二是重大项目重点扶持。对规模养殖企业和饲草种植企业，给予中央财政现代农业发展扶持项目重点倾斜。例如，乐源君邦牧业公司规模化天然气项目获得中央资金支持3 750万元，成为全国第一个通过验收的规模化天然气工程；对大型农业产业化龙头企业，给予"一事一议"优惠政策，县政府对君乐宝集团的5个万头奶牛牧场均实施了"零地价"政策；积极协调国开行、农发行等金融部门，对乳业项目予以信贷支持。三是出台配套服务政策。对入驻创业的科技人员在工资调整、福利待遇、职称评定等方面给予优先和优惠；出台《关于加快农村土地流传促进农业规模经营的实施意见（试行）》，支持促进农村土地流转，规范土地流转程序，对流转面积 200 亩以上、流转期限 8 年以上的，县财政给予每亩 100 元的奖励补助。

三、利益联结机制

威县创新实施了"金鸡、白羽、金牛、根力多、基金"五大利益联结扶贫模式。乳业园区已经实现了"金牛模式"产业扶贫全覆盖，使每个贫困村都有项目、户户都有门路。园区采取了资金入股、小额信贷、认养奶牛、订单种植等方式，引导龙头企业、规模化种养合作社和种养大户分别与广大农民建立起密切的利益联结机制，保障了农民的增收。建成投产的君乐宝威县第三牧场和年产 16 万吨乐牛乳业公司已经辐射带动园区 5 个乡镇 175 个村（65 个贫困村）的 2 097 户 4 520 人实现稳定增收。

另外，威县还通过重点倾斜项目、资金、政策等方式，大力培育各类新型经营主体。截至 2019 年，园区新型经营主体达到 873 个，其中省级农业产业化重点龙头企业 4 家、农民合作组织 303 个，农民入社率达到 90%，园区产业化率达到 68%，实现了农业增产、农民增收。

四、主要成效

1. **经济效益**　据估算，威县乳业园区 2018 年农业总产值达到 11 亿元，2019 年达到 25 亿元。2019 年，园区乳业产值达到 20 亿元，园区亩均农业产值达到 21 000 元以上；农民人均收入达到 2.2 万元，高于县域平均水平 40.6%。园区主导产业覆盖率达到 81.33%，适度规模经营率达到 65%，农产品初加工转化率达到 90%。

2. **社会效益**　农业生产摆脱了"弱、单、散"，走上了质量兴农之路。过去，乳业园区农业基础设施薄弱、产业结构单一、土地经营分散，农业生产质量不高、效益不佳，仅能解决农民的温饱问题。自君乐宝乳业公司、艾禾公司等规模新型经营主体落户乳业园区后，园区初步解决了"生产什么""如何生产""谁来生产"的关键性问题，"产出来"优质、"管出来"安全、"树起来"品牌。通过项目实施，撬动企业资本加大农田基本建设，大大改善农业生产条件；发展现代化牧场和规模化饲草种植，打破了过去"一棉独大"的产业结构；以财政扶贫资金入股合作社，而贫困户获得分红，形成"龙头企业＋合作社＋贫困户"的利益联结机制，实现了由分散经营向适度规模经营转变。

农民生活摆脱了"土、累、贫"，走上了共同富裕之路。过去，威县及乳业园区的多数农民思想观念陈旧、劳动生产率低、人均纯收入少，很多群众在温饱线附近徘徊，如果家里遇到个意外事件，可能连吃饱饭都是问题。君乐宝乳业公司、艾禾公司落户后，培育了一批高素质农民，并把先进经营理念、市场观念、现代企业文化带到农村，使农民摆脱小农意识、增强集体观念，有利于形成乡风文明、治理有效的社会环境和治理体系。通过龙头企业带动，农业生产实现从农民"单打独斗"转向"抱团发展"，提高了劳动生产率和农业经营收益。依托新型经营主体，创新利益联结机制，通过扶贫资金整合下放、折股量化、投放参股，农民天天能打工、月月有收入、年年能分红，实现了流转土地挣租金、入企打工挣薪金、参与入股挣红金的"一份土地挣三份钱"，增加了农民收入，走上了富裕之路。

农村面貌摆脱了"脏、乱、差"，走上了绿色发展之路。由于经济发展滞后，威县及乳业园区农村普遍存在村舍乱建、垃圾成堆、污水横流、蚊蝇滋生等"脏乱差"现象。威县编制了《威县乳业产业园总体规划及乳业小镇控制性详细规划》，依托园区乳业发展，大力推进威县君乐宝乡村振兴示范区建设，打造集乳业、饲草、奶肉牛养殖、乳品加工、肉牛屠宰、旅游观光及生产性服务于一体的三产融合创新示范区。科学编制乡村建设规划，按照城乡融合发展方向，稳步建设中心村，改造提升保留村，保护开发特色村，大力开展"美丽乡村"建设。园区以垃圾处理、污水治理、"厕所革命"、坑塘治理、村容村貌整治、清洁取暖、"空心村"治理为重点，深入实施农村人居环境整治三年攻坚行动。实施乡村绿化美化工程，以乡村美化、社会造林为重点，园区累计完成造林 2 万亩、植树 120 万株，环境优美、绿色和谐的美丽园区逐渐成形。

3. 生态效益 园区严格落实养殖场建设"三同时"制度，引导君乐宝集团在建设牧场的同时配套建设了大型沼气发酵项目，实现牧场牛粪尿及污水的无害化处理和利用。发酵产生的沼渣用作奶牛卧床垫料或用于生产有机肥，沼液稀释后灌溉牧草基地减少化肥使用，初步形成了奶牛饲养、沼气提纯、沼液还田、饲草种植生态循环链，实现了农业清洁生产和绿色发展。园区现已建成 5.6 万立方米大型沼气池，乐源牧业规模化沼气项目被国务院确定为全国五个一循环农业示范项目。

近年来，园区累计投入资金 5 800 万元用于畜禽养殖废弃物的处理利用，累计建成"三防"堆粪场 2 200 平方米、氧化塘 118 000 立方米、沉淀池 1 200 立方米，规模养殖场粪污处理设施配建率达到 100%；扩建了威县田沃有机肥有限公司，年处理畜禽粪便能力达到 12 万吨，园区畜禽粪污综合利用率达到 85% 以上。

通过大力发展奶牛养殖，实现了秸秆过腹还田，园区年实现秸秆饲料化利用量达到 25 万吨以上；再加上大力发展有机肥产业，年秸秆肥料化利用量达到 15 万吨以上，产业园内秸秆利用率达到 99％以上。园区内农业种植通过施用有机肥和沼液沼渣还田等，规模化牧草及玉米种植基地年实现减施化肥 4 000 吨以上，实现了种养结合循环发展。

五、启示

现代农业园区是发展现代农业、实现农业现代化的主要载体和有效模式，是今后农业产业实现规模化、集约化发展的主要趋势。威县乳业园区规划面积 150 平方千米，覆盖 5 个乡镇，以"奶牛养殖＋乳品加工＋休闲旅游"为发展模式。自 2014 年启动园区建设以来，威县乳业园区已经实现存栏奶牛 3.1 万头，年产牛奶 15 万吨，年生产加工液态奶 16 万吨，年产优质牧草 15 万吨以上，年乳业产值达到 8 亿元以上，一个现代化乳业聚集区初具规模，引领了全市乃至全省乳业发展的方向。

通过威县乳业园区 5 年发展的经验来看，现代农业园区要实现可持续发展，应该抓好以下几点：

1. **加强农业标准化建设，以标准化促进产业化发展**　具体做法：一是加强地方标准的制定；二是积极宣传农业标准化；三是推进标准的实施与推广。

2. **加大新型农民培育力度，提高农业生产人员的素质水平**　具体做法：一是培养具有农业专业技能的技术性农民；二是吸引有文化、有技能的农村青壮年劳动力回乡创业；三是积极培养较高层次的人才作为产业发展的长远储备。

3. **创新农业科技推广体系运行机制**　具体做法：一是建立健全以考评为核心的监督激励机制；二是选择农民需要的技术作为科研方向；三是积极转变推广观念。

4. **培育壮大农民专业合作组织，发挥群体规模作用**　具体做法：一是积极扶持农民合作组织的发展；二是充分发挥合作社的功能与作用；三是全面提高合作社的组织化程度。

5. **加快"三农"信息平台建设，强化农户应对市场波动能力**　具体做法：一是狠抓农业信息资源建设；二是加大对引进技术的消化、吸收和创新；三是加快农业信息化建设，促进农业实现现代化。

今后，威县将持之以恒抓好奶业振兴，加快园区三产融合发展，最终把乳业园区建成"产业兴旺、生态宜居、乡风文明、治理有效、生活富裕"的现代化乡村振兴示范区。

吉林东辽：国家现代农业产业园

> **导语：**东辽县高度重视国家现代农业产业园发展工作，始终把现代农业产业园发展作为农业和农村工作的重中之重来抓。产业园主导产业特色优势明显、规划布局科学合理、建设水平区域领先、绿色发展成效突出、带动农民作用显著、政策支持措施有力、组织管理健全完善。通过创新工作举措、完善激励政策，东辽县国家现代农业产业园已初步形成了区域化布局、专业化生产、规模化发展、产业化经营的发展格局，有效地促进了农业增效、农民增收，实现又好又快发展。

一、主体简介

东辽县国家现代农业产业园（以下简称产业园）地处东辽县西南部，是吉林省蛋鸡产业加工集聚区和科技优势区，是东辽县蛋鸡集中养殖区。2018 年，产业园内蛋鸡存栏 370 万只，禽蛋产量 6.68 万吨，占东辽县蛋鸡养殖总量的 2/3 以上。蛋鸡产业是产业园内农业增效和农民增收的主导产业。2018 年，产业园蛋鸡产业总产值 71 亿元，占产业园总产值的 62.7%；园内农民人均可支配收入 19 865 元，比全县农民人均可支配收入高 50.1%。产业园围绕蛋鸡产业，以精深加工为龙头，形成了生产、加工、物流、销售、科技、服务相结合的全产业链发展模式；发展玉米种植、饲料加工、有机肥加工等关联配套产业，形成了生态循环农业发展模式，是东北地区乃至全国蛋鸡产业发展的先进典型。

二、主要模式

1. 发展模式概况 产业园始终以姓农、务农、为农和兴农为根本宗旨，以推进农业供给侧结构性改革为主线，聚焦蛋鸡核心产业，坚持全产业链和产业融合发展理念，着力打造"科技集成-规模养殖-蛋品精深加工/下架鸡屠宰加工-冷链物流-品牌营销"的蛋鸡全产业链和"玉米种植-饲料加工-标准化养殖-粪污资源化利用"生态循环链条，聚力建设以蛋品精深加工为龙头、以规模化种养基地为依托、产业化龙头企业带动、现代生产要素聚集、"生产＋加工＋科技"的现代农业产业集群，促进生产、加工、物流、科研、示范、服务等相互融合和全产业链开发，优化联农带农机制，培育乡村发展新动能。

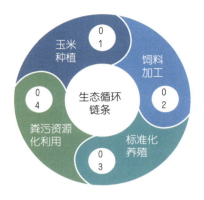

2. 发展策略

（1）**全国知名的蛋鸡产业集群**。一是创设优质生产中心。推进高标准规模化种养基地建设，完善基础设施，推广最新品种、技术和设施装备，稳步扩大生产规模，进一步提高优质蛋品和饲料玉米生产能力，打造高水平规模化蛋鸡养殖和优质玉米生产基地。二是建设品牌加工中心。依托龙头企业集群，进一步提升蛋品精深加工水平，加强蛋品质检能力建设，丰富产品种类，提高科技含量，发展新型业态，唱响知名品牌，打造国家级蛋品质量检测中心和产品多、质量优、品牌响的外向型蛋品加工中心。三是建立科技集成中心。依托本地科研机构、科技型龙头企业及建立了长期合作关系的科研单位，搭建"农科教结合、产学研协作"平台，集成应用新品种、新技术、新装备和新模式，打造全国蛋鸡科技产业化应用引领区。

（2）**东北乡村产业兴旺引领区**。一是成为农业高质量发展样板区。推进蛋鸡产业绿色化、优质化、特色化和品牌化发展，进一步提升饲料玉米生产和蛋鸡养殖标准化水平，加强质量管控和品牌培育，进一步强化品质优势、品牌优势和竞争力优势，成为全国蛋鸡产业发展和东北农业高质量发展样板区。二是打造全产业链发展模式示范区。围绕蛋鸡产业，以精深加工为龙头，形成"科技集成-规模养殖-蛋品精深加工/下架鸡屠宰加工-冷链物流-品牌营销"的全产业链发展模式；同时，以加工企业为龙头，形成"企业＋合作社＋农户"的主体合作共赢模式，成为东北乃至全国农业全产业链发展模式示范区。三是创建农村产业融合发展示范区。构建种养有机结合，实现饲料玉米与蛋鸡产业相互依托、互促互利；以蛋都小镇建设为抓手，着力推进蛋鸡产业与旅游业、文化产业、健康养生产业深度融合；围绕蛋鸡产业链发展需求，积极发展经营性服务业、创新创业孵化、中央厨房等新型业态，成为东北农村产业融合发展示范区。

3. 主要做法

（1）抓基地，上规模，以打造全循环产业链作为农村产业融合新模式。为保障第二产业蛋品加工企业的原料安全可追溯，公司突出抓好第一产业养殖业和种植业的建设。以标准化规模养殖为基础，建设了年存栏蛋鸡 500 万只的现代化养殖基地 4 个。公司还与种养大户协作，与农户结成"利益共享"的经济联合体，为养殖基地和养殖户提供配套的技术服务，带动周边农民 6 000 余人，养殖蛋鸡 2 500 万只。公司流转了 5 000 亩土地种植专用饲料玉米，还先后成立了粮食收储公司和饲料加工公司，有效保证蛋鸡饲料生产安全可追溯。为减少种植、养殖基地畜禽粪便和玉米秸秆污染物，公司投资 3 亿元兴建全国规模最大的再生能源、生物质能源公司，对农业秸秆、畜禽粪便等有机废弃物进行无害化处理，不仅变废为宝，实现了能源再利用，还能促进环保，消除了污染。为解决食品原料及产成品的运输安全，公司加大了第三产业冷链物流企业的建设，成立了冷链物流公司，购置了冷藏物流车，并与汽车改装厂合作改造专用汽车，既满足了日常产品的运输需要，又更好地保障了食品质量安全。公司还投资 400 余万元修建了企业参观走廊，成为具有区域特点的工业旅游区点，带动了当地餐饮、旅游、宾馆等第三产业的发展。

（2）抓龙头，促融合，以龙头企业发展作为农村产业融合突破口。产业园内吉林金翼蛋品有限公司（以下简称金翼蛋品）与大专院校及科研院所建立紧密的合作关系，通过科技项目研制，开发新产品、新工艺，促进公司的可持续发展。近 5 年来，金翼蛋品累计投入 5 000 余万元科技项目研发经费，承担了国家级星火计划重大项目、"十二五"国家农业领域科技支撑项目、农业重大成果转化项目等，先后开发出鸡卵黄免疫球蛋白、高凝胶蛋白粉、高乳化蛋黄粉、超速溶蛋白粉和功能型沙拉酱等系列蛋品深加工产品。金翼蛋品还投资 500 万元在上海成立了营销研发中心，主要负责公司总体运营、对外销售和产品研发。金翼蛋品严格按食品安全管理体系和质量管理体系的要求进行管理，先后通过了 ISO 9001：2008 国家质量认证、ISO 22000：2005 食品安全管理体系认证、QS 认证及 Halal 伊斯兰认证，保证了公司各类产品在食品安全和产品质量上达到国内外同类产品质量标准。

（3）抓理念，求发展，以保障农民利益作为农村产业融合目标。为了快速准确地在市场竞争中找到产品的定位，2014 年，金翼蛋品与北京首农集团北京华都峪口禽业有限公司正式成为合作伙伴，通过强强联合，有效推动了第一产业养殖业向精品化、高质量化方向发展。为了更好地促进产业融合发展，提高社会经济效益，让贫困农民参与和分享产业发展红利，金翼蛋品与东辽县政府共同出资成立了吉林众联农业发展有限公司（以下简称众联公司），采取"政府控股、企业参与、市场化运作"的新型合作模式；新公司投资 5.9 亿元，建设年存栏 720 万只蛋鸡标准化养殖扶贫建设项目，规划新建养殖规模 300 万只标准化养殖基地 3 个。金翼蛋品与众联公司签订鲜鸡蛋订单合同，通过采取保底价收购加二次分红模式，在保底价收购基础上，以加工产品实现的利润通过提高收购价格方式向农户进行二次返利。众联公司委托由金翼蛋品统一管理，实行统一供应青年鸡、统一供应饲料、统一防疫、统一回收鸡蛋、统一收购下架鸡、统一人员培训"六统一"举措，来保障产品质量和发展。农民可以到企业工作成为产业工人，或是入资合作社成为股东，变被动打工挣钱为主动经营赚钱。项目实施后可实现 7 409 户贫困户 13 708 人脱贫致富。公司的发展带动了周边地区蛋鸡养殖发展，促进当地运输、饲料、粮食种植等行业的发展，让农户分享产业链环节的增值利益，带动农民脱贫致富。

三、利益联结机制

产业园积极探索联农带农方式，现已形成产业扶贫带动、股份合作带动、订单合同带动、务工联结带动等多种联农带农模式，推动了资源变资产、资金变股金、农民变股东，农民持续分享二三产业增值收益有保障。2018 年，园内农民人均可支配收入 19 865 元，高出东辽县平均水平 50.1%。

1. **"政府＋银行＋投资公司＋龙头企业＋农户"产业扶贫带动**　产业园通过蛋鸡产业开展精准扶贫，探索形成了"政府扶贫资金控股＋银行低息贷款＋投资公司建设＋龙头企业运营＋贫困人口入股分红"的产业扶贫带动模式。由县财政出资 3 000 万元、金翼蛋品出资 2 000 万元，合资成立了国有控股的众联公司，通过 10 倍杠杆撬动国家开发银行低息贷款 5 亿元用于产业园建设。政府扶贫资金控股的众联公司按股份比例向贫困户进行分红，分红资金由运营企业金翼蛋品负责提供。根据众联公司和金翼蛋品双方约定，金翼蛋品将银行贷款总额的 7% 支付给众联公司，用于支付贷款利息和贫困人口分红资金。目前，项目一期建成的德智村百万只蛋鸡养殖场已正式投产，日产鲜蛋 45 吨；连续 3 年每年分红 400 万元以上，其中 2018 年为享受"五点双享两救助"的贫困人口人均分红 300 元，享受"五点双享两救助"以外的贫困人口每人分红 1 000 元，剩余资金用于扶贫其他领域，主要对特困户危房进行了兜底援建。

2. **"合作社＋农户"股份合作带动**　农户以土地、资金、农机、技术入股到合作社，抱团式发展饲料玉米生产经营。合作社外联龙头企业和市场，提高销售议价能力；内联种植户，统一为农户提供技术服务、农资采购等，聘用有经验的社员统一田间管理。以鑫鑫专业合作社为例，合作社创新了"统一农技服务、统一贷款融资、统一农资采购、统一田间管理、统一质量标准、统一市场销售"的"六统一"模式，带领农户种植优质饲料玉米，极大提高了农户种植效益。合作社统一按合同价格向蛋鸡养殖场出售饲料玉米，提高了农户市场议价能力；合作社销售收入按折股量化股份向社员分红。合作社现有成员 98 人，饲料玉米种植基地 1 100 亩；通过节本增效、统一经营，每亩较直接流转增收 1 000 元以上，社员分红总额可达 130 万元。

3. **"龙头企业＋合作社＋农户"订单合同带动**　实行订单农业，龙头企业与合作社或农户签订具有法律效力的购销合同，双方约定交手产品及龙头企业承诺的服务事项等内容，约定最低保证产量，确定最低合同价。当市场价格高于合同价时，收购价格随行就市；超过约定产量部分销售收益全部归农户。以众联公司为例，每建设 1 个养殖场就组建 1 个蛋鸡养殖合作社，带动周边养殖合作社和群众参与蛋鸡养殖；由金翼蛋品向养殖合作社提供雏鸡、饲料及饲养技术，养殖合作社聘用周边农民按照金翼蛋品的要求进行生产，其鲜蛋产品由金翼蛋品全部收购。厚德食品股份有限公司、吉林省农乐饲料有限公司等龙头企业也通过与合作社、家庭农场、专业大户签订购销订单，带动了产业园及周边地区农户增收。

4. **产业链延伸型务工联结带动**　蛋鸡、玉米产业链上各环节吸纳众多的农民从事种植、养殖、加工仓储、休闲服务等劳务工作，也是带动农民增收主要途径之一。据不完全统计，2018 年，蛋鸡产业各环节提供就业岗位约 16 000 人，每人年均增收 3 000～4 000 元。在种植环节，规模化饲料玉米基地在耕种、植保、采收等方面吸纳农民工约 5 000 人，每人年增收约 3 000 元；在养殖环节，48 个蛋鸡规模化养殖场吸纳农民工约 6 000 人，每人年增收约 3 500 元。在加工仓储销售环节，蛋品加工车间直接吸纳务工农民约 1 000 人，每人年增收约 4 500 元；发展电商服务、冷链物流等线上线下销售吸纳务工农民约 3 000 人，每人年增收约 4 000 元。在服务体验环节，吸纳务工农民约 1 000 人，主要从事接待、管理、服务等方面的工作，每人年增收约 3 500 元。

产业园利益联结机制	"政府+银行+投资公司+龙头企业+农户"产业扶贫带动
	"合作社+农户"股份合作带动
	"龙头企业+合作社+农户"订单合同带动
	产业链延伸型务工联结带动

四、主要成效

1. **促进稳定脱贫**　产业园的整体项目达产后，将进一步提高贫困人口兜底收入。截至 2017 年，项目一期连续 2 年每年分红 400 万元。其中，2016 年为全县所有建档立卡贫困户人均分红 290 元；2017 年，为享受"五点双享两救助"以外的 4 605 名贫困人口每人分红 700 元，剩余部分用于扶贫其他领域，特别是投入资金 41 万元对 24 户特困户危房进行了兜底援建。

2. **推动持续增收**　以众联公司为主体，每建设 1 个养殖场就组建 1 个蛋鸡养殖合作社，带动周边养殖合作社和群众参与众联公司蛋鸡养殖项目；通过"养殖基地＋合作社＋农户"的模式，不仅保障了项目收益的稳定性和长期性，也带动了周边群众共同致富。众联公司 7 个蛋鸡养殖场可提供就业岗位 300 多个，优先接收建档立卡贫困人口就业，人均月工资可达 3 000～4 000 元。

3. **实现三产融合**　产业园年存栏 720 万只蛋鸡标准化养殖项目（以下简称蛋鸡标准化养殖项目）的实施可以辐射带动专业养殖户和零散养殖户，进一步促进饲料加工业、蛋品加工业、种植业、运输业、服务业等各行业深入发展，实现三产有机融合，加快推进传统农业的提档升级。同时，通过实施科学化、标准化、规模化的蛋鸡养殖，进一步拉长产业链条，培育壮大经济体，提升企业和产业的竞争力，做大分红的资金池，确保全县所有贫困人口的兜底利益最大化。

4. **拉动地方发展**　蛋鸡标准化养殖项目通过发挥政府组织协调和财政扶贫资金引领和增信作用，充分调动了龙头企业和金融力量参与产业扶贫的积极性，实现了由输血式扶贫向造血式扶贫的转变。该项目达产后，

可提供稳定、低药残、质量可追溯的鲜蛋，满足龙头企业当期和未来对原料供应保质保量的要求，解决企业生产后顾之忧；同时，每年上缴国家和地方增值税、所得税及其他税收预计 2 600 万元，其中所得税预计 940 万元。

五、启示

1. **选好传统优势产业，找准产业发展和自身优势结合点是现代农业产业园工作成败的基础** 产业发展不是空中楼阁，不能从零开始，必须紧紧依靠当地的产业基础和自然资源，这是所有农业产业能够长期健康发展的基础条件。金翼蛋品经过十几年的发展，已经建立以蛋鸡养殖、蛋品加工为主导产业，带动鸡粪无害化处理、饲料加工、冷链物流等的区域全循环经济现代农业产业园区，具备了年加工 15 万吨鲜蛋、年生产 5 万吨蛋制食品、年加工无公害安全饲料 30 万吨、年养蛋鸡 500 万只、年可处理鸡粪 15 万吨、年产沼气 500 万立方米的生产能力。因此，做好现代农业产业园这篇大文章，必须要结合本地实际，通过龙头企业优势资源引领，带动农业产业升级。

2. **搭建多方合作平台，实现扶贫多元主体间的良性互动是产业园扶贫工作成败的保障** 在实施年存栏 720 万只蛋鸡标准化养殖项目中，通过多方参与，形成了政府、龙头企业、贫困人口 3 个主体的有效协作，增强产业扶贫的广泛性、有效性、带动性和可持续性。其中，政府发挥着引导性作用，提供必要的资金和政策支持，引导龙头企业发展壮大和帮扶贫困人口参与产业扶贫，并负责协调企业和贫困人口之间的利益关系；龙头企业在政府引导下，通过各种利益联结机制与贫困人口相联系，使他们参与到蛋鸡产品生产、加工、销售等各个环节；贫困人口在自身利益的驱动下，积极参与产业扶贫项目的决策、实施和监督全过程，成为产业扶贫的直接受益者。

江苏铜山：国家农村产业融合发展示范园

　　导语：铜山区位于江苏省的西北部，属于淮海经济区中心城市及江苏省第三大都市圈徐州市。徐州市素有"苏北领头羊"之称，铜山区是全国综合实力百强区28位。铜山区有160万亩耕地、80余万农业人口，农业发展始终处于全省领先水平，拥有"全国粮食生产先进县区""首批国家现代农业示范区""首批国家农村产业融合发展示范园""中国蔬菜之乡""中国食用菌之乡""上海蔬菜外延基地""全省首批农村改革试验区"等众多荣誉称号。

　　2017年底，铜山区国家农村产业融合发展示范园被列入全国148家首批创建单位之一，是全区积极贯彻落实十九大精神、推动乡村振兴、实现区域经济高质量发展的重要举措。示范园是集首批国家现代农业示范区、首批苏台农业合作创业园、首批省级现代农业产业园、首批省级现代农业产业示范园核心区及省级万亩菜篮子工程基地等标志性项目于一体的综合型园区。果蔬、蚕桑等特色产业优势明显，省、市级加工龙头企业带动能力较强，为促进农村产业融合发展提供了有力保障。

一、主体简介

　　铜山区国家农村产业融合发展示范园位于徐州市主城区南郊的棠张镇，是铜山区与徐州市新城区联系的重要节点，属于国家现代农业示范区、省级现代农业产业示范园核心区，是江苏省万亩永久性"菜篮子"基地。园区面积80平方千米，耕地面积8.3万亩，下辖17个行政村，人口

6.8 万。示范园所在的棠张镇不仅现代农业发展位于国内一流，而且工业基础雄厚、三产服务业发展势头强劲，产业结构合理。2017 年，示范园国内生产总值（GDP）达到 50.3 亿元；示范园农村居民人均可支配收入22 000 元，长期位居徐州市前列。

园区区域位置图

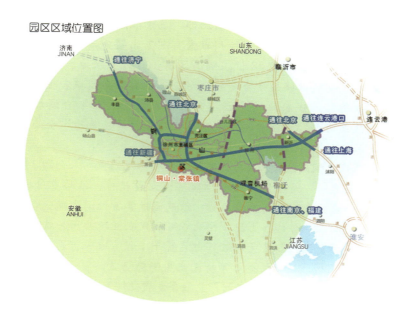

示范园是省内少有的优质设施果蔬种植基地，年均各类果蔬种植面积达 4.2 万亩，年均设施种植面积 4.0 万亩，占比 96％，其中固定设施菜田 1.8 万亩。年产各类"棠溪牌"果蔬 4.5 亿千克，吸引八方来客，远销全国各地。果蔬千亩成方、万亩成片的景象，使其成为"中国蔬菜之乡""上海果蔬外延基地""江苏省永久性菜篮子工程基地""徐州市都市观光采摘农业示范区"。

示范园有桑园 3 万亩，是江浙排名第一、徐州市唯一的蚕桑与丝绸蚕业基地，共有养蚕户 6 500 余户专业村 4 个，年养蚕 5 万余张，年产鲜茧

400万千克、白厂丝320吨。每到蚕桑飘香的季节，特别是每年的蚕桑文化节期间，示范园游人如织。人们采摘桑葚果，购买蚕桑被，品尝桑果酒，回忆刘解忧，欣赏喻继高大师的工笔画，流连忘返。示范园拥有"蚕桑之乡""纺织之乡"等荣誉称号。

二、主要模式

1. 模式概括　铜山区既是工业强区，也是农业大区，主要经济指标长期处于徐州市第一位。铜山区现代农业发展水平较高，特别是在优势特色产业培育、现代农业园区建设、产业融合发展及体制机制创新等方面始终走在前列，素有"江苏农业看徐州，徐州农业看铜山"之说。铜山区农业产业经过多年调整优化，已形成优质粮食、高效蔬菜两大主导产业生产格局，主导产业集中度高，上下游连接紧密，产业间关联度强。在省内乃至全国具有较强的竞争优势。根据铜山区"十三五"农业发展规划和铜山区乡村振兴规划，抓好粮食生产和高效设施果蔬产业提档升级将是实现产业兴旺的主要任务。蚕桑产业在铜山区拥有较长的发展历史，产业链条也相对完整，是农户重要的增收来源，具有产业融合发展的良好基础。因此，园区产业融合与本地农业农村发展具有很好的结合度。

园区确定的产业融合模式为产业链延伸型，通过认真总结设施果蔬及蚕桑两大主导产业的发展现状、聚集各种资源要素，积极拓展产业链，按照"做优一产、做强二产、做大三产"的要求，针对两大主导产业制订了产业融合发展路线图。

2. 发展策略

（1）努力拓展融合发展途径。一是依托园区现有的4万亩设施蔬菜（瓜果），以高标准建设省级菜篮子工程基地、上海等大城市外延基地为契机，围绕"品种改良、品质改进、品牌创建"，规划建设高标准园艺作物标准科技展示园及新品种、新技术、新模式示范基地；推进农业标准化生产，建成互联共享的园区农产品质量安全监管追溯管理信息平台，实现农产品产地环境监测和农业面源污染监测全覆盖，使园区农产品检测合格率达到100％。以现有跃进村蔬菜批发市场为基础，通过改造提升现有设施，提高产品批发销售及清洗、分级、称重、包装、预冷等初加工能力，通过派乐滋等龙头企业发展精深加工。同时，积极引进吸收我国台湾地区和以色列的先进品种、技术及经营理念，开展特色果菜观赏及文化展示、果蔬采摘、市民菜园、盆栽蔬菜、蔬菜创意集市等休闲农业活动，形成一二三产业融合发展新模式。

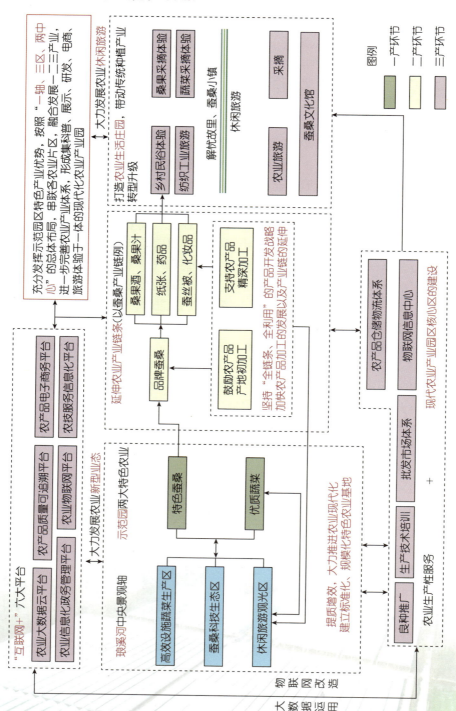

充分发挥示范园区特色产业优势，按照"一轴、三区、两中心"的总体布局，串联各农业片区，融合发展一二三产业，进一步完善农业产业体系，形成集科普、展示、研发、电商、旅游体验于一体的现代化农业产业园

大力发展农业休闲旅游，带动传统种植产业转型升级

打造农业生活庄园

休闲旅游

| 桑果采摘体验 | 蔬菜采摘体验 |

| 解忧故里、蚕桑小镇 |
| 乡村民俗体验 | 采摘 |
| 纺织工业旅游 |
| 农业旅游 | 蚕桑文化馆 |

图例
一产环节
二产环节
三产环节

延伸农业产业链条（以蚕桑产业链例）

| 桑果酒、桑果汁 |
| 纸张、药品 |
| 蚕丝被、化妆品 |

品牌蚕桑

支持农产品精深加工

鼓励农产品产地初加工

坚持"全链条、全利用"的产品开发战略，加快农产品加工的发展以及产业链的延伸

"互联网+"六大平台

| 农产品电子商务平台 |
| 农技服务信息化平台 |

| 农业大数据云平台 |
| 农产品质量可追溯平台 |
| 农业物联网平台 |

| 农产品质量安全云平台 |
| 农业信息化政务管理平台 |

大力发展农业新型业态

示范园两大特色农业

特色蚕桑

优质蔬菜

琅溪河中央景观轴

| 高效设施蔬菜生产区 |
| 蚕桑科技生态区 |
| 休闲旅游观光区 |

提质增效，大力推进农业现代化
建立标准化、规模化特色农业基地

农产品仓储物流体系

物联网信息中心

现代农业产业园区核心区的建设

批发市场体系

+

| 良种推广 |
| 生产技术培训 |

农业生产性服务

物联网改造

大数据运用

二是对现有3万亩桑园进行改造提升，引进多用途新品种及现代化养殖技术，提高蚕农养殖水平。通过充分发挥园区现有22家蚕丝绸及服装加工龙头企业的作用，构建"基地＋企业＋农户"一体化经营模式，降低蚕农生产风险，保障农民养蚕积极性。通过与苏州百年老店"上九楷"、浙江利达丝绸集团固定客户交流沟通，受"黛梦雅蚕丝被""祥华牌丝绸""解忧故里"3个省级名牌商标的引领，不断进行设备与产品升级。同时，借助园区蚕桑种植历史悠久、文化底蕴深厚的优势，大力发展蚕桑文化产业，挖掘蚕桑文化历史底蕴，建设解忧公主纪念馆、蚕桑文化馆等。定期举办桑蚕文化旅游节等民俗活动，开展"蚕桑文化进校园"等活动。推广张氏丝织技艺等非物质文化遗产，每年有5 000多人来参观学习丝织技艺。多形式弘扬特色蚕桑传统文化，使蚕桑融合产业快速发展。

三是采用以各类田头市场和中型批发市场为依托的农超对接，以及场地挂钩、网上营销、产地直销等现代营销模式，助力农产品抢占市场。在上海市场的成功拓展，极大地增强了园区农产品营销能力，有效地扩大农产品增值空间。

（2）全产业链融合发展模式（以蚕桑产业为例）。一是在种养环节。以往每年4月份桑葚采摘完了以后，桑果园要荒废大半年，还要除草管理。铁营村蚕桑基地负责人在发展果桑产业的同时，在桑果园里发展养鸡产业。他先尝试在自家5亩地的桑园里养了1 000只鸡，发现养鸡不仅仅可以阻止草的生长，同时桑叶中的粗蛋白含量是玉米的2～3倍、钙元素比虾还高，对鸡来说是非常好的饲料。通过桑园养鸡这种方式养出来的鸡营养价值更高、更受市场欢迎，在市场上销售价可达到150元一只。到了土鸡上市的季节，货品供不应求，而桑叶鸡蛋更是卖到了两元钱一枚。仅此一项，每年增加收入3万元。他的这种种养模式很快被园区农户复制。

截至 2018 年，园区内已有 200 余农户利用桑果园养鸡，促进了农业增效和价值链提升。

二是在加工环节。蚕桑产业是示范园区的主导产业之一，辖区内有12 个行政村的农户种桑养蚕。为了谋求做大做强桑蚕产业、增加农民收益，近年来，示范园按照现代农业一二三产业融合发展的思路，以"基地＋公司＋农户"订单化种植的模式，由徐州丝绵制品有限公司、徐州轩华丝绸有限公司联合农户投资，建设了 3 万亩桑园，重点打造了后谷、刘塘和铁营 3 个万亩桑园基地。公司负责为蚕农提供全程技术服务，基地农户生产的所有蚕茧由公司实行保护价收购，并进行缫丝、纺织加工；同时，公司吸收蚕农到企业打工领取工资，让其在二产环节二次增收。企业发展有力地促进了当地产业发展和农民增收，园内现有 3 家缫丝厂。示范园充分挖掘蚕桑产业多功能的特点，通过规划建设蚕桑文化馆、解忧公主纪念馆、蚕桑青少年教育培训基地、桑果采摘园、举办蚕桑文化节等，积极发展休闲观光业，形成了以蚕桑产业为主体的全产业链发展融合模式。

三是休闲观光。自示范园创建以来，园区坚持将乡村生态休闲、观光农业作为重点项目来打造，围绕"果蔬采摘生态游""琅河捕钓观赏游""园区自然景观游"，将餐饮、住宿、文娱、购物等进行包装规划，重点打造以学庄村、沙庄村为中心的城南美丽乡村田园风光旅游片区、以夏湖、后谷为中心的美丽乡村"养蚕体验"旅游片区、以新庄、跃进为核心的果蔬采摘旅游片区及以蚕桑文化馆、喻继高国防馆为中心的文化旅游片区。将乡愁文化、自然生态、休闲农业和谐融为一体，吸引了众多客人前来游览。

四是衍生产品及电商销售。在做好种桑养蚕工作的同时，示范园还充分利用蚕桑产业相关的物质资源、生物资源和文化资源，大力培育蚕桑嫁接互联网经营方式，进一步发展蚕桑产业新业态，延长产业链，实现物尽其用和资源最优化的目的，提高产业综合效益。目前，"互联网＋蚕桑"

产业已初具规模，通过电商销售小蚕、桑叶、蚕茧面膜、养蚕工具、桑叶茶、蚕丝被等蚕桑产品的有 21 家店铺。桑叶采摘、产品包装、饲养小蚕等环节均需要人工，解决了当地 50 余名农民就业问题。示范园开发了桑叶保健茶、解忧故里桑果饮、桑葚酒。示范园内蚕桑专业合作社还从事蚕丝被加工和销售工作，目前从事蚕丝被生产厂家有近 10 家，其中黛梦雅和祥华牌蚕丝被为市级名牌商标。

3. 主要做法

（1）**蚕桑产业产学研深度融合体系**。由园区独创的"一手联大院大所，一手联商业协会——高科技让蚕桑产业破茧成蝶"融合模式实现了重大价值创新。示范园蚕桑资源丰富，生态环境优良，具备做大做强的各种基础优势和广阔的发展前景。徐州光彩丝绵制品有限公司和徐州永乐专业虫草合作社充分利用江南大学、江苏农科院等科研院所和徐州市商业协会等资源，通过"一手联大院大所，一手联商业协会"的方式，构建了蚕桑产业"产学研"深度融合体系。企业、合作社提需求、出资金，商会出主意、想办法，学校组团队、做项目，建立了相对稳定的外部创新联盟组织。随着高科技手段的进入，真正让传统的蚕桑产业"破茧成蝶"，以缫丝后的副产品——蚕蛹为原料培育出"永乐"牌蛹虫草，收获虫草后的培养基通过发酵酿造成保健价值较高的"虫草酒"，酿酒之后的酒糟还可当家畜养殖的优质饲料，整套流程不造成任何浪费，真正实现了蚕业资源的高效循环利用，形成了一条高规格蚕桑产业链。

（2）**龙头企业"五统一"带动。**省级龙头企业徐州绿健乳品饮料有限公司于 2015 年搬迁至示范园，与跃进村签订了收购跃进村农户种植蔬菜的订单协议，并对农户生产经营状况密切关注，带动了跃进村蔬菜产业健康良性发展。在生产模式上，对农户实行"五统一"的管理模式，即统一提供种苗农资、统一生产管理、统一技术服务、统一产品包装、统一产品订单收购。"绿健乳品"为农户统一提供的种苗，给予每棵 5 分至 1 角的优惠，亩节约成本 300 元。除优惠提供种苗外，还按照"进价＋运费"统一向社员提供农药、肥料，每亩地生产成本降低了 10％。2018 年，跃进村种菜农户人均收入 27 000 元，比示范园其他农户人均纯收入高 20％。

（3）**组建蚕桑产业联合体。**2017 年 10 月，由徐州市农业产业化龙头企业徐州光彩丝绵制品有限公司、徐州市鼎盛桑蚕专业合作社、铜山区同兴家庭农场、铜山区同富家庭农场等单位和个人共同协商，作为初始成员单位成立了徐州光彩桑蚕产业化联合体。联合体以科技为先，以市场为导向，以桑蚕种植养殖为基础，以徐州光彩丝绵制品有限公司为龙头，积极推进桑蚕产业化经营的进程，优化资源配置，互联互通，拓宽农产，促进了"龙头企业＋合作社＋家庭农场＋专业大户"等新型农业经营主体的紧密联合。各经营主体间建立了基于产业链或价值链专业化分工体系，龙头企业是现代农业生产经营要素和经营模式向农业输送的重要通道；合作社作为纽带，提供社会化服务；家庭农场、种养大户是基础，承担了流转土地和精耕细作的任务。目前，联合体通过"龙头企业＋合作社＋家庭农场"的模式，已先后与夏湖、谷堆、马兰等 10 个自然村签订了桑蚕、蚕茧管理协议，实现生产基地建设 200 亩，产业基地规模达 7 000 亩以上，带动农民 7 000 多户，使蚕农比种粮每亩多收入 500 多元，为农民增收 500 余万元，激发了蚕农栽桑养蚕的积极性。

三、利益联结机制

1. 工业反哺农业模式 徐州亿达制丝、徐州祥华丝绸等龙头企业，按照"一丝兴三业，三产绕一丝"的思路，与蚕农共建联合体，实行保护价订单生产，降低蚕农风险，保证稳定收入。同时，让蚕农到企业打工获得工资性收入。

2. "股田制"分红模式 跃进村通过开展"股田制"试点，突破了一家一户土地分割的界限，打破了以往土地比较零散的格局，保证了土地空间利用最大化、土地产出效益最大化、农民利益最大化。由村集体经济组织统一经营股田后，每亩农田经营性收入增加 400 元左右，工资性收入达 4 000 元以上；同时，股田经营收入实行的二次分配，突破了现有的土地收益分配方式，最大限度增加了农民收入。

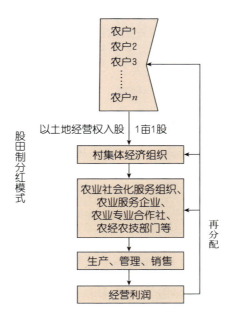

3. **合作社分红模式**　徐州昌茂、棠张新技园等农民合作社，让社员以土地入股，进行规模化种植设施葡萄和果蔬种苗，发展产品采摘、休闲观光等，使亩均收入达到 5 万～6 万元，社员人均年收入由 2010 年 8 000 元增加至 2017 年的 27 000 元，高于全镇人均年收入的 40%。

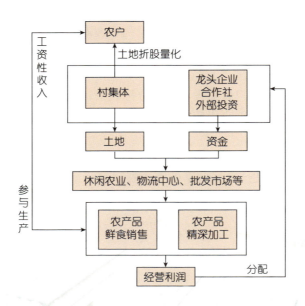

4. **"公司＋基地＋农户＋科技＋出口"模式** 徐州润嘉食品有限公司自营种植面积 1 000 余亩，带动种植面积 10 000 余亩。公司加工区占地 50 余亩，有保鲜冷库 25 000 多立方米、加工车间 6 000 多平方米，拥有种植、加工专家和技术人员 100 余人。公司主要管理人员和技术员都有多年的种植、加工经验，有能力做到种植、加工、出口一条龙。多年来，公司不断创新蔬菜产业经营模式，在经营公司 1 000 余亩的自营核心蔬菜基地的基础上，辐射带动周边地区 10 000 余亩土地流转，有 3 000 余户农民依托公司发展种植出口创汇蔬菜，年带动农民增收 6 000 余万元，引导农民从"单打独斗"的种植模式转变为"抱团发展"，由"指头"变成了"拳头"。采用"公司＋基地＋农户"合作方式的同时，摸索推广应用了统一品种、统一技术、统一管理、统一使用标准、统一价格收购"五统一"管理标准，生产的蔬菜产品远销欧盟、日本、加拿大等国家和地区。

四、主要成效

2018 年，示范园共完成新建智能温室 12 000 平方米，新建标准日光温室 600 亩，改造老旧温室 1 200 亩，新改建钢架大棚 850 亩，新（改）建批发市场 6 500 平方米，新建农机库 5 000 平方米。示范园高标准农田面积达 15.6 万亩，高标准农田占比 83％，设施农业占比 92％以上，农田林网配套率 92％，农作物种植综合机械化率 92％，互联网应用覆盖率 95％。

按照环境友好、生态宜居、绿色发展的要求，园区的土壤、水质、空气等得到进一步改善，农业面源污染得到有效控制。开展垃圾分类处理试点，在沙庄村投资建设有机垃圾处理中心 960 平方米，建筑面积 120 平方米，购置微生物日处理 0.5 吨的设备，可达到 24 小时成肥。成功探索出了一套适合镇情的"户分类投放、村分拣收集、镇回收清运、有机垃圾还田"镇村生活垃圾分类收集体系，为示范园全面实行垃圾分类处理奠定了基础。

示范园绿色优质农产品生产基地面积达到 7.51 万亩，占园区耕地总面积的 90.46％，建成互联共享的园区农产品质量安全监管追溯管理信息平台，实现农产品产地环境监测和农业面源污染监测全覆盖，使园区农产品检测合格率达到 100％。

五、启示

铜山国家农村产业融合发展示范园突出农业供给侧结构性改革主线，以推进"调结构、转方式、兴产业、促发展"、构建"优质、高效、生态、科技、集约、融合"现代农业示范园为目标,坚持规划引领、体制创新,以市场促进投入多元、以政策集聚发展要素,把产业基地与融合发展作为示范园创建的突破口,大胆探索、全面推进,实现了从传统农业向现代农业的跨越转变,形成了示范园创建与现代农业同步发展、农民快速增收、生态环境大为改善、城乡一体化有序推进的良好局面。

江苏锡山：现代农业产业园

导语： 近年来，锡山国家现代农业产业园以园区创建为契机，全面贯彻落实乡村振兴发展战略，以新型城镇化为依托，纵深推进农业供给侧结构性改革，着力构建农业与二三产业交叉融合的现代产业体系，打造城乡一体化的农村发展新格局。园区以先进要素集聚壮大主导优势产业、提升现代农业，以产业融合促进农业增效、繁荣城乡市场，以政策组织保障融合优化产业布局、带动农村发展，以富民联结机制引领创业致富、培育新型农民，均取得了明显成效。园区建设快速推进，体制机制日趋健全，主导产业提档升级，一二三产业深度融合、农业经济转型实现重大突破，农民收入稳步增长，走出了一条高质量发展新路。

锡山国家现代农业产业园

一、主体简介

江苏无锡锡山现代农业产业园规划总面积48.5平方千米，规划建设"四区八中心"的现代农业发展格局。2010年，被江苏省政府认定为省级现代农业产业园区；2017年，获批国家级产业园创建资格；2018年，被中国科技部认定为无锡国家农业科技园核心区，在同批次全国48个城市中名列前五。近年来，园区全面贯彻落实乡村振兴战略，以园艺作物种子、种苗主导产业为核心，大力推进一二三产业融合发展，精心培育新型农业经营主体，大力推进农业科技创新，加大项目招商力度，构建完善现代农业产业体系，打造了一批市场竞争力强、科技含量高、经济效益高的龙头企业，谋划了一批重大项目。整个产业园发展呈现出一二三产业加快融合、产业体系日趋完善、经营主体不断壮大、农民收入持续增长、社会影响力显著提升的良好局面。目前，产业园入驻企业 140 家，已建成国内最大的南方红豆杉实生苗繁育基地和国内最大的彩色苗木引繁基地，绣球花种苗繁育基地培育的新品种占全国市场份额的 80%，园区所属山联村2019 年被评为首批全国乡村旅游重点村。目前，园区总产值达 30.5 亿元，其中主导产业产值 21.4 亿元，占总产值的 70.1%；主导产业覆盖率达 61.2%，适度规模经营率达 91%，园区农产品初加工率达 88%，农产品加工业产值与农业总产值比为 3.1∶1，年旅游人数超 230 万人次。

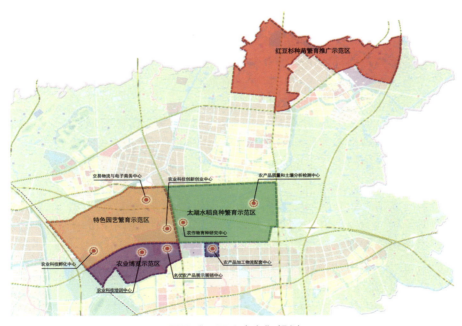

园区"四区八中心"规划

二、主要模式

锡山现代农业产业园在建设过程中，依托长三角经济发达地区优势，积极探索苏南园区发展新模式，全力建设一二三产业深度融合、城乡一体化加快发展的高质量现代农业园区。目前，产业园在日常经营管理中探索建立了"管运分离"模式，将政府管理职能和企业运营职能分开，使园区管理更科学有效、经济效益更明显；在产业发展中坚持主导产业带动二三产业融合发展的"农业＋"模式，立足主导产业，积极推动"农业＋"二三产业融合发展；在园区企业管理上坚持"管理和服务"两手抓，在服务企业举措中提档升级，针对保险、金融保障方面开展政策研究，为企业创造园区良好的农业生产环境；结合城乡一体化发展，建立新农村建设综合推进发展模式，把园区建设纳入城乡发展大局。初步走出了一条具有苏南特色的农业园区化发展道路。

1. 创新园区管理模式，体制机制日趋完善 建立了"政府引导、企业化管理、市场化运作""管运分离"的农业园区管理模式，将政府管理职能和企业运营职能分开，使园区的日常经营管理更加科学有效。

（1）政府引导，管理机构规范有力。设立了副处级建制的锡山国家现代农业产业园管理委员会，作为区政府派出机构，全权负责园区建设、管理和服务等工作，财政方面实行独立核算，统筹用于园区建设和发展，单独编制预算，纳入区级财政预算管理。管委会下设党政办公室、财务部、综合管理部和招商部 4 个副科级建制的内设机构；设立了发展服务中心，属管委会下属全民事业单位；共有政府编制人员 12 名，人员均配齐配强，为产业园创建发展提供了有力的组织保障。

（2）公司管理，组织运营有序高效。在管委会实施行政管理的基础上，成立了国有全资无锡新天地农业发展有限公司作为平台总公司，为产业园发展进行投融资，主要从事园区基础设施建设、经营管理及农业旅游项目开发等。新天地公司下设现代农业博览园有限公司、高精科技农业有限公司、太湖米业有限公司等子公司，主要负责对产业园下辖的无锡现代农业博览园、无锡高科技农业示范园、无锡市太湖水稻示范园等子园区进行公司化运营管理。公司管理实行总经理负责制，公司员工实行聘任制，目前共有员工 45 人。公司通过社会公开招聘的方式招录人员，员工报酬实行绩效考核年薪制。

（3）市场运作，经营效益不断提升。实行"管运分离"机制，管委会主要负责制订规划、招商引资、土地流转、人事管理、产业开发等，园区基础建设、经营服务、公司内部管理全面推行市场化运作。公司独立经营、独立核算、自负盈亏，员工收入实行"基础工资＋年终绩效"考核制度，根据公司年终收支情况确定员工收入水平。有的公司还组建了农业专业合作社，创新经营方式并带动农民致富。2018 年，总公司全年经营收入达 1 460 万元，实现了收支平衡并略有盈余。

2. 创新融合发展模式，提升主导产业优势 积极探索"农业＋"产业发展模式，立足园区资源禀赋，在主导产业种子、种苗产业积极培育的基础上，另外叠加科技、加工、旅游等各种元素，在提升一产硬实力的同时，加速农业生产链向二三产业的延伸。

（1）提升主导产业"硬实力"。立足园艺作物种子、种苗主导产业基础，不断招引项目素质高、发展潜力好、行业领军型的高端优质项目，着力提升一产"硬实力"。目前，园区已入驻企业 140 家，园区园艺作物种子、种苗主导产业突出，是全国园艺作物种子、种苗集聚度最高及科技孵化能力最强的产业园。已建成全国最大的南方红豆杉实生苗繁育基地和全国最大的彩色苗木引繁基地，绣球花种苗繁育基地培育的新品种占全国市场的 80%，形成对二三产业发展的有力支撑。园区不仅在种子、种苗的研发繁育上有较高水平，同时在全国多地建有种苗培育基地，辐射带动全国有关地区现代农业发展，在全省乃至全国同行业中有较大的影响力和市场竞争力。园区下辖无锡普威农业科技有限公司的胡萝卜和大葱品种在甘肃、河北、湖北、山东和海南等地建立了培育基地，分别占到全国种植面积的 25% 和 80%；江苏承山堂农业科技有限公司在江西、浙江、福建等多地拥有铁皮石斛种植基地及合作企业，总种植面积上万亩。目前，园区主导产业产值达 21.4 亿元，占园区总产值的 70.1%；主导产业覆盖率达61.2%，适度规模经营率达 91%。

（2）"农业＋加工"延伸产品"加工链"。通过"政、产、学、研"等平台组建研发机构，发展农产品深加工。建立了红豆杉、精品水稻等"产、研、销、游"全产业链体系，园区红豆杉产业园的红豆杉纤维系列产品于 2018 年实现突破增长，单项产品深加工产值达 10.26 亿元。园区春丰公司有着国内领先的菇菌生产加工技术，采用全程设施机械化栽培的现代化生产模式，年产食用菌 1.2 万吨，年产量居无锡第一。2019 年，新建立农产品加工配套中心；同时区政府新批 100 亩农业建设用地用于招引农业加工企业，已招引 2 家农业深加工企业入驻。红豆杉深加工二期项目、江南大学铁皮石斛深加工研发技术基地、江南大学锡山农产品加工研发中心等深加工平台相继成立，园区农产品初加工率达88%，农产品加工业产值与农业总产值比达3.1∶1，打造了一条贯穿一二产的产业链。

（3）"农业＋科技"提升农业现代化水平。在农业各环节注入科技元素，推动传统农业向特色高效现代农业转变。2018年，园区作为无锡国家农业科技园核心区，成功通过了科技部的综合验收，在同批次全国48个城市中名列第五。与浙江大学、省农业科学院等10多家科研院校形成了紧密合作的农业科技创新联盟，农产品质量安全与营养产业研究院等10多家科研机构相继在园区落户。深化与中科智能系统有限公司、复旦大学等物联网科研院所的合作，推广实施水稻智能化管理、设施园艺智能决策系统，物联网技术覆盖率达70%。提高农业机械化水平，园区悦田农机公司新建了现代化设施园艺小农机研发基地，目前已成功研制设施园艺小农机3种。强化人才引进，积极培育高素质农民，年培训农业生产和经营管理人员3 000多人次，园区专业技术人员达669人。

（4）"农业＋旅游"力促农旅"大融合"。跨界整合发展，已成为现代农业发展的新路径。园区充分发挥生态优势，将现代农业与乡村旅游相结合，让基地变景点、田野变景区，以产业园为主，打造了集产业园、入园企业、合作社、家庭农场、农户等新型农业主体于一体的乡村旅游发展格局，推进实施了农耕体验、农业观光、主题节庆等休闲农业项目，形成了"农业博览主题公园""红豆杉康乐旅游""山联"三大旅游品牌，获得了江苏省四星级乡村旅游点、无锡市五星级农家乐和无锡市休闲农业示范园区等诸多荣誉称号。园区山联村于2019年被评为首批全国乡村旅游重点村。2018年园区举办各类特色旅游活动20余次，全年旅游人数超230万人次，旅游收入超2亿元，农业旅游品牌效益进一步显现。

（5）"农业＋产业"融合发展带动农民"大增收"。产业融合发展在实现产业园升级的同时，成为拉动园区经济和带动农民增收的重要方式。近年来，园区积极探索产业富民增收机制，通过品牌、技术、服务销售等领域的合作，培育出农民各类合作组织 97 家，覆盖水果、蔬菜、中草药、花卉等产业，带动农户 3 789 户投入产业发展，年增收 4 467 万元。同时，通过乡村旅游与产业的融合发展，以景促游、以游聚客、以节造势，辐射带动园区及周边农户成立了 35 家家庭农场及 80 余家农家乐，从事采摘、观光、住宿、餐饮等服务工作，有效提升了农民的经营能力和收入水平。

3. 创新企业服务模式，提供全方位保障服务　在企业服务上，坚持"园区＋企业"一对一精准服务模式。在生产生活保障及政策支持的基础上，自 2018 年以来，园区进一步研究服务企业的创新性举措，在原有政策的基础上，针对农业金融信贷、保险保障等企业核心关注的问题开展专题政策研究，为企业长远科学发展吃下定心丸。同时，企业所涉及的项目申请和审批等工作，由园区统一实行无偿代办。

（1）大力推进实施了金融支农富民项目。为解决小微农业经营主体融资难的问题，园区会同发展和改革、财政、农林等部门推进实施了金融支农富民项目，制订出台了《无锡锡山现代农业产业园关于设立"锡农贷"强化金融扶持的意见》。该项目通过产业园与无锡市农行开展合作，签订合作协议，设立以农业风险补偿基金（总计 2 000 万元）为保障的、专门面向产业园农业经营主体的、以 1∶10 的杠杆比例总额 2 亿元的特色金融产品"锡农贷"，为优质入园农业企业提供一个便捷、高效、低门槛、低成本的融资产品，既降低了担保要求且将合作银行贷款利率降到远低于其他银行信用贷款利率。目前，第一期 1 000 万元风险补偿基金已经到位，合作银行已向 4 家入园企业发放"锡农贷"贷款 190 万元，另有 2 家企业贷款申请正在审批中，后续园区还将在入园企业中大力推广项目政策，进一步加大金融信贷扶持力度，服务更多入园企业。

（2）大力推进实施农业保险保障项目。针对农业生产投入高、周期长、风险大的特点，在原有农业保险补贴政策的基础上，制订出台了《无锡市锡山区现代农业产业园农业保险保障项目方案》，通过扩大政策性农业保险覆盖面，加大政策性农业保险补贴力度，将部分农业商业性保险纳入补贴范围等举措，为入园企业提供全方位农业保险保障服务。一是对现有政策性农业保险项目，在享受中央、省、市、区级政策性农业保险保费补贴的基础上，加大保险保费补贴力度。二是对现有政策性农业保险进行延伸补充，推出稻麦增额保险保费补贴政策，进一步化解产业园核心区域科研性稻麦生产风险。三是对农业休闲旅游、高新技术科技型农业企业投保的部分商业性农业保险险种纳入产业园区农业保险补贴范围，按比例给予补贴。目前，园区已有 14 家农业企业（农户）申请了产业园农业保险政策补贴，涉及保险金额 3 954.23 万元、保险费 47.81 万元。园区新的农业保险保障政策的出台也真正做到为入园企业及农户的经营发展保驾护航。例如，园区企业（农户）遭受了 2018 年年初的大雪和"利奇马"台风自然灾害，黄土塘、大德生物、虹越花卉等 7 家企业（农户）获保险公司赔付金额超过 60 万元，园区企业（农户）灾害损失得到了有效化解。

4. 创新城乡发展模式，集聚产业园发展后劲　为提升农业发展水平，进一步创新举措，将园区发展纳入城乡发展大局，建立新农村建设综合推进发展模式，推动城乡一体化发展。区委、区政府重拳出击，制订下发了《关于推进农业生产用地发展方向调整的实施意见》，投资 3 亿元专用于统筹整合全区农业用地资源；在自愿、依法、规范的前提下，将区域内农用地资源集约流转到乡镇平台，实行统筹运作管理，为下一步产业园优化布局、提升发展、充分发挥辐射示范作用和发展"三农"创造有利条件，推动产业园持续健康发展。此举为全市首创，充分体现了区委、区政府对现代农业发展和创建工作的高度重视。同时，规划部署了全区农村住房建设工程，以示范村翻建承载城市辐射、推动新农村建设，全面统筹城乡一体化发展。

三、利益联结机制

积极探索产业富民、就业富民、保障富民、合作富民等农民增收利益联结机制，已组建各类富民合作组织 97 家，产业园入园创业农民人均可支配收入达 4.1 万元，较全区高出 31.6 ％，实现了农民增收与园区繁荣的互利共赢。

1. 探索了合作社组建公司带动增收机制　一是组建生产经营公司。例如，汇友花卉在引导村民广泛参与专业合作社的基础上，再由社员共同发起成立无锡市天华花卉园艺有限公司，主要从事切花百合、扶郎花、绣球花等花卉的种植和销售，参与入股分红的农户达到 80 户，实现利润并分红 800 万元。二是组建第三方服务公司。在园区属地村，园区瞄准现代农业园区发展商机，组建了卉聚花卉园艺有限公司，为农村富余劳动力，特别是 40～50 岁人员，搭建就业创业平台，从事花卉绿化养护、卫生保洁、花卉苗木种植等第三方服务。

2. 强化了入股分红增值增收机制　园区启动实施了惠民种苗繁育基地项目，安镇胶山土地股份合作社和胶山村民委员会合资成立无锡市润峰农业管理有限公司，建设惠农种苗繁育基地 202 亩；采用"基地＋公司＋股份合作社"模式，胶山土地股份合作社获得的收益，再由合作社按农户的股权进行分配红利。基地建成后，将会充分带动胶山村及周边村民的再就业，预计带动基地种植人员、维护人员 100 余名，年增收 100 万元。园区山联村成立运营管理公司，吸收农民入股，搭建市场化运作平台，打造了山联菊花茶特色产业链，带动全村及周边上千人创业就业，2018 年全村经济总收入达 1 863 万元。

3. 创新了土地置换保障富民机制　通过组织开展土地承包权平等、自愿、有偿置换城镇社会保障工作，将农民纳入城镇社会保障体系。产业园范围内已累计置换土地 9 000 余亩，近 2 400 户农户享有城镇社会保障，年保障水平 15 000 元/人以上。

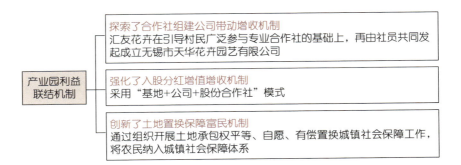

产业园利益联结机制
- 探索了合作社组建公司带动增收机制
  汇友花卉在引导村民广泛参与专业合作社的基础上，再由社员共同发起成立无锡市天华花卉园艺有限公司
- 强化了入股分红增值增收机制
  采用"基地+公司+股份合作社"模式
- 创新了土地置换保障富民机制
  通过组织开展土地承包权平等、自愿、有偿置换城镇社会保障工作，将农民纳入城镇社会保障体系

四、主要成效

通过高标准建设、高品质发展、高科技投入，打造成为农业投资沃土、农民创业福地、农村生态绿洲，实现了园区经济效益、生态效益和社会效益共赢。

1. 经济效益　园艺作物种子、种苗主导产业突出，一二三产业深度融合，园区总产值已达 30.5 亿元，其中主导产业产值 21.4 亿元、占总产值的 70.1%，主导产业覆盖率达 61.2%；乡村旅游品牌效应显著，年举办主题旅游活动 20 余次，年园区旅游人数超 230 万人次，年旅游收益达 2 亿元。园区生物育种、中草药、高档花卉和特色果蔬的驯化和繁育，亩均产值效益分别达到 300 万元、100 万元、30 万元和 5 万元。

2. 生态效益　大力实施农业清洁生产，畜禽粪污综合利用率 100%；加大绿色循环利用，秸秆综合利用处理率达 100%；提升产品质量与安全水平，农产品抽验合格率为 100%。以上 3 项指标在全省率先实现 3 个"百分百"。推广绿色防控和有机肥替代技术，绿色防控面达 99% 以上。形成并认证了"斗山太湖翠竹"等国家地理标志产品、有机产品、绿色产品和省市知名品牌 40 余个，园区品牌化率达 83%。

3. 社会效益　组建各类富民合作组织 97 家、家庭农场 35 家、农家乐 80 余家，园内 50％农户加入合作社联合经营。2018 年，园区带动就业人数达 14 825 人，农民人均可支配收入达 4.1 万元，较全区高出 31.6％，较全市高出 30％以上，农民经营能力和收入水平获得显著提升。

五、启示

锡山现代农业产业园在创建过程中，运用了适合园区自身发展特色的发展模式，保障并促进了园区创建工作的有序开展。主要启示如下：

1. **坚持政府主导** 对于农业园区建设管理，政府要发挥主导作用，搭建好班子和组织架构，真正建立独立运行且规范高效的管理机构，实行独立编制和预算，确保人员、经费到位，使园区工作真正有人管、有人抓。

2. **坚持"管运分离"** 将政府管理职能和企业运营职能分开，行政部门做好自己该做的事，经营管理和市场开拓交由公司去做，形成园企互惠双赢的良性市场经营机制。

3. **坚持产业融合发展** 要打破传统农业生产的桎梏，不断延伸农业产业链，推动园区主导优势产业向产业链、价值链高端攀升，扩大加工项目宽度及广度，强化景区园区融合，联合园区及周边优势旅游点开发全园联动旅游线路，辐射带动全园旅游发展。

4. **坚持企业服务工作** 企业是园区发展的核心力量，要站在企业的角度，为企业提供切实有效的生产生活服务，以及金融信贷、保险、新型经营主体培育、农民培训等方面政策支持，以推动企业长远发展，实现园企共赢。

5. **坚持城乡一体化发展** 提高定位，将农业发展纳入城乡一体化发展大局，坚持城乡统筹，促进要素的合理流动和优化配置，促进城乡经济全面、协调、可持续发展。

江苏吴江：国家现代农业示范区

> **导语：** 强化农业园区建设，是加快发展现代农业、实现乡村振兴的重要途径。吴江国家现代农业示范区依托主导产业和资源集聚优势，立足"规模化、科技化、设施化、标准化、产业化"发展目标，以发展现代高效农业、农产品精深加工、生态休闲观光农业为重点，通过集中流转土地、完善基础设施、培育新型主体、创新经营机制、加大政策扶持等措施，构建以农业产业为基础、科技为支撑、文旅为纽带、增收为目标的一二三产业融合发展示范区；采用产、加、销一体化发展模式和"企业＋合作社＋农户"等联农带动模式，提升农业产业发展水平，促进农业增效、农民增收，走出了一条以园区建设为抓手、以产业兴旺为基础的乡村振兴发展之路。

一、主体简介

吴江国家现代农业示范区位于江苏省苏州市吴江区同里镇，涵盖 5 个行政村，规划面积 3.22 万亩，现已形成规模连片的四大功能区域，其中优质粮油 10 500 亩、设施园艺 11 000 亩、特种水产 7 000 亩、休闲观光（含同里国家湿地公园）3 000 亩。

通过几年的建设，园区已发展成为规划布局合理、产业特色鲜明、经营方式新颖、科技装备先进、生态环境良好、管理效益显著的现代农业样板区和乡村振兴先行区。2011 年被评为省级现代农业产业园，2014 年被

评为苏州市十大农业园区，2015年作为核心区成功创建第三批国家现代农业示范区，2017年批准创建省级现代农业产业示范园。

园区建设已基本达到"七通一平"的要求，粮油生产区高标准农田比重达100%；园艺种植区设施化比重达90.2%；农业机械化综合水平为97.7%，大田作物从种到收已实现全程机械化；园区内农户参加合作社比重达100%；农业互联网覆盖率达89.5%；农产品质量安全追溯管理比例达86.1%。园区现有入驻企业26家，农业产业化率达98.7%。2018年，园区总产值达7.44亿，农业特色主导产业突出，主导产业比重达67.1%；农民可支配收入达到39 218.5元，高出全区21.8个百分点。

二、主要模式

1. **模式概括** 园区围绕优质粮油、高效园艺、特色水产等优势主导产业，着重打造产、加、销一体化产业发展模式。经过几年的实践，园区

产、加、销一体化发展

已初步形成了 4 条全产业链：一是以园区富土米业为主体，形成了稻米种植加工销售发展模式；二是以三港配送、骏瑞配送等省级龙头企业为主体，形成了蔬菜生产加工配送发展模式；三是以申航科技、博滔渔业为主体，形成了水产养殖与销售发展模式；四是以神元科技为主体，形成了铁皮石斛种植加工销售发展模式。园区通过产、加、销一体化产业发展模式的打造和新型经营主体的培育，构建了"企业＋合作社＋农户"的发展带动模式。

2. 发展策略

（1）发展思路。以推进农业供给侧结构性改革为主线，以"政府引导、市场主导，以农为本、创新发展，多方参与、农民受益，绿色发展、生态友好"为建设原则，以提高农业质量效益和竞争力为中心，以培育壮大新型农业经营主体、推进一二三产业融合为重点，聚力建设规模化种养基地为依托、产业化龙头企业带动、现代生产要素聚集的现代农业产业集群，促进农业生产、加工、物流、研发、示范、服务等相互融合和全产业链开发，为农业农村发展注入新动能。

（2）发展原则。一是坚持科学规划。坚持在"多规合一"的大框架下，规划农业园区建设，确保规划方案能够落地生根和相对持久。因地制宜、合理规划建设项目，要坚持把资源开发与资源保护、经济效益与社会效益、近期效益与长远发展相结合，坚持把发展现代农业与环境保护和绿色生态相结合，促进农业产业良性发展。

二是坚持市场主导。坚持以市场为导向，以企业为主体，以效益为中心，充分发挥市场主体在产业发展、投资建设、产品营销等方面的主体地位和主导作用，构建规模化生产、标准化管理、社会化服务、市场化经营、企业化运作、产业化发展的高质量发展模式。

三是坚持以农为本。园区要坚持姓农、务农、为农、兴农，坚决防止非农异化。立足园区资源禀赋，发展优势主导产业，拓展产业链，提升价值链，挖掘农业多种功能，培育农业农村发展新动力，促进农业增效、农民增收，让农民分享园区发展成果。

四是坚持绿色生态。推动先进生产要素向园区集聚，注重推广绿色生

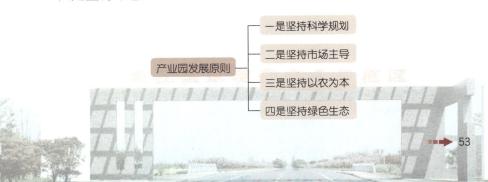

产业园发展原则
— 一是坚持科学规划
— 二是坚持市场主导
— 三是坚持以农为本
— 四是坚持绿色生态

产模式，大力推行农业节水、节肥、节药，建立绿色、低碳、循环发展的长效机制，将农业园区打造成绿色、高效、循环、生态的示范园，实现产业绿色生态和产品优质安全。

（3）**发展定位**。园区以促进农业发展和生态安全为主题，围绕农业产业生产、农产品加工、特色田园乡村建设、现代农业旅游四大特色资源，以五大发展理念为要求，以农业供给侧改革为主线，以发展多种形式适度规模经营为核心，通过输出品种、标准、品牌，使生产、加工、销售融汇一体，使优质农产品供应有保障、农民经济收入有增长、农村集体经济有发展，构建融一二三产业于一体的新型农业发展模式；以农业科技创新为依托，以优质粮油、精品园艺、生态水产为主导，以农业休闲观光、农产品加工物流为延伸，构建现代产业体系。突出五大功能：

一是示范推广功能。主要是引进示范现代农业新技术、新品种、新成果并加以推广应用，示范现代农业建设、农业高新技术企业的经营管理及成功经验并加以推广应用。园区通过引进、消化、吸收国内外现代农业新技术、先进设施和科学管理模式，形成先进适用的现代农业技术组装模式与经营管理模式，使其成为技术新、产出高、效益好的现代农业示范的样板。

二是产业孵化功能。园区是产业培育的主体，以现代农业园区为载体，通过孵化良种繁育、农产品加工产业、现代水产和物流产业进行示范带动。以农业科教单位与专家学者的有关成果、专利为基础，引进风险投资机制，使园区成为技术创新和新技术、新品种集成的主体，新技术、新品种在园区内通过孵化、示范到逐步推广，将农业科技成果转化为生产力。

三是集聚扩散功能。在推动和促进园区建设和发展的同时，要充分发挥园区的辐射带动作用。利用园区自身的技术、政策和信息优势，吸引、孵化、带动一大批农民进行现代农业生产，使园区成为带动周边地区经济发展的增长点和农业科技产业发育与成长的源头。

四是科普培训功能。园区引进、试验、示范的农业新品种、新技术、新装备、新模式和新业态，通过现场展示、参观学习、技术培训等手段，将成熟的技术和经验传授给农民，引导农民增收致富。同时，依托园区丰富的农业资源，建立农业科普基地，对广大中小学生进行农业科普教育，传承农耕文化、普及农业知识、宣传农业科技。

五是旅游观光功能。园区建设，既保持了农业的自然属性，又有新型农业设施和休闲观光项目，加上生态化的整体设计和常年进行名特优瓜果、蔬菜、林果生产与示范，形成融科学性、艺术性、文化性于一体的人地合一的现代农业观光景点。通过现代优美的生态景观、自然浓郁的田园风光、现代生产设施与科学技术及安全优质的生态产品吸引城市居民观光、旅游。

3. 主要做法

(1) 发展特色。一是产业特色鲜明。邀请农业农村部农村社会事业发展中心、南京农业大学和浙江大学等单位共同编制园区产业发展规划和农旅融合发展规划，立足区域优势和资源禀赋，突出发展优质粮油、精品园艺、生态水产等农业优势主导产业，积极发展农产品加工流通和休闲观光农业等农业延伸产业，充分挖掘农业多种功能，建成规模连片的四大功能区域。

二是物质装备先进。农田基础设施好，高标准农田和高标准鱼池占比达 100％；大棚设施比例高，高效园艺区设施栽培比重达 90.2％；智能技术应用广，园区农业互联网覆盖率达 89.5％；农机装备配套全，农业机械化水平达 97.7％，园区粮食生产从播种到烘干实现全程机械化。

三是公共服务完备。第一，打造公共服务平台。园区已建成科技服务中心、智慧农业管理中心、农机服务中心、工厂化育秧中心、农资配送中心、游客服务中心、现代农业展示厅"六中心一展厅"，综合服务能力不断增强。第二，完善园区服务体系。组建两个农机专业合作社，提供农机统一服务；依托两个粮油专业合作社，开展水稻商品化统一育秧；成立北联种业公司，负责全区粮油统一供种服务。

四是产业发展兴旺。第一，培育壮大主导产业。依托园区优势特色产业，积极引进发展农产品加工、配送企业，已形成优质粮油、高效园艺、特色水产三大主导产业，主导产业比重达 67.1％，产业发展带动作用明显。第二，加强农产品质量安全建设，积极推进绿色标准化、清洁化生

园区六中心一展厅

科技服务中心

游客服务中心

农机服务中心

现代农业展示厅

工厂化育秧中心

农资配送中心

智慧农业管理中心

产。园区绿色食品和有机食品认证面积达到 90％以上，绿色食品和有机食品认证个数 52 个。第三，提升品牌化销售理念，积极鼓励园区经营主体注册农产品商标，加强品牌建设。2018 年，园区牵头成立"吴江大米"产业化联合体，打造"吴江大米"区域品牌；同时依托园区内龙头企业，组建成立了苏州三港蔬菜产业化联合体、骏瑞果蔬产业化联合体，品牌化销售渐成规模，2018 年园区品牌农产品销售总额为 2.12 亿元，产品品牌

园区农旅融合发展

化率达 84.1％。第四，促进一二三产业融合发展。依托园区现有资源优势，积极发展创意休闲农业。2018 年，园区开发了油菜画、稻田画等农田创意景观，新建了 30 米高的观光塔台，举行了第十届同里油菜花节和首届农民丰收节，全年接待游客 134 909 人次，实现旅游收入（含湿地公园）1 334.9 万元。

（2）具体做法。一是规范运行管理。健全管理机构，区政府组建园区管理办公室（正科级），负责园区建设发展的规划、管理和日常事务；强化公司运作，园区管理办公室下设苏州同里现代农业发展有限公司，具体负责园区的开发建设；建立协商制度，由区政府牵头建立联席会议制度，定期和不定期召开协商会议，以确保形成合力，协调推进；强化职责分工，区、镇、村多方协调，推进园区管理体制改革，完善园区管理部门设置、人员配备和职责分工，同时制定相应的管理和考核制度，不断增强园区的内生发展动力。

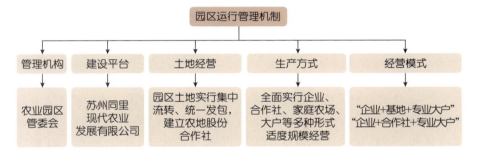

二是加大政策支持。进一步整合财政支农、农业综合开发、现代农业产业化发展资金，创新经营主体金融贷款扶持政策，集中力量扶持园区建设。统筹完善土地利用和建设规划，积极开展城乡建设用地增减挂钩政策试点，加大土地整理置换力度，统筹推进园区生产用地、建设用地、公共服务资源有效集聚。同时，严格按照《国土资源部　农业部关于进一步支持设施农业健康发展的通知》要求，为园区企业落实设施用地指标。区政府出台政策，对技术成果研究、推广作出重大贡献的科技专家、企业家进行奖励，鼓励科技人员、管理人员到园区建功立业。加大招商引资的扶持力度，引进一批高附加值项目入驻园区，推进一二三产业融合发展。鼓励申报农产品"三品一标"，积极发展绿色、有机农产品；强化农产品品牌创建，提升园区农产品竞争力。在教育资助、创业扶持、社会保险等方面予以财政扶持，鼓励和引导各类科技人员、大中专毕业生、返乡农民工、退役军人等到园区创业创新。

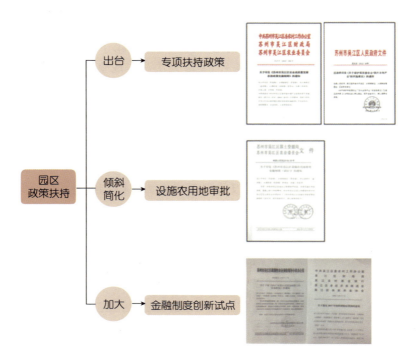

　　三是集聚资源发展。近年来，区政府强化多元投入，年均投入农业园区建设资金 4 000 万元以上，园区各类入驻企业已累计投入建设资金超 2.5 亿元。园区加快用地报批，2018 年为三港配送、神元科技、江澜农业等 10 家企业报批落实生产设施用地 92 670 平方米，确保企业发展需要。园区积极培育龙头企业，现有农业企业 26 家，其中"新三板"上市企业 1 家、"E 板"上市企业 1 家、省级农业龙头企业 3 家、市级农业龙头企业 4 家，2018 年产业化组织销售的农产品总额为 2.49 亿元，农业产业化率达 98.7％。园区积极推进产学研结合，依托上海交通大学、南京农业大学、华南农业大学等科研院校，建立院士专家工作站和重点实验室 6 个。

　　四是扩大宣传推广。园区强化媒体宣传，2018 年受到各类媒体报道 16 次；同时，通过园区网站、微信公众号等自媒体强化信息发布，提升园区知名度。园区加强现场推介，2018 年全年接待专家领导来访 2 505 人次，接待人数创历年新高。园区积极组织技术培训，2018 年区、镇两级利用园区平台组织各类专业技术培训班数十次，培训人数达 2 698 人次。

26家

2.49亿元

培育和引进　　企业品牌化销售
农业企业　　　农产品总额

三、利益联结机制

1. **构建联农利农机制，促进当地农民增收**　通过成立土地股份合作社，培育农民专业合作社、龙头企业等经营主体，构建联农利农机制，以"合作社＋农户""龙头企业＋农户"等带动模式，促进当地农民实现增产增收、就业增收、分红增收。截至2019年，园区现有专业大户（家庭农场）107个、农民专业合作社8家、农业企业26家、土地股份合作社2家，实现就业709人（其中，解决贫困户就业数30人），带动农户3 400多户。2018年，园区农民可支配收入为39 218.5元，领先全区平均水平21.8%。

2. 强化园区辐射功能，带动周边协同发展 通过媒体宣传、技术培训、现场观摩等形式，不断扩大园区示范带动效应，加快农业新品种、新技术、新农机、新模式推广步伐，促进周边农民增产增收。2018 年，园区粮食单产 611.79 千克，亩均产值 3.874 万元，分别高于全区平均水平 20.2%、73.1%，辐射带动作用明显。

四、主要成效

1. 经济效益

（1）实现产业增效。通过几年的建设，园区进一步改善基础设施条件，建成了现代农业产业体系、生产体系、经营体系。2018 年，园区总产值达 7.44 亿元。

（2）增加规模效益。通过发展专业大户、家庭农场、农民专业合作社、农业龙头企业等多种形式适度规模经营，增加农业从业者的规模效益，土地适度规模经营占比达 100%。

（3）助推提质增效。通过调优品种结构，实施标准化生产、品牌化销售，增加了农产品的附加值，提高农产品的市场竞争力和知名度，产品品牌化率达 84.1%。

（4）促进就业增效。通过土地统一集中流转，有效促进园区农业劳动力的转移，农民外出务工或进入园区农业企业就业，增加工资收入，促进农民增收。

2. 社会效益

（1）发挥示范引领作用。通过园区建设，为现代农业发展提供了可借鉴、可复制、可推广的先进经验和模式。每年培训农业劳动力 2 500 人次以上，承接全省或全国性的农业现场会和经验交流会，接待国内外考察交流团队，在全区乃至全省和全国同类地区发挥积极的示范引领作用。

（2）发挥辐射带动作用。园区加大示范推广新品种、新技术、新装备、新模式、新业态，通过现场观摩、技术培训、媒体宣传等形式，每年示范推广"四新"技术 10 项以上，对周边及全区农户发挥积极的辐射带动作用。

（3）发挥市场保供作用。园区通过建设优质的粮油生产基地、特色的水产养殖基地、高效的设施果蔬基地及完善的物流配送体系，为市场提供安全、优质、丰富的农副产品，增加周边地区农产品的有效供给。

3. 生态效益

（1）改善农业生产环境。坚持节能高效、绿色生态和循环可持续发展模式，通过发展生态循环农业，实施化肥农药减量增效、农业废弃物综合利用及农业智能节水灌溉等工程，有效改善农业生产环境，提高资源利用率。

（2）改善农村生态环境。通过实施特色田园乡村、美丽乡村等工程，加强农田林网、农村道路绿化建设，促进田园美化绿化。

（3）改善农民生活环境。通过实施农业休闲观光等项目，进一步改善农村居住环境，提升农民生活品质。

五、启示

推进现代农业园区建设，促进农业农村发展。通过几年的实践，主要有以下几点启示：

1. 必须创新土地经营和发包机制　规模化经营是农业产业化发展的基础，转变农业生产经营方式必须打破原有一家一户分散经营的传统模式，构建新型的土地经营和发包机制。一是要出台财政扶持政策，鼓励农户土地实行集中流转，以村或园区为单位组建农地股份合作社。二是要建立土地发包机制，对农户集中流转的土地实行统一管理、统一公开发包经营。三是要积极发展多种形式的适度规模经营，提升农业规模化、产业化经营水平。

2. 必须确立企业为园区经营主体　目前，园区建设主体呈现多元化，政府、企业和农业专业合作组织等齐头并进。园区应重点确立"政府搭台、企业唱戏"的建园宗旨，让企业特别是龙头企业成为经营现代农业园区、发展农业主导产业的主体。园区可采取"企业＋合作社＋农户""企业＋基地＋农户"等经营方式，大力培养各类农业新型经营主体，发展壮大园区农业企业，充分发挥龙头企业的市场主导和带动作用。

3. 必须构建园区生产经营产业链　建设现代农业园区，促进农业产业发展，必须树立"自主经营、自负盈亏"的发展理念。同时，园区建设和管理必须围绕主导产业，创造一个良好的自然生态环境和生产经营环境，吸引各类经营主体入驻园区。只有以企业为主体，才能真正做到面向市场及时调整经营规模，布局"种、养、加"良性循环，形成主导产业的"产、加、销"一条龙，逐步构建较为完备的生产经营产业链，形成三产融合，促进产业发展。

4. 必须实施创新驱动发展战略 一是要积极推进产学研联合，无论是园区建设还是企业发展，都离不开科技创新和技术支撑。要大力推广"农业园区（龙头企业）＋科研机构＋技术团队"的产学研运作模式，通过与科研院所、高等院校的技术合作和共同开发，实现园区和企业的创新发展。二是要建立自己的技术创新团队。根据园区建设和企业发展需要，共同谋划引进新技术或新成果，只有这样才能增强发展活力，提升产业发展水平。

江苏句容：现代农业产业示范园

导语： 句容现代农业产业示范园核心区白兔镇位于句容市东郊；2005 年 10 月成功接待了中央领导的视察。这里是全国美人指葡萄标准化示范区、全国无公害大棚草莓标准化示范区，江苏省应时鲜果产业基地、江苏省无公害果品产地。2010 年 7 月，园区创成江苏省首批镇江市首个"江苏省句容现代农业产业园区"；2016 年 7 月，被授为"中国鲜果小镇"；2017 年 5 月，入选江苏省农业特色小镇创建名录；2018 年，白兔村荣获全国"一村一品"示范村，唐庄村荣获省级休闲农业精品村，伏热花海创建成 AAA 级旅游景区、三星级休闲农业企业，并被列入省级农业示范园创建名录、中央产业强镇示范建设名录；在中国优质农产品"2019 年草莓区域品牌及企业（产品）品牌价值评价"中，"莓好白兔"区域品牌价值评价为 3.37 亿元，位于"2019 全国十大好吃草莓"首位。

一、主体简介

园区通过集聚政策、资金、技术、人才等要素，引进和培育家庭农场 106 家（其中园艺类 69 家、种养类 17 家、粮食类 15 家、养殖类 5 家）、农民专业合作社 131 家（其中鲜果类 75 家、粮食类 10 家、花苗类 17 家、蔬菜类 2 家、农机服务类 15 家、水产类 3 家、茶叶生产类 4 家、养殖类 5

家)、农业企业 26 家(其中生产型 20 家、加工型 5 家、销售型 1 家),不断把主导产业做大做强。其中,江苏省兴兔现代农业发展有限公司是示范园的下属公司,成立于 2011 年 9 月 7 日,由园区管委会注册资金 1 000 万元,是一家公益性的市级农业龙头企业;从事农业项目投资,应时鲜果新品种、新技术的试验、推广、咨询服务,应时鲜果种植与销售,农业设施设计与安装,生态农业观光服务。公司聘请南京农业大学、江苏农林职业技术学院、镇江农业科学院等单位的兼职教授 5 人,组成了具有较强科研创新能力的技术团队。通过园区的建设和发展,呈现出"春采草莓夏摘桃,秋挂葡萄冬卖枣"的喜人景象。

园区葡萄、草莓、桃、梨、无花果、山核桃等应时鲜果栽培面积达3.3 万亩,主要分布在唐庄、茅庄、白兔、倪塘、行香龙山湖等 11 个村;园区年产值 6.3 亿元,吸纳农村就业人口 9 000 余人,起到了带动农民增收致富的实效。其中葡萄 19 000 亩、草莓 4 800 亩,是园区两大主导产业。

二、主要模式

1. **模式概括** 以示范园管委会作为政府代表,以兴兔公司作为主要主体,以"兴兔公司+若干中小主体"为主要发展模式,进行基础设施、平台及产业化项目投资建设。立足做强做大优势主导产业(草莓、葡萄),在更高标准上促进农业生产、加工、物流、研发、示范、服务等相互融合,全面激活市场、激活要素、激活主体,促进产业集聚、企业集群发展,形成农业农村经济发展新的动力源,促进农业转型升级,在更高水平上示范带动区域现代农业发展。坚持以"打造高品质的现代农业产业园区、美丽生态景区和幸福生活社区"目标,坚持"产业化、高端化、市场化、国际化"的发展方向,坚持"大基地、大集群、大品牌、大服务"的发展路径,形成以应时鲜果为主导、加工业为重点、休闲农业为特色的产业体系。以应时鲜果为主导产业(草莓、葡萄),以现代农业科技为支撑,提供特色农产品展示、交流、商贸及观光旅游农业配套服务,以"中国鲜果小镇"和"中国旅游小镇"为特色,集高效农业生产、示范、体验、观光、休闲于一体,使鲜果生产加工与休闲旅游体验相结合,将园区建设为多功能、多层次的产业强镇示范区。

2. **发展策略** 管委会主要负责示范园产业规划和监督考核等行政性工作。改变原先包揽所有事务状况,管委会只负责示范园宏观运作管理,设主任 1 名、常务副主任 1 名、副主任 4 名。主任由白兔镇党委书记担任,副主任负责示范园具体日常事务。管委会主要职能是负责整个示范园的长远战略规划制定及调整，负责示范园项目跟踪落实，确定和控制示范园基础设施工程的建设计划，承担入园项目相关配套政策的制定和实施，全面负责示范园项目各项服务，指导、协助投资方办理项目报批各项手续，项目进度督查、推进及投产后的运行矛盾协调，以及承担示范园安全生产教育、宣传、监督、管理、考核、审计等各项工作。

园区成立了开发公司——江苏兴兔现代农业发展有限公司。公司下设规划建设部、市场营销部、财务部 3 个部门，负责产业发展和示范园建设的组织落实、推进、管理和维护等具体工作。对示范园公司现有资产进行剥离，由政府指定人员任董事长，示范园所在相关村主任任董事，示范园公司通过土地收储和项目运作获得收益，公司实行自主经营、自负盈亏。公司管理层聘总经理 1 名，副总经理 3 名。

示范园引进的项目主体与农民自发成立的专业合作社和家庭农场，对应示范园规划功能布局，负责各功能区产业发展和生产经营，为独立法人；示范园内植保、机械等专业合作社面向整个示范园开展有偿服务，为独立法人。

园区兴兔公司与合作社签订协议，支持经营主体做大做强，如补贴支持句容市白兔镇致富果业合作社基础设施建设，让合作社的园子成为采摘园。公司聘请镇江农科所为技术指导单位，做好葡萄产业的技术特别是绿色防控技术的示范，引导其他农户抓好葡萄质量。公司补贴支持句容市白兔镇云兔草莓合作社基础设施建设，建好全国劳模示范基地，引导草莓产业的绿色发展；补贴支持句容市苏合农产品销售专业合作联社加工机械的更新，提高企业生产能力，帮忙农户解决尾果销售难的问题；建好草莓穴盘育苗基地，从源头开始提高草莓抗病能力；建 168 亩的标准化草莓示范基地，推动园区在草莓新品种、新技术、新模式的发展；花 100 万元引进了"粉红公主""京藏香""紫金早玉""紫金久红"新品种；建设 200 亩的草莓扶贫基地，帮助建档立卡户脱贫。

3. **主要做法** 立足良好的生态资源，以应时鲜果产业为抓手，做强一产，夯实主导产业（草莓、葡萄）基础；做大第二产业，延伸主导产业链条；做优第三产业，提升主导产业价值；最终达到致富农民目的，彰显产业强镇成效。

(1) 全产业链打造主导产业（草莓、葡萄）。立足白兔镇草莓、葡萄主导产业，全面建设规模化、标准化、专业化、优质化的种苗繁育基地、种植基地及加工物流基地；通过组建江苏草莓研究院与智慧农业平台建设，发展区域电商平台，并实现应时鲜果质量全程监控与废弃物综合利用。因地制宜推进农业与文化、信息、教育、旅游、康养等产业深度融合，达到一产优、二产强、三产旺，形成相互紧密关联、高度依存带动的完整产业链。

（2）壮大新型经营主体。加强合作社与家庭农场示范创建、龙头企业培育壮大。发展3个以上专业水平高、服务能力强、服务行为规范、覆盖农业产业链条的生产性服务组织，打造草莓与葡萄各一个农业产业化联合体，加快构建现代农业产业体系、生产体系、经营体系，实现规范生产经营，提升乡土经济、乡村产业内生活力和竞争力。

（3）推进城乡统筹融合发展。白兔镇积极实施产业兴村强县示范行动，坚持推动农业农村绿色发展，提高乡村社会文明水平，提升乡村综合治理水平，推动城乡融合发展。主要做好统筹推进全镇基础设施建设、农村人居环境整治与建设等工作，建设宜业宜居农业产业强镇。

（4）建设高标准的草莓小镇。以句容白兔镇为核心区，规划建设一座高标准的草莓小镇。以草莓产业为主导，通过塑造"白兔草莓"的核心"IP"与区域影响力，使草莓从农产品转身成为带动旅游文化产业、现代服务业等多种产业发展的纽带。规划建设草莓小镇服务中心（草莓云店）、文创中心、科创中心、培训中心、深加工产品研发中心等项目，承担起整个草莓小镇的综合服务和研究职能。规划沿122省道两侧布局草莓市集、农资中心、仓储中心、接待中心等配套服务设施，打通草莓销售渠道的"关卡要道"。规划建设"一条生态景观环线、一系草莓特色项目、一条生态景观水系、一类主题旅游景点、一组地域文化符号"，让草莓文化融入建筑地标、历史人文中，成为"最有故事"的草莓小镇，形成以科教娱乐、观光休闲为一体的养生度假区，最终促使形成"一核带两翼，一轴串多心"的规划布局，聚集人气，释放小镇效应，推动整个句容草莓核心产业区提速发展。

（5）打造舌尖上的"放心工程"。十九大报告中指出，"实施食品安全战略，让人民吃得放心"。句容草莓立足生态农业，绿色发展，加快推广绿色防控和草莓质量安全可追溯体系建设，打造以句容草莓为代表的食品"放心工程"。治"食"之道，重在基础。从更严格的规范化种植管理入手，进一步统一种植技术、统一生产指导、统一质量监管、统一品牌销售，从食品源头保障绿色安全。治"食"之道，重在监管。细化农产品安全领域每一项法律条文，出台完善的规范制度，对食品安全违法犯罪行为形成严打的高压态势，违者必究、厉行法治，堵住草莓种植、销售等各个环节安全漏洞，为消费者打造舌尖上的"放心工程"。

（6）建立草莓产业发展的"专家智库"。从技术层面上看，要使草莓产业提速发展，必须不断引进、推广新品种、新技术，通过标准化技术集成和运用保证句容草莓品质领先同行业，更要不断制定草莓行业的"句容标准"，让广大种植户严格按标准生产，使"句容标准"成为全国草莓行业的标准。这一切要求必须建立一座草莓产业发展的"专家智库"，让句容草莓发展拥有"最强大脑"。通过草莓小镇的科创中心，吸引国内外专家定期来句容进行草莓产业的指导交流，让句容草莓成为行业的"领跑者"；加大与草莓协会、科研院所的深度合作，为草莓产业发展不断融入新技术，推广新产品，打造全国草莓产业技术的示范区、样板区，让专家智库成为句容草莓发展的核心引擎。

(7) *擦亮"中国草莓之乡"金字招牌*。加强"莓好白兔"公共品牌建设力度，扩大"句容白兔草莓"地理标志申报形成的品牌优势，大力开展各种商标、专利、"三品"的申报创建，提升句容草莓品牌的知名度、美誉度。以草莓高质量发展为主线，以技术提品质，以质量增效益，以品牌创优势，进一步扩大市场份额。同时，通过举办各类大型草莓文化营销宣传活动，使句容草莓走出江苏、走进全国、走向世界，通过不断提升草莓产业发展，使之成为实现乡村振兴战略的有效途径，擦亮句容"中国草莓之乡"的金字招牌。

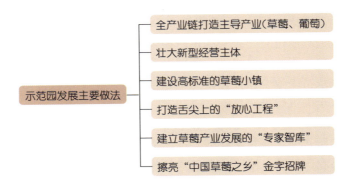

三、利益联结机制

立足产业发展与地方实际，积极完善产业发展与农民的利益联结机制。选择龙山湖村为机制体制改革试点（精准扶贫），依托省级农业园区的江苏省兴兔现代农业发展有限公司，开展精准扶贫，采用"园区发展公司＋基地＋农户"运营模式，建立"领学帮带、领干帮扶、领路帮富"的"三领三帮"的产业富民机制；并计划通过农业服务组织建设与围绕"三品一标"实施农产品质量与品牌建设，不断提升主导产业（草莓、葡萄）竞争能力，让农民分享发展红利。

草莓产业融合发展示范园推行"电子商务、农业众筹、发行市民直销卡"举措，搭起市民和果农的桥梁，实实在在帮助果农销售。园区将年销售 3 000 吨以上的龙头企业会同鲜果合作社，与村集体经济组织、大户签订订单销售合同，对农户的应时鲜果实行订单销售的"托底保护价收购"，消除农户后顾之忧。同时，带动周边 2 000 余农户参与农业电子商务经营，实现公司、农户"双赢"。

大力发展葡萄、草莓等鲜果产业合作社，将合作社"统"的优越性与农户家庭经营"分"的积极性有机结合，坚持"党支部＋合作社＋农户"的运行模式，采取党员与社员结对，通过"党支部领着走，合作社带着走，种植户跟着走"，积极争取政策、开展合作、承接项目，带领农户以较高的组织化程度、高效的组织结构、适度的组织规模进入市场。通过集聚政策、资金、技术、人才等要素，引进和培育家庭农场 161 家、龙头企业 8 家，不断把主导产业做大做强。同时，加大对"莓二代"等"新农人"的培育，积极组织农户前往辽宁、浙江等地或国外接受培训，让白兔"新农人"成为有前途的职业。

四、主要成效

1. 在绿色发展方面 示范园于 2019 年建立 2 000 亩绿色生产基地，设立 3 个可追溯示范点。统一绿色防控生产技术操作规程、生产记录、基地标识、品牌标识、人员培训、配置追溯设备和购置绿色防控物资。绿色防控技术在致富果业合作社、云兔草莓合作社、柏生草莓合作社试验成功后，在园区全面进行推广。

2. 在品牌建设方面 瞄准"能做第一争第一，不是第一创唯一"，与高校科研院所开展紧密技术联姻，推广全程绿色防控，加快安全可追溯体系建设，为农产品贴上园区独有的"身份标识"。抓住消费升级契机，顺应都市人群对农产品高品质需求，园区着力打造农产品品牌，推动农产品由批发价提升至零售价、品牌价直至礼品价。例如，在发展白兔草莓产业上，园区持续加大"莓好白兔"公共品牌建设力度，积极做好"白兔草莓"国家地理标志申报工作，抓好草莓盆栽创意产品、"草莓天瀑"创意景观、2020 年中国草莓文化旅游节创意活动、"好草莓、亚夫培"创意营销，不断拓展农产品市场，提高效益。尤其 2019 年，白兔精品"白雪公主"草莓入驻南京金鹰超市，卖出了 520 元/盒的价格，启示推动"白兔"农产品胜在品质、赢在内涵，建立具有较强黏性的稳定客群，提升都市人群对高品质农产品品牌的忠诚度。

3. 在融合发展方面 白兔镇草莓产业融合发展示范园，采用"园区＋兴兔公司＋网络公司＋龙头企业＋合作社＋农户"的模式高效运作。句容大道从容网络服务有限公司营销团队策划草莓节活动，建设"小而莓"电商体验园，从事草莓创意展示开发和采摘配套服务，拓宽"店商、微商、电商"农产品销售渠道。园区发展公司（兴兔公司）进行路、渠、桥、闸、涵、电等基础设施建设，投入建设草莓广场到唐庄村入口的U形旅游区。引进果品加工龙头企业，如万山红遍果酒加工项目。支持草莓合作社入股万山红遍公司龙头企业等，采取"保底收益、按股分红"的分配方式，实现龙头企业与农民合作社深度融合，建立龙头企业与农户风险共担的利益共同体。

五、启示

在实施乡村振兴战略、推进园区鲜果（草莓）产业融合发展试点示范工程、实现草莓产业提档升级过程中，园区意识到自身存在一些制约性问题：一是在高质量绿色发展特色草莓产业上，存在明显的后劲不足。尽管"白兔草莓"发展草莓产业最早，依托科研技术优势最强，获全国草莓之乡称号最早，但是擦亮"中国草莓之乡"招牌，实现草莓产业兴旺，是一项系统工程，受到乡镇财力、政策等因素制约，不可能一蹴而就。二是在种植结构和规模层次上，规模优势和特色优势逐渐被后发乡镇超越。十几年前的鲜果品种布局，在当时具有领先性，但随着市场的变动和竞争的日益激烈，本镇果品生产出现品质和产量降低、病虫害防控压力增加、品种老化等趋势。三是在产业融合层次上，生产型果园占比过大，观光型果园数量和规模明显不足。句容境内只有8家市级龙头企业，缺乏规模性、支撑性龙头企业，农产品深加工产业基础薄弱，鲜果销售压力较大，部分果品生产农户出现销售难。四是在政策环境层次上，新型农业经营主体在生产经营和扩大再生产中，受到土地政策的限制。

园区将继续围绕鲜果产业发展，坚持规模化布局、产业化带动、品牌化经营，积极推进农业产业强镇示范项目开展，努力将"白兔"农产品打造成为都市人群"感知白兔、印象白兔、留恋白兔"的特色产品，以产业兴旺助推农业更强、农村更美、农民更富。

江苏昆山：阳澄湖大闸蟹产业园

　　导语：近年来，昆山深入贯彻落实党的十九大精神和习近平新时代中国特色社会主义思想，牢牢遵循乡村振兴和支持农业农村优先发展理念，有序推进农业农村现代化。

　　作为"中国阳澄湖大闸蟹之乡"的江苏省昆山市巴城镇，依托毗邻阳澄湖的生态、区位优势，用好金字招牌，建设昆山阳澄湖大闸蟹产业园。园区已成为昆山发展现代农业的核心区域之一，建成总面积达 3 万亩，实现年产大闸蟹 3 000 吨、产值 4 亿元。园区以"生态渔业、产业融合"为目标，以"园区化、集约化"为理念，以"政府搭台、统一管理、科技推动、渔民受益"为运作模式，采用"统筹规划、选区试点、分步推进"的实施方式，在阳澄湖养殖围网不断减少的情况下，维护了苏州市水源地（阳澄湖）的生态环境的同时，有效提高了园区养殖户收益，切实做到了生态建设和经济效益两手抓，做好"既要金山银山，也要绿水青山"，在乡村振兴的康庄大道上大步向前。

一、主体简介

　　昆山阳澄湖大闸蟹产业园所在地巴城镇为昆山市农业特色镇，被授予"中国阳澄湖大闸蟹之乡"称号，位列 2018 年度全国综合实力千强镇第 48 名。2015 年，"巴城阳澄湖"牌大闸蟹被授予国家驰名商标；2017 年，

"巴城阳澄湖大闸蟹"被评为中国百强农产品区域公用品牌，昆山入选全国首批中国特色农产品（阳澄湖大闸蟹）优势区。

为贯彻落实乡村振兴战略，保护阳澄湖水生态环境，加快现代农业建设，自 2010 年起，规划建设昆山阳澄湖大闸蟹产业园，通过"统筹规划、选区试点、分步推进"方式开展实施，规划总面积约 3 万亩，预计总投入资金 8 亿元。截至 2019 年已完成改造建设面积 14 078 亩。园区建设已于 2021 年前全部完成。

园区建设以阳澄湖天然生态环境为蓝本，以生态虾蟹养殖为主要内容，以生态、高效为主要特色，全面提升阳澄湖水域生态环境保护能力和大闸蟹养殖生产空间。以"高起点规划、高标准建设、高水平运作"为总要求，按照生态循环、养殖尾水集中处理的原则，以池塘养殖循环水示范工程建设为中心，实现养殖尾水三级净化处理、循环利用，按太湖流域池塘养殖尾水达标排放。通过生态渔业养殖，促进阳澄湖生态环境的优化和改善，实现了社会效益、生态效益和经济效益的有机融合，真正实现产业兴、农民富、生态美目标，进一步推动一二三产业融合发展。

园区先后获评"国家虾蟹产业技术体系苏州综合试验站示范点""农业部健康养殖示范场""苏州市级现代农业园区"等荣誉称号。

二、主要模式

1. **发展模式**　昆山阳澄湖大闸蟹产业园在外出学习、本地调研、总结经验的基础上，因地制宜，将"公司+农户"模式与"园区聚集"模式相融合，形成具有巴城特色的"园区+公司+农户"发展模式。

为便于管理及解决养殖户问题，园区建设之初设立昆山市阳澄湖生态高效渔业发展有限公司，以统一苗种、统一饲药、统一管理、统一指导、统一销售"五个统一"为模式，推动实现产销一体化和农民增产增收的目的，体现"政府搭台、企业运作、科技推动、农民受益"的运作模式，在更高水平、更大规模、更广领域推动现代农业发展。

同时，因巴城镇水产养殖区域较为集中于武神潭村、武城村、方港村、新开河村等 7 个行政村，为进一步规范养殖、增加农民收益、提升大闸蟹品牌知名度，巴城镇将基础设施建设和环境提升工程融入园区建设，在以武神潭村 7 800 亩池塘为试点的改造过程中，真正做到了道路相通、蟹塘方正、进排水分开、果树绿化、尾水监测，形成一整套池塘循环水清洁养殖模式和养殖技术，为园区后期建设、池塘改造等提供了宝贵经验，推动全镇水产养殖朝循环水清洁养殖方向发展，有效破解水产养殖与环境保护间的矛盾。

2. **发展策略**　昆山市巴城镇是最早养殖、销售大闸蟹的地区之一。在产业发展之初，多数养殖户为提高收入，利用原有农田、池塘、河道，改造为符合大闸蟹生长条件的蟹塘，但因地势、池塘深度、水质情况等均存在差异，使养殖户收入差距也较为明显；部分养殖户为保障大闸蟹存活率，药物、肥料使用频率较高，在调节池塘水位和水质过程中，将养殖尾水排入附近河道，使附近河道的总氮和总磷等含量偏高，破坏了原有生态系统。

对此，昆山阳澄湖大闸蟹产业园根据阳澄湖水源地保护规划的要求，以"生态渔业、产业融合"为目标，以"园区化、集约化"为理念，以池塘养殖循环水示范工程建设为中心，通过高科技、高投入、高产出的经营和运作模式，全力打造规划设计科学、产业特色鲜明、科技含量较高、物质装备先进、运作机制灵活、综合效益显著的渔业示范基地。

在园区建设过程中，严格遵守生态循环原则，做到养殖尾水集中处理，并以池塘养殖循环水示范工程建设为中心，实现养殖尾水三级净化处理、循环利用，按太湖流域池塘养殖尾水达标排放。同时，通过生态渔业养殖，促进阳澄湖生态环境的优化和改善，实现了社会效益、生态效益和经济效益的有机融合。

3. 主要做法 昆山阳澄湖大闸蟹产业园在建设发展过程中坚持"生态建设""经济效益"齐抓共硬，并根据农户存在的无人指导养殖经验、科学化水平不高、安防存在隐患等问题，摸索出一系列经验做法，有效推动了产业发展；同时，在发展过程中，不断强化生态意识，从源头抓牢环境保护，助力经济效益与生态建设齐头并进。

(1) 以生态化环境保障水产品质量。阳澄湖大闸蟹作为全国各类大闸蟹的"排头兵"，与其得天独厚的生长环境有着密不可分的关系。园区在建设过程中，充分研究了解阳澄湖大闸蟹习性、生活习惯及生长环境，以此为蓝本，在对园区池塘改造过程中，使池塘深度、底泥硬度、岸线坡度、水体酸碱度等均仿照阳澄东湖区域生态环境，形成大闸蟹宜居的"水晶宫"，以确保大闸蟹品质更加优秀；同时，作为承接部分退出围网养殖的区域，园区在道路规划、绿化覆盖、看护房建设等基础设施建设方面下大功夫，不断做优岸上生态大环境。

(2) 以试点化方式开展规范化管理。昆山阳澄湖大闸蟹产业园坚持"统筹规划、选区试点、分步推进"方式开展实施。2010—2014 年，以武神潭村 7 800 亩分三批实施池塘改造试点，在推进过程中，摸索经验，及时走访调研、征求意见，形成了池塘形状、看护房位置设置、排水沟设置等一系列既符合科学规划又让老百姓满意的意见，有效推动园区合理建设。同时，在后期建设过程中，因涉及不同行政村，园区及时收集群众意见，最终形成"同一个养殖园区、各村池塘有特色"的良好发展局面。

（3）以科技化手段推动科学化养殖。园区各养殖池塘建设有自动提升泵，采用小型提水泵站动力引水入引水管道，通过引水管道引水入各个池塘。泵站采用变频器启动定量泵，当定量泵不能满足压力需求时自动切换定量泵至工作频率，并同时变频启动变量泵，具体采用 S7－200 的 PLC 作为控制系统，自动状态下控制所有电机和压力，自动选择变量泵和定量泵；在各主要点位设置水质在线监测，针对循环水养殖的特点，在区域内设置水质在线监测系统，动态监测水体的温度、pH、DO（溶氧量）浓度、COD 和氨氮浓度。工作人员在监测控制中心可实时了解被监测水域的水质情况，随时检测有关指标，及时对相关数据进行总分析，作出水质状况的判断，从而起到安全养殖、保护环境的作用。在各养殖池塘设置微孔增氧机，具有高效容氧、活化水体、恢复水体自我净化功能、低能耗、安全性好、环保性强、操作便捷等优势，确保实现生态养殖，保障养殖效益。

（4）以系统化安防保障园区安全。因大闸蟹生长特性及节能环保需求，园区内无任何辅助照明设备，建筑物少，区域较为空旷；因此，对夜晚的安防要求较高，要求在夜晚无灯光的情况下，也能清晰分辨人物与车辆。同时，因池塘水面的反光照射，摄像机要求具备宽动态能力。园区在设置防护网、防逃设施、独立电力设施等的基础上，在各区域配备红外夜视"三可变"（变焦、变距、光圈）一体智能高速球形摄像机进行全面监控。该设备可 360 度快速旋转并配置"三可变"镜头，录像及预览的最低分辨率标准为 D1 画质。在园区设有监控室，所有监控设备所拍画面均在监控室显示，可随时发现问题，有效保障农户的生命财产安全。

（5）以远程化诊断促进产业良性发展。园区设有数字化远程会诊系统，该系统为农户提供水产专家会诊平台，只需将待会诊病例上传至该系统，即可得到专家会诊。同时，该系统也可看到全国各地上传的病例信息、临床诊断、简单病史、数字切片等材料，推动农户了解各类病体的防治，使养殖户不出家门即可得到专家诊治，有效地提高办事效率，为尽早解决问题争得时间。

（6）以循环化用水保障尾水达标排放。根据虾蟹生态混养的实际情况，园区用 10% 左右的水面作为养殖尾水净化区，建立起具备三级净化功能的生态湿地系统，对氮、磷等有机物进行降解，做到养殖尾水达标排放。以石笼排水沟为一级净化区，将大颗粒有机物进行初步沉淀，并利用生物膜进行养殖尾水的初步净化；以池塘尾水净化池为二级净化区，采用生物膜载体＋"草、螺、蟹共育"模式达到尾水高强度净化目的；以自然河道为三级净化区进行深度净化。根据各净化区的区域特点，在河边分别栽种水葱、黄菖蒲等水生植物，既美化环境又可净化水体有机物。针对循环水养殖的特点，在三级水循环区域的养殖池塘、尾水区、进水口处分别设置水质监测点，以多重保障确保养殖水体的安全。根据2015年苏州大学对阳澄湖现代渔业产业园区为期一年的水质监测结果，园区池塘及尾水氨氮水平全面达到国家Ⅱ类水标准；总氮和总磷净化后，均优于外水环境。可以认为，具备高水平的内循环体系后，园区可以逐步摆脱外界水环境带来的污染、病害等不稳定因素，在区域内形成优质的生产环境。此外，通过科学合理规划，综合调配绿化、水流、湿地，园区可以打造为生产环境适宜、生态环境优良的现代"渔业公园"。

（7）以"五个统一"实现规范化养殖。

统一苗种，实现标准化养殖。在园区内设有苗种基地，为园区内养殖所需提供标准化的苗种配套，做到从苗种开始把控，按照既定标准来进行养殖，保质保量。

统一饲药，保证水产品的生态化。园区设有投入品供应店，提供正规兽药企业生产的具备农业农村部批准文号、生产批号的产品，供园区内养殖农户购买使用，并有专业人员讲解告知使用方法及剂量。

统一管理，达到规范化管理。园区对所有养殖户和鱼塘信息均开展详细登记，形成档案，即可开展有效管理；也可根据养殖户情况，为其及时申请相关政策性优惠或补助。

统一指导，科技化养殖。园区不定期邀请苏州、昆山及其他地区的养殖专家对园区内的养殖户进行统一指导，传授先进技术，以提高养殖农户水产品的质量和产量。

统一销售，做到品牌化销售。通过园区内的巴城蟹业公司（镇属企业），实现对大闸蟹的统一销售和品牌化销售。一方面，可以从源头保证产品质量；另一方面，可通过建立的档案和品牌保证销量，从而真正达到产销一体化的目标。

产业园发展主要做法
- 以生态化环境保障水产品质量
- 以试点化方式开展规范化管理
- 以科技化手段推动科学化养殖
- 以系统化安防保障园区安全
- 以远程化诊断促进产业良性发展
- 以循环化用水保障尾水达标排放
- 以"五个统一"实现规范化养殖

三、利益联结机制

发展关键看人才，增收重点靠技术。自昆山阳澄湖大闸蟹产业园建设以来，不断注重农业人才培养，已培养出江苏省级乡土人才1名，各类高素质农民、农产品经济人超过30名，并以此为契机，开展养殖技术对接帮扶工作，全面提升养殖户自身素质和养殖水平。

在园区的有效管理及养殖户的科学养殖下，通过"园区＋公司＋养殖户"经营模式，各养殖户均能采用园区先进养殖设备、养殖技术，有效推动收益增长。园区建成后实现年产大闸蟹3 000吨、产值4亿元。2018年，园区实现亩均养殖纯效益8 000元，同比增长8％。园区在完善基础设施建设、实施"三级水循环系统"以来，有效保护了阳澄湖水域的水质，提高了人民生活水平，改善了人居环境和生活条件，并通过旅游观光带来无形的经济收益。

同时，依托以昆山阳澄湖大闸蟹产业园区为主的产业基地，巴城镇催生了500多个交易码头、近300家餐船、1 300多家餐饮饭店、1个电商产业园，带动就业1.1万多人，年吸引游客达到200余万人次，产业年销售达30多亿元，拉动了一条养殖、交易、餐饮、度假休闲的产业链，致富了巴城一方百姓。

四、主要成效

昆山阳澄湖大闸蟹产业园的建设实现了社会效益、生态效益和经济效益的共赢，使经济效益、社会效益、生态效益实现了有机统一。

1. **经济效益**　昆山阳澄湖大闸蟹产业园建设，有效保护了阳澄湖水域的水质，改善了人居环境和生活条件；并通过生态高效养殖方式，实现增产增收。园区建成后，实现年产大闸蟹3 000吨、产值4亿元。2018年，园区大闸蟹养殖亩均产值16 000元，亩均纯效益达到8 000元，同比增长8％，比未改造池塘效益增长22％，极大带动了周边养殖农户参与改造的积极性，也有效营造了科学化、规范化养殖的浓郁氛围。

2. **社会效益**　建设生态农业是建设社会主义新农村的需要，也是城市现代化的需要；生态文明是现代文明的重要方面，是落实科学发展观、实现全面建设小康社会目标的新要求。昆山阳澄湖大闸蟹产业园的打造，切切实实地走在了生态农业发展的康庄大道上，并以农业经济为依托，有效协调好人与人、人与自然的相互关系，实现了"社会-经济-自然"复合生态系统的整体协调。

3. **生态效益**　昆山阳澄湖大闸蟹产业园建设是阳澄湖水环境治理的

重要内容，是苏州市"四个百万亩"现代农业的重要组成部分，同时也是昆山市巴城镇加快现代都市农业建设、推进城乡一体化发展的重要举措。园区以改善环境、使人与自然和谐发展为宗旨，实现养殖尾水零排放，保护阳澄湖湖泊水环境。通过规划改造，整个养殖区进行微流水循环养殖，实现养殖尾水零排放，大大提升了现代农业的生态品味。

五、启示

昆山市巴城镇因地制宜、发挥优势，立足特色产业强镇，着重发展大闸蟹产业，为全市农业产业化发展作出了突出贡献。大闸蟹产业已成为昆山市农产品中影响力最大、优势最突出、市场竞争力最强的产业之一。巴城镇居安思危，扩大品牌效应，自2010年开始，布局建设昆山阳澄湖大闸蟹产业园。经过9年多的摸索，坚持生态资源保护，注重科技投入，形成"政府、园区、公司、农民"一条心，逐步探索出一条科学化、规范化的生态富民之路，是农产品规范化生产、工业化管理、市场化运作的成功范例。

从"靠水吃水"转变为"护水致富"，需要从生态化、规范化、科学化入手，才能真正推动乡村振兴战略落到实处。昆山市巴城镇将进一步依托阳澄湖大闸蟹产业园，建立健全巴城地产大闸蟹生产信用体系建设，大力发展精深加工，提高产品附加值和资源利用率，深入挖掘大闸蟹内涵，促进大闸蟹行业一二三产业协调发展，加快农业现代化建设步伐。

江苏扬州：食品产业园

导语：2005 年 2 月，经扬州市委、市政府批准设立了扬州市食品工业园。园区东至京杭大运河、西至古运河南横沟河、北至南绕城，园区一期规划面积 4 500 亩，已完成建设面积 4 320 亩。2017 年 8 月，园区更名为广陵食品产业园，是国内为数不多的集食品研发制造、冷链物流、工业旅游等于一体的现代食品产业集聚区。

园区先后荣获 "海峡两岸（扬州）农业合作试验区""全国农产品加工业示范基地""中国食品物流示范基地""中国中小企业创新服务先进园区""省级农产品加工集中区""国家农业产业化示范基地""江苏省信息化和工业化融合试验区""扬州市特色产业小镇（两创示范点)""全国农村创业创新园区""扬州市小企业创业基地" 等荣誉称号。

一、主体简介

截至 2019 年，园区累计引进项目 123 个，总投资超 100 亿元，其中 90％以上企业均为农产品加工企业。产业园主攻一个 "专" 字，在五丰冷食、青岛啤酒、三和四美、扬大乳业等食品企业投产运营的基础上，2012

年开工建设的大型综合体项目——食品科技园，占地71.7亩，总投资约12亿元，总建筑面积22万平方米。该项目由众创空间、人才公寓、科技研发中心、食品检验检测中心、展示展销中心、总部基地、酒店七大功能配套中心组成，为海峡两岸（扬州）农业合作试验区重点配套项目。食品科技园创新工场已成功申报认定为市级众创空间。

园区已签约（注册）企业24个，总投资达3亿元以上。园区引进高校、研究所等创新中心，建设检验、检测技术服务平台，建立金融咨询服务中心、人力资源培训中心、法律维权中心、融资担保中心、酒店管理中心等；为入驻园区的农村创业创新项目提供创业辅导、融资担保、管理咨询、事务代理等服务。该项目将成为食品行业创新创业的产业链载体，为园区孵化更多的科技和人才创业创新企业奠定了基础。

二、主要模式

1. "企业＋农户"模式和园区集聚模式 园区有国家级农业龙头企业1家、省级农业龙头企业3家、市级农业龙头企业7家、区级农业龙头企业7家，力争在3年内再培育国家级农业龙头企业1家、省级农业龙头企业2家、市级农业龙头企业3家、区级农业龙头企业6家，实现销售规模在现有基础上翻一番的目标，有力带动农业发展、农民就业。利用建设国家现代农业产业园契机，园区加强与农产品原材料供应基地的协同，建立农业产业联盟。园区借助互联网优势，打造全新农产品销售体系；为互联网企业打造有力的供应链支撑体系，让越来越多的特色农产品接触到互联网，实现互联网＋农业的有机衔接，重点打造以日顿食品为代表的互联网新业态。

园区现有东园食品、九鼎香餐饮、吴家粥铺、老妈米线、淮扬人家、家和豆浆等中央厨房企业，还集聚了三和四美、丰示食品、维扬豆食、中福食品、日顿食品等一批菜品、调料、点心加工制作和半成品加工项目，以及万吨冷储、锦通食品、保税仓库等一批物流、仓储项目。在基础设施建设方面，园区已高标准打造了"两横五纵"道路网络框架及雨污水、自来水、绿化、通信、热汽等"十通一平"的基础设施配套体系。园区在采购、仓储、物流环节已经形成了一定的集聚度。

2. 发展策略 园区以打造"中国唯一、国际一流、世界知名"的现代化复合型产业园区为目标，着力放大食品产业园载体优势，培植食品龙头企业和"老字号"，打响"扬州美食"品牌，不断开拓国际市场；着力推进新业态、新载体、新平台的培育发展；着力推进园区运营、管理、服务的创新提升，力争通过5年的努力，形成工业开票销售超百亿元、冷链市场交易额超百亿元、年接待游客超百万人的"三个一百"的工业园区和集食品检测、生物研发、跨境贸易、冷链物流和工业旅游于一体的复合型产业园区。

3. 主要做法

（1）检验检测。2015 年 4 月 16 日，由扬州市产业技术研究院、扬州市广陵区人民政府、扬州市食品产业园管委会、江南大学签订四方共建协议，江南大学（扬州）食品生物技术研究所正式落户食品产业园。研究所总建筑面积 3 566 平方米，并建立公共服务平台，如检测中心、实验室等；依托江南大学的学科优势和人力资源来转化企业科研成果、孵化高新技术企业和培养创新创业人才。该研究所是江苏省产业技术研究院首批 14 家研究所之一，主要功能为技术研发、公共检测、成果转化、企业孵化和人才培养。

食品药品检验检测中心项目总建筑面积 16 000 平方米，为全国先进、全省一流的市级食品药品检测中心，建成后将打造成扬州市食品药品产业公共技术服务平台、江苏省食品药品应急检验基地、化妆品检测基地、食品药品检验人员培训基地和食品药品安全科普宣传基地，从而进一步增强园区服务食品药品产业发展的综合优势。北大深圳研究院纳米材料项目建筑面积 1 794 万平方米，主要从事纳米新材料的研发与生产，产品主要出口欧美市场，2019 年销售额达 1 500 万元。该项目为园区农村创业创新项目奠定扎实基础。

（2）中央厨房已具雏形，全力打造中央厨房集聚区。近年来，中央厨房集中生产加工已成为新型餐饮发展模式，通过技术标准的建立，把关原辅料进货、把控食品安全，更有利于提升食品安全的稳定性，对企业统一标准、快速复制、规模发展有着特殊的意义。园区九鼎香、东园、吴家粥铺 3 家企业获评"农业部中央厨房案例企业"。园区将强化招商力度，进一步招引优质中央厨房项目，打造中央厨房集聚区。园区围绕科技研发、检验检测、展销展示、保税仓储等功能定位加大招商力度，特别是抓好食品科技园等重点平台的利用，力争引进一批食品领域顶尖的跨国公司、行业龙头企业，促进中央厨房集聚区更快更好发展。

（3）冷链物流初具规模，打造食品全产业链示范区。以万吨冷链物流为基础，依托食品公共型保税仓，努力构建食品安全流通体系，整合上下游资源，提升冷链物流水平和能力。园区瞄准天猫、淘宝、聚划算等电商交易平台，实现生鲜食品和医药物流全覆盖，打造智慧物流孵化园；冷链物流产业将食品产业的上、中、下游链接在一起，将各个国家和各地区的美食汇聚于此，也推动了旅游产业的发展。园区结合园区工业旅游大环境规划和提升改造，积极寻求冷链物流与跨境电商、工业旅游结合点，提前做好了"仓储观光"和"广寒冰宫"工业旅游项目的前期策划。利用园区的区位优势、配套优势、政策优势，培植苏中乃至江苏地区辐射最广的国内外食品展销中心，打造一个集酒类、乳制品、肉类、禽类于一体的"食品OUTLETS（奥特莱斯）"。

数据采集器

（4）**食品工业和工业旅游相结合，打造食品旅游创新区。** 按照"品牌化、旅游化、生态化"的发展思路，规划建设"立体式、多层次"的食品产业科学公园。探索国有资本企业化、市场化运营新模式，坚持"以资源换产业""谁投资、谁受益"原则，通过交叉持股、相互融合、增资扩股、资产置换等方式，引进实力雄厚、运作经验丰富的旅游公司或投资者共同组建国有控股的股份制公司，加快推进工业旅游综合体项目策划、合作、建设事宜。同时，抓好"七星畅游"工业旅游点的建设工作，园区重点培植3～4家企业申报省级工业旅游点，力争3～5年内园区工业旅游点企业达10家以上。加快推进南绕城退让带（望江路-丁坝河）约270亩景观绿化工程，开挖兼具防洪、排涝、景观、生态功能河道，采用乔灌木和花草相结合的复层绿化模式，形成与环境自然结合、和谐美观的风光带。

（5）**提升企业创新能力。** 一是加大对企业技术创新的支持力度。支持企业更多地承担地方重大科技项目；鼓励扬州食药监局、江南大学食品研究所等科研机构面向企业开发共享科技资源，建设一批面向企业的技术创新服务平台，帮助企业开发新产品、调整产品结构、创新管理和开拓市场，提升核心竞争力；构建一批产业技术创新战略联盟，促进产学研紧密结合。

二是加强企业研发条件和人才队伍建设。加快推进高新技术企业建设，在具备条件的企业建立国家重点实验室、工程中心等，鼓励企业与大学、科研机构共建各类研究开发机构，支持企业研发能力建设。鼓励企业引进海外高层次人才，开展各类人才培训，与高等院校和科研院所共同培养技术人才。鼓励企业探索建立知识、技术、管理等要素参与分配的制度和措施。

三是组织和动员科研院所和高校的科技人员深入企业开展多元化的创新创业服务。利用科技中介机构、技术转移机构等搭建科技人员与企业双向选择的信息交流平台，形成科技人员服务企业的长效机制。从科研院所和高校选派一批科技人员进入企业，研发技术、开发产品。

（6）提升产业规模。园区高度重视企业规模提升，年初展开指标分解，根据企业实际情况，将各项经济指标分解到具体企业或项目，重点紧盯规模以上企业（以下简称规上企业）工业产值、开票销售、入库税收等指标；做好新开工、新竣工、新达产项目的跟踪；定时赴企业调研，了解企业在用工、用电、产销规模方面的情况，协助企业解决在生产经营过程中遇到的困难。

下一步，园区将按照转型发展、融合发展的工作要求，遵循"立足专业，融合产业，构建核心"的开发理念，从"一枝独秀"转型为"三足鼎立"的经济发展模式，构建加工制造、冷链物流、工业旅游三大核心产业。力争到 2024 年，园区工业产值达 100 亿元，工业开票销售 100 亿元，工业入库税收 10 亿元。重点培育青岛啤酒、三和四美达 10 亿元规模；培育扬大乳业、维扬豆制品、东园食品等企业达 5 亿元规模；培育欣欣食品、绿生元食品、美伦食品、丰禾食品、五丰冷食、中福生物、品春食品等企业达 2 亿元规模；培育大云食品、华裕生物、美瑞食品、牧美食品等企业达 1 亿元规模；培育其他工业企业规模不少于 2 000 万元。

（7）提升园区及企业品牌竞争力。园区引导企业加强科技创新、品牌建设，牵头组织企业参加中国国际进口博览会，通过展会搜集知名企业有效招商信息、企业投资信息；组织召开新能源用电会议，让企业了解新能源的政策和优势，减少企业运营成本。为更好地服务企业，园区共举办了 12 次超 1 200 人的小微企业"双创"培训活动，助力企业提升品牌竞争力。

截至 2019 年，园区企业拥有中国驰名商标 1 个、省著名商标 4，完成专利申请 562 件，发明专利申请 255 件，专利授权 213 件，新增注册商标申请 118 件，产学研合作签约 38 件，新增省级以上资金扶持项目 6 件，新增省级以上品牌 10 个，新增市级以上研发机构 9 个。其中，扬大康源乳业是扬州市唯一一家获得国家高新技术企业的食品企业；青岛啤酒获批省级科普教育基地；引进国家"千人计划"专家和"万人计划"专家；引进市级以上创业创新领军人才 4 人。

三、利益联结机制

全力营造良好的发展氛围，加快农业龙头企业创新创优、做大做强步伐，进一步发挥其在推动农业农村高质量发展中的主引擎、主力军作用；围绕构建现代农业全产业链，大力发展农业新品种、新模式、新业态，灵活运用"企业＋基地＋农户""企业＋合作社＋农户""市场＋合作社＋农户"等模式，加快农业产加销、贸工农、政学研一体化步伐，推动一二三产业融合发展；分类施策，根据各农业龙头企业的发展现状、产业趋势、政策导向，因企制宜、分类施策；建立完善动态培育机制，充分发挥市场无形之手和政府有形之手的作用，千方百计帮助农业龙头企业想办法、解难题、促发展，完善加快农业龙头企业发展的运行机制。2018 年，带动农产品生产基地建设 68.45 万亩，畜禽饲养 17.5 万头（只），水产养殖 5.7 万亩，带动农户 33 398 户。

四、主要成效

园区先后建成道路 9.5 千米，铺设各类配套管网 46.53 千米，实行统一集中供热、供气；迁移高压杆线近 5 千米，实现双回路供电，网络设施全覆盖；建成吴庄河、横沟河、南绕城退让带、三联河驳岸等绿化工程，完成鼎兴东、中、西路、延伸路段及望江路部分路段的景观绿化提升工程，公共绿化面积超过 950 亩，综合绿化率达 35％以上，高标准达到"十通一平"。

截至 2019 年上半年，固定资产投资完成 7.74 亿元，全部工业开票销售 7.2 亿元，同比增长 30％；规模以上工业产值 7.2 亿元，同比增长 37.5％；全部工业入库税收 4 600 万元，同比增长 4.4％；规模以上营利性服务业营业收入 1 792 万元，同比增长 45％；限额以上企业法人批零住餐营业收入 2.5 亿元，服务业税收 5 571.9 万元，同比增长 16％；新开工工业重大项目 2 个。

五、启示

1. 拓宽思路，提档项目质态　聚焦园区"三大载体"，围绕科技研发、检验检测、展销展示、科技人才、保税仓储等功能定位加大招商力度。重点赴"北上广""江浙沪""厦泉漳"等地拓展项目资源，开展多层次招商推介，广泛收集、捕捉项目信息。积极推进希尔顿欢朋集团、五星控股"芯动空间"、"云部落"众创空间、华住集团等一批项目进入实质洽谈阶段。紧盯世界 500 强、中国 100 强大企业和大项目，以项目推动园区二期扩容。同时，进一步做好现有企业闲置用地盘活利用工作，将低效土地和厂房，通过资源整合、资产重组、项目合作等方式，招引更多经济效益好、科技含量高、运行质态优的新项目落户，实现腾笼换鸟。

2. 明确思路促进企业创新发展　狠抓经济指标全面完成，针对经济指标中的"短板"，特别是重大项目认定、工业开票销售、专利申请、新增服务业重点企业数等指标，运用倒逼机制，采取针对性措施；对2019年上半年业绩下滑较大的重点企业定期调研，掌握企业运行质态，分析原因，协调解决生产经营存在问题。争取在开票销售、入库税收等质量性指标上有所突破。以三和四美联合江南大学成立省级研究生工作站为契机，加大江南大学研究所产品研发辐射力度；通过积极引导企业探索校企合作模式，以及普及科技、人才政策等方式，努力破解企业"难做大"的问题，增强企业创新发展信心，实现"科技创新"和"人才创新"双轮驱动激活企业发展动力。

浙江三墩：现代农业产业园

> **导语：** 三墩镇位于西湖区北部，南邻蒋村商住区，东接拱墅区祥符街道，西北与余杭区良渚、仓前街道接壤，全镇总面积 38 平方千米，总人口约 30 万。华联和绕城 2 个村是西湖区北部规划保留的农村地区，总面积 3.94 平方千米。自 2016 年以来，区委、区政府将华联、绕城区块定位为实施乡村振兴战略的主战场，全面开展土地综合治理和全域流转，大力实施美丽村庄和农业产业建设，努力打造村庄美、产业兴的乡村振兴典范。

一、主体简介

三墩现代农业产业园项目依托杭州市西湖区的"美丽西湖"行动，利用"美丽乡村"建设平台，大力实施乡村振兴战略，并配合土地全域整治工作，植入了农业一二三产业。产业园秉持"农村复育、农民富裕、农业提升"的原则，以农旅为先导，以农业产业为核心，以创意文化为灵魂，以美丽乡村基础设施为支撑，以农业体验为价值，以实现"产业发展、农旅共享、乡村振兴"为目标，努力打造一个集农业产业开发、农产品物流与加工、休闲观光农业和现代农业旅游研发的农业综合体。

产业园区结合三墩美丽乡村与国土土地全域整治工作，促使农业一二三产业融合，大力发展休闲观光现代农业。产业园区分东、中、西三大功能区块，共 10 多个主题板块。东区花木大世界以花卉种植、展示、交易为主，中区以农业种植及种植体验为主，西区以观光工厂及主题庄园为主。在政府关心指导下，产业园区获得 2017 年度杭州市美丽田园体验区、2018 年省级现代农业产业园。2018 年，园区依托"美丽乡村"建设创建国家 4A 级景区，占地总面积 5 278 亩，自 2017 年 5 月 31 日落地建设；截至 2019 年 7 月，投资达 2.5 亿元。

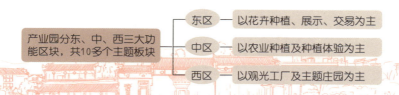

产业园分东、中、西三大功能区块，共10多个主题板块
- 东区 —— 以花卉种植、展示、交易为主
- 中区 —— 以农业种植及种植体验为主
- 西区 —— 以观光工厂及主题庄园为主

二、主要模式

1. 模式概括

（1）园区聚集模式。产业园区已完成温室大棚等农业设施建设近 10 万平方米；通过与浙江省花卉协会合作，创建花木交易平台，设立鲜花港花卉学堂等；与杭州市农业科学院签订合作协议，开展农业"产、学、研"项目合作；以五生农业现代农业产业园（以下简称五生农业）作为平台窗口，引进大棚红龙果、台湾白草莓、台湾番茄树等种植新品种。

（2）"观光＋采摘"模式。作为都市休闲农业综合体，园区致力于打造国家 AAAA 级兰里景区。2018 年十一黄金周，园区共吸引游客近 10 万人次。园区先后开展了蔬菜玉米、番薯、大棚蔬菜等的采摘活动。

（3）"企业＋基地＋农户"模式。五生农业利用地区优势，与优势农业种植企业合作，开展示范种植，建立起"企业＋基地＋农户"模式。

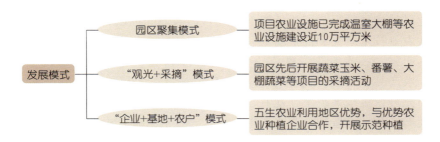

2. 发展策略　着力推进农业转型升级，按照"绿色生态、美丽和谐"的总体要求，坚持"姓农、兴农、为农、利农"宗旨，立足于园区特色产业优势，推进农业绿化、农村美化、农民转化，全面提升现代农业发展和美丽乡村建设水平。按照全省打造旅游万亿产业和全市打造世界名城的战略部署，深入推进旅游全域化、国际化。以"旅游＋"为抓手，通过跨产业融合、跨行业整合，拉长产业链条，拓展产业空间，创造"1＋1＞2"的价值，有效推动全域旅游"落地开花"，实现旅游经济新发展。

秉承'农业＋'的生态建设理念，通过"五生"（生产、生活、生态、生技、养生）、"三产"（农业、加工业、服务业）的有机结合与关联共生，将美丽田园和现代特色农业导入科技化、数字化、产业化、景观化、标准化的整体思路，创建国家 AAAA 级景区，打造国家级现代农业样板区。形成"一景七大功能"的布局结构。"一景"即兰里 AAAA 级景区，是美丽田园结合"美丽乡村"建设的空间载体，也是示范种植基地，助力"五生"与"三产"的有机结合。"七大功能"为"交易展示功能""农创交流功能""亲子体验功能""运动体验功能""科技创新功能""文化体验功能"
"养生体验功能"。

3. 主要做法

（1）依托"美丽乡村"建设，开展农旅项目。为大力实施乡村振兴战略、全力打造"美丽乡村"升级版，从 2017 年初开始，三墩镇实施全域整治，推行"山水林田湖路村"全要素全区域综合整治，流转出的土地重点用于发展现代农业；不断加快推进三产融合，打造现代农业产业园，扶持民宿产业，全面打造景区化村庄，推进农旅融合，积极培育和发展农村新型业态。

（2）加强农村复育，增强村民幸福感。通过与村集体合作，共同开发存量集体建设用地，建设观光工厂、花卉市场等增加村集体收入。通过与 21 个村民小组合作经营 42 个农产品体验点，建设"台湾风情街"，吸纳当地村民进入园区就业或自主就业。

（3）开展两岸农业交流，借鉴台湾休闲观光农业经验。以杭州五生农业科技发展有限公司为桥梁，引入台湾农业的创新种植技术，促进两岸在农业技术研究和商业活动领域深入广泛的合作交流，开展农业种养技术研发、技术孵化、推广应用、农产品物流供应链、农业职业化教育、农产品加工和可追溯体系建设等多领域、多层次、多维度两岸合作。充分挖掘当地蔬菜、花卉、水果等农业产业资源，借鉴台湾观光工厂发展经验，打造特色观光工厂集聚区，提高农业产业附加值，促进农业产业现代化。

（4）农业一二三产业融合，延长农业产业链。在产业园基地大田的基础上，利用 28.3 亩村集体存量建设用地，开发建设香草观光工厂、花卉信息平台、五生企业家园、市民体验中心等项目，为农业二三产业做配套。西湖区"美丽乡村"建设，保留近 6 万平方米厂房，后期将开发农业生产加工、物流、冷链等产业，延长农业产业链，提升农产品价值。

（5）提高辐射效应，增强带动能力。农业科技示范基地是农业科技创新、成果转化和推广应用的主平台、主阵地。通过园区的示范，带动杭州农业产业的持续发展。园区为农民提供了一个良好的学习和培训平台，企业可利用现场进行技术示范和产品展示园区对农产品进行统一品牌、统一包装和统一销售，农产品市场竞争力显著增强。

（6）提供就业岗位，建立人才实践基地。园区的营运为当地富余劳动力提供了近 5 000 个就业岗位，拓宽了农民收入渠道。园区将打造农业产业专业人才的实践基地，特别是农业专业大学生的创业实践基地。园区通过与农业类大专院校建立协作关系，成为学生的实践基地。一方面有利于大学生现场实践，提高就业能力；另一方面有利于园区技术研究和技术攻关，提高运营技术水平，实现园区的人才储备。

（7）开展农旅项目，大力发展都市休闲农业。通过对三墩"美丽乡村"建设，将规模化、产业化、网络化的整体思路导入美丽田园和现代特色农业建设。园区坚持农地连片规模集约利用，集聚大色块农业园区、现代农业观光产业功能，依托农业"种植、示范、研发"三环联动的产业规划发展模式，打造农业集约规模发展、生态景观良好、产业化效益明显的农业综合园区样板，推动当地农业经济的发展。结合"美丽乡村"建设，全面优化农业产业布局，为村民营造一个美丽田园风光的美好家园，为市民打造一处可以参与体验的现代休闲农业观光乐园，为地域保留一块生态自然的绿洲。

（8）借鉴台湾休闲农业开发模式，建设农业观光工厂。重点打造农业观光工厂，使其成为农业生活化体验馆、农业一二三产业与互联网的多元综合体；既是科技农业，也是生态农业，又是观光农业。使园区成为兼具"时尚""创意"的现代农业升级样板。例如，园区已开始建设香草观光工厂，集香草香料加工、产品销售、手工 DIY、香草餐厅等于一体。

三、利益联结机制

农村复育、乡村振兴。加大企业用工机会，增进与村社、村组合作经营的互动关系，让村民更多地参与园区建设，提升村民获得感和幸福感，努力实现企业盈利、村民富裕、乡村振兴。

华联村有农户 547 户常住人口 2 460 人；2017 年，实现农民人均收入 34 199 元。绕城村有农户 407 户常住人口 1 867 人；2017 年，实现农民人均收入 33 638 元。两村用于出租土地约 3 423 亩，土地租金每年 600～1 600 元/亩。除农户宅基地、庭院以外，农户承包田、自留地等剩余土地应流尽流，土地流转租金提高至每年 2 000 元/亩，且每 3 年提升 10%。通过"美丽乡村"建设和现代农业产业园建设，乡村环境美丽，农业产业初具规模。村民发展民宿、农家乐，每户每年增加收入 6 万～8 万元。园区为在家务农的村民提供一定的就业机会，使村民由"传统农民"转变为"职业农民"，年收入可达 2 万～3 万元。

四、主要成效

1. 经济效益　园区的整体发展带动休闲观光产业的进一步提升，品牌价值再上一台阶，乡村游客大幅增加。园区主导产业亩均产出提高 20% 以上，休闲农业收入提高 35%。

2. 社会效益

（1）**加快科技创新步伐，提高农民素质，健全经营体系**。园区加快农业科技项目的推广应用，在果桑培育、标准化生产、节水灌溉、绿色防控、名优茶智能化及连续化加工、蜂产品质量安全、畜禽生态化养殖、食用菌栽培等方面推广应用先进实用技术。

园区建设期内，每年示范推广新品种 18 个、良种覆盖率达 90%、开展农民技术培训 2 000 人次，发挥园区对农民的教育、培训和示范带动作用，提高农民技能，提升农民素质，培养造就一支有文化、懂技术、会经营的高素质农民队伍。

（2）**设施装备建设得到加强，生产条件逐步改善**。园区加强农田水利基础设施建设，实施标准农田质量提升工程，加强中低产田改造，加大农业机械装备和设施农业建设力度，使农业生产条件得到逐步改善。

（3）**优化农业产业结构，主导产业快速发展**。努力优化产业布局，大力调整农业产业结构，做强做精茶叶、花卉等主导产业，加快发展"农业＋旅游"等新兴产业，农业产业结构得到不断优化，主导产业及农业经济快速发展。

（4）**拓展农业多种功能，新型业态蓬勃兴起**。园区在坚持充分发挥农业食品保障、原料供给、就业增收功能的基础上，不断拓展农业的生态保护、休闲观光和文化传承等功能；着力构建一二三产业深度融合的新型业态发展格局；大力发展休闲观光农业、农旅结合、农业特色文化等相关产业联动融合的休闲农业经济，以"农业景区"理念发展"色彩农业"。

3. 生态效益 园区建成后，严格保护现有环境，严格依照无公害农产品生产技术规程进行生产，严把生产投入品的质量关，适量使用低残留的农药，按需使用化学肥料，提高肥料利用率，防止氮、磷和水体污染，提高水资源利用率；对农产品生产后的残留物——秸秆做到综合利用，严禁丢弃或焚烧，将秸秆作为沼气原料，发展清洁能源同时将沼气池最终残渣作为有机肥施入农田，提高土壤有机质含量，改善土壤理化性状，提高土壤吸水保肥能力；对废弃设施覆盖物回收再利用。切实保护环境，保持可持续再生产。落实绿色发展理念，保留青山绿水。

五、启示

1. 高起点规划、高质量推进乡村振兴 产业园占地 5 278 亩，包括 4个行政村。根据园区主导产业发展和功能完善需要，结合园区建设规划，重点安排传统产业转移升级、农旅结合、综合配套与科技农业等建设项目。

2. **加强园区建设，促进农业一二三产业融合**　建立和完善园区建设和日常运行管理机制，成立园区管理机构，制定相应管理制度统筹协调园区建设和运行。加大对园区农业产业发展、农田水利、农业旅游等方面的投入，推进园区整体建设。现代农业园区必须进行一二三产业深度融合，着实提高生产效率；要充分利用城郊地理位置优势，承接城市人口溢出效应，加快发展农产品加工环节的"农业＋体验"、农业生产环节的"农业＋休闲"，真正做到一二三产业深度融合。

3. **注重建设实效，发展农业产业**　通过园区创建，全面推进农业转型升级，提高农业现代化水平，扩大主导产业优势，提高特色农产品品牌价值，改善农业农村生态环境，实现经济效益、社会效益和生态效益的有机统一。

4. **结合"美丽乡村"建设共创国家 AAAA 景区，实现乡村振兴**　将项目地按照国家 AAAA 级景区标准进行规划梳理，指导现代农业产业的提升优化，为项目地可持续发展提供后续保障。以创建国家 AAAA 级景区相关标准为依据，以游客需求为核心要素，以旅游行为和产业导向为本，以展现现代都市农业和传统农业结合的产业项目为旅游核心吸引力，将项目地打造成"国家乡村公园（国家农业公园）"级别的国家旅游景区。

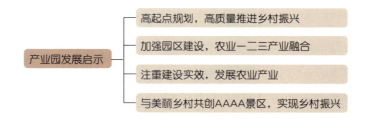

江西彭泽：国家现代农业产业园

　　导语：彭泽县位于江西省最北端、长江中下游交汇处，素有"七省扼塞""赣北大门"之称，总面积1544平方千米，其中耕地40万亩、养殖水面157万亩，全县总人口38万人，为传统的鱼米之乡、水产大县，农业资源十分丰富，是中国鲫鱼之乡、中华江豚保护地、中国梅花鹿之乡、中国棉花之乡、中华诗词之乡、江西省水产十强县，先后荣获全国渔业健康养殖示范县、国家级稻渔综合种养示范区、江西省农业发展先进县、江西省稻渔综合种养示范县和江西省农村产业融合试点示范县等荣誉。近年来，立足资源禀赋和产业基础，以农业供给侧结构性改革为主线，抢抓政策机遇，促进农业结构调整，构建了"稻渔综合种养（水稻＋小龙虾、水稻＋大闸蟹、水稻＋彭泽鲫）＋特色水产养殖（池塘养殖小龙虾、大闸蟹和彭泽鲫）"协同发展的稻渔产业新模式，成为江西省乃至华东地区传统农业向绿色高效农业转型升级的新典范、新案例。

一、主体简介

　　采取"政府主推、企业主体、农民主动"三方共推的方式，全力构建现代农业经营体系。2018年，全县农民专业合作社达726家，其中国家级农民专业合作社示范社6家、省级示范社27家，农民入社率达到60％；另有家庭农场481家，其中省级家庭农场11家、市级家庭农场24家。同时，还探索创新"村企联合、基地联户、产业连片、股份连薪、责任连体"的五联模式，形成"分工共作、风险共担、收益共享"的经营机制。积极推进小农户和现代农业发展有机衔接，带动当地群众和贫困户增收脱贫，"既富老板、又富老乡。"稻渔综合种养帮助 1 000 余户贫困户脱贫。截至 2018 年，全县成功创建省级现代农业示范园 5 家、省级现代农业产业化示范区 1 家和市级现代农业示范园 6 家，2 个国家级稻渔综合种养示范区，省部级健康养殖示范场 8 个。先后引进凯瑞、松源水产等 20 家省、市农业龙头企业入驻产业园，全县规模以上农业龙头企业 68 家，其中省级 10 家、市级 45 家、县级 13 家，有力推动了农业生产规模化。全县以"一虾一蟹"为主导的稻渔综合种养面积达到 12.5 万亩，跃居全省第一；流转土地 22.79 万亩，占土地确权面积的 53%；全县完成高标准农田建设 24.51 万亩、占耕地面积的 49.02%，农田灌溉水利用系数 0.528，耕种收农机综合率达 76.5%，农产品检测合格率在 99.8% 以上。

二、主要模式

1. **模式概括**　产业园经过多年的发展，以"稻渔综合种养（水稻＋小龙虾、水稻＋大闸蟹、水稻＋彭泽鲫）＋特色水产养殖（池塘养殖小龙虾、大闸蟹和彭泽鲫）"稻渔产业新模式为依托，形成了"稻渔综合种养＋特色水产品""优质稻渔加工＋品牌营销""综合服务＋观光休闲"全产业链发展格局，是全县水稻、小龙虾、大闸蟹和彭泽鲫产业的核心优势区域，产业园小龙虾、大闸蟹和彭泽鲫养殖规模及产量均占全县的 85% 以上。2018 年，产业园实现总产值 60.6 亿元，其中，水稻、虾、大闸蟹和彭泽鲫一二三产业总产值达到 56.5 亿元，占产业园总产值比重的 93.2%。总体来看，产业园稻渔综合种养＋特色水产养殖的稻渔产业新模式在规模、产量、产值方面都占据绝对优势。结合国家及江西省相关文件对产业园内主导产业的要求，以及现有产业基础、带动农民增收的能力等因素，按照集中精力、重点突破、做大做强的发展原则，确定依托"稻渔综合种养＋特色水产养殖"新模式稻渔产业形成的"四个一"稻渔产业作为产业园主导产业。

园区积极发展稻渔产业化联合体，通过整合农业产业链、要素链、利益链，培育以龙头企业为核心、专业合作社为纽带及家庭农场为基础的现代农业产业化联合体，引领带动示范性新型农业经营主体共同发展，提升农业产业化发展水平。出台培育现代农业产业化联合体指导意见，择优扶持一批示范联合体。在涉农项目资金安排、金融贷款、生产用地、人才培养等方面，优先扶持联合体内的新型经营主体。探索农业产业化联合体与商贸联合体融合发展，实现从产品合作走向产业合作、全要素合作和生产全过程合作。强化"双创"的政策支持引导，在产业园内围绕主导产业升级，设立农村"双创"服务站，常态化开展政策咨询、创业辅导、项目指导等综合服务，实现园区内创业指导、政策咨询、创业培训、商事代理等服务"一卡通"。同时，依托园区电商中心建设，建设农村互联网众创基地。

扶持返乡人员、高素质农民、农村实用人才、技术能手、镇村干部等群体中培养农民创业创新带头人，吸引有资金、有技术、有项目、有市场的各类主体入园创业，新增双创服务平台2个。研究出台科技人员、返乡务工人员农业创业的试点政策，以及社会资本参与产业园建设的主要领域、准入门槛与政策支持体系，破除社会资本投资产业园创建的制度壁垒。

完善跨部门并联行政工作机制，创新"一窗式"综合受理模式，提高财政、土地、工商等综合行政部门在落实产业园创建财政政策、规范土地调整、加强市场监管、提升公共服务等方面的行政管理效率。

产业园积极探索创新"村企联合、基地联户、产业连片、股份连薪、责任连体"模式，实现了园区小农户和现代农业发展有机衔接。同时，产业园采用"塘长制"为核心的"龙头企业＋基地＋种养大户""公司＋塘长＋农户＋贫困户"的集约化管理模式，实行"五统一分"（统一育苗供应、统一植草投喂、统一生态绿化、统一水质监控、统一产品追溯、分户经营），通过生态种养、绿色管理，达到产业发展、效益提高的目标。目前，该模式已在产业园及周边地区得到普遍推广。"塘长制"强化了生态管理，提高了产品品质，也提升了"鄱阳湖"品牌价值，带动当地群众和贫困户增收脱贫，"既富老板、又富老乡"，得到了农民广泛认可。针对小龙虾、鱼类加工留下的虾壳、鱼骨等原料，研发精深加工。例如，实施虾壳提取高密度壳聚糖等项目，推进壳聚糖、壳寡糖、N-乙酰—氨基葡萄糖等保健品原料药生产，推进虾青素生产高档化妆品、抗氧化剂等，推动小龙虾加工业向高科技、高端、高附加值领域发展。

完善太泊湖埠头村虾蟹小镇规划布局，加大龙虾小镇招商引资力度，引进知名餐饮、商贸企业入驻，发展小龙虾餐饮集群，配套建设龙虾文化广场等设施，将龙虾小镇打造成集小龙虾特色餐饮、休闲娱乐于一体的龙虾文化主题美食小镇。通过举办中国彭泽·鄱阳湖清水大闸蟹文化艺术节等特色节庆活动，提升产业园稻渔产业的影响力。

2. 发展策略 产业园以"稻渔综合种养＋特色水产养殖"稻渔产业为主导，小龙虾、大闸蟹和彭泽鲫养殖规模与产量均占全县的85%以上（2018年稻渔综合种养面积全省第一）。2018年，产业园稻渔产业总产值占产业园总产值的93.2%，农产品加工产值与农业总产值比超过2.8∶1。产业园内涉农高校、科研院所10家，院士工作站1个，为产业园产业发展提供了强大的技术支撑。通过"生产＋加工＋科技"的发展模式，产业园稻渔产业种养规模化、加工集群化、科技集成化、营销品牌化的全产业链开发格局已经形成，实现了一二三产业融合发展。

(1) 种养规模化。产业园内有 3 个省级现代农业示范园和 1 个省级现代农业产业化示范区，水产养殖面积 8.03 万亩，其中精养池塘养殖面积 2.45 万亩、天然生态养殖水面 5.58 万亩，省部级健康养殖示范场达到 8 个；稻渔综合种养面积 12 万亩，已建成万亩以上稻渔综合种养基地 1 个、千亩以上稻渔综合种养基地 6 个、五百亩以上稻渔综合种养基地 12 个，产业园稻渔产业已成为带动彭泽县及鄱阳湖地区农业增效、农民增收、农村发展的支柱产业之一。

(2) 加工集群化。近年来，产业园先后引进了凯瑞、松源水产、中梁农业、彩田生态、地福来、江西赣能等 9 家省市级农业龙头企业进行稻渔产品加工，积极拓展延伸产业链，主要开展龙虾、螃蟹、彭泽鲫等水产品加工，包括可生产虾仁、整肢虾、虾尾、油焖大虾、即食风味小龙虾等七大系列 23 个品种。目前，产业园农产品加工产值超过 43 亿元。

(3) 科技集成化。目前，现有推广研究员 2 名、高级农艺师 6 名、农经师 1 名、高级畜牧兽医师 2 名、水产工程师 1 名，九江市"双百双千"人才工程 14 名。近年来，产业园与中国淡水渔业研究中心、中国科学院植物研究所、南京林业大学、江西省水产研究所、江西省水产技术推广站、江西农业大学、南昌大学、武汉水生生物研究所、九江学院、九江市水科所等科研院所合作，共建农业高新技术研发、示范、应用平台及科研基地和实验田。

(4) 营销品牌化。严把产品质量关、增加品牌内涵、注重品牌宣传等措施，积极参与"生态鄱阳湖、绿色农产品"等一系列品牌发展战略，"鄱阳湖"品牌知名度和品牌价值已得到进一步提升。"鄱阳湖"品牌已经成为江西省著名的区域性公共品牌，"鄱阳湖"水产品品牌逐渐与"阳澄湖"大闸蟹、湖北潜江和江苏盱眙小龙虾、千岛湖有机鱼等水产品品牌一起成为水产品领域内的全国知名品牌。"彭泽鲫"已被认定为农产品地理标志产品。2016 年，"彭泽鲫"品牌被中国品牌建设促进会评估价值达 17.63 亿元。产业园已获得江西省著名商标 8 个，九江市知名商标 18 个；省级以上名牌农产品 8 个，其中太泊湖彭泽鲫、芦花彭泽鲫、绿富美大闸蟹等一批著名品牌闻名省内外。截至 2018 年底，产业园"三品一标"认证个数达到 100 个，其中地理标志产品认证 1 个、有机认证 58 个、绿色认证 2 个。

(5) 农旅融合化。产业园内农旅融合程度逐步加深，现有休闲农庄

20家、农家乐158家，休闲农业从业人员1 630人，年接待游客86.3万人，年收入1.59亿元。龙头企业结合当地农村现状，打造采摘、休闲、垂钓等一系列田园综合体项目，为产业园内农旅融合发展提供了良好基础和典范。坚持生态优先，推进绿色发展。切实发挥稻渔产业在促进绿色发展突出作用，推动用水和养水相结合，严格控制农业面源污染，大力推广绿色防控、生态循环、综合利用、物联网等技术措施，大力实施田块标准化改造，支持生态沟渠、生态塘等尾水处理设施升级改造，保护稻田生态环境。同时，探索建立绿色发展维护和改造长效机制，率先实现"一控两减三基本"，确保舌尖上的安全。

　　(6) **坚持融合发展，打造特色园区**。立足彭泽县资源禀赋，突出发展稻渔产业。围绕"农业园区化、园区景区化、农游一体化"的理念，将现代科技元素、农耕文化和彭泽地方文化融入稻渔产业中，着力发展稻渔绿色种养基地、稻渔精深加工、稻渔产业休闲文化，延伸稻渔产业链条，提升稻渔产业价值和生命力，推动稻渔一二三产业融合发展，打造"产地生态、产品绿色、产业融合、产出高效"的示范园区。

　　(7) **坚持农民受益，共享发展成果**。将小农户衔接现代农业与带动农民增收致富作为产业园建设的根本目标，引导农民深度参与产业园建设和产业发展。通过采取"塘长制"、分片、入股、订单、返租等形式，完善利益联结机制，让农民成为资本上的股东、生产上的二级或三级管理者，保障农民获得合理的产业链增值收益，让农民共享产业园的发展成果。

　　(8) **坚持市场导向，注重政府引导**。将产业园建设纳入市场运行大环境，创新产业园市场运营机制，充分发挥市场主体在产业发展、投资建设、产品营销等方面的主体作用，形成多种有效建设模式。统筹兼顾，因地施策，强化政府规划引领、机制创新、政策支持和配套服务，营造产业园良好发展环境，共同发挥政府与企业作用。

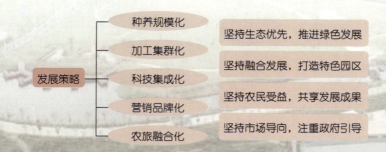

发展策略
- 种养规模化
- 加工集群化
- 科技集成化
- 营销品牌化
- 农旅融合化

坚持生态优先，推进绿色发展
坚持融合发展，打造特色园区
坚持农民受益，共享发展成果
坚持市场导向，注重政府引导

三、利益联结机制

产业园积极探索创新"村企联合、基地联户、产业连片、股份连薪、责任连体"五联模式，实现了园区小农户和现代农业发展有机衔接。同时，产业园全面推广以"塘长制"和产业化联合体为核心的"龙头企业＋基地＋种养大户""公司＋塘长＋农户＋贫困户"的集约化管理模式，带动农民作用显著。2018年，产业园农村居民人均可支配收入达到了20 560元，比彭泽县15 405元高出33%，高于江西省和全国水平。

1. **特色"塘长制"**　产业园普遍实行"塘长制"，由企业收购农户的分散池塘，经过改造后，企业再将升级的池塘租给种养大户，参与合作的农户成了"塘长"，每个池塘"包干到户"，有了专人看管。后期池塘生产由企业提供统一的蟹苗、设施、技术等，并统一收购农户的螃蟹产品，实现了规模化、标准化、集约化生产。"塘长制"的实施，一方面为农户的高效养殖提供了保障，提高了生产效益；另一方面，"塘长制"也是"责任状"，农户要对池塘进行清理、维护，协助完成农村水资源保护、水污染防治、水环境治理、水生态修复等工作。

2. **产业化联合体**　产业园积极引导企业与农户、贫困户、合作社等加强深度合作，强化利益联结机制，带动农民效果显著。由产业园龙头企业牵头，与彭泽县祥瑞水产专业合作社、彭都虾蟹养殖专业合作社、鸿瑞种养殖专业合作社及荣东家庭农场等38家专业合作社组建农业产业化联合体，以"公司＋合作社＋家庭农场＋种养大户"的运作模式开展生产经营，辐射带动周边区域稻渔综合种养面积达10万亩以上，带动农户6 000多户，农民增收作用显著。

四、主要成效

通过聚焦"三变"促进农业结构调整、抓好"三化"推动农业园区发展、突出"三方"构建新型经营体系，全县初步形成了"产地生态、产品绿色、产业融合、产出高效"的现代农业发展新格局，其以稻渔综合种养为主的"四个一"稻渔产业在江西省乃至华东地区都具有典型的示范效应。基本形成综合服务与创新示范中心、稻渔综合种养区、加工物流集聚区、高效健康养殖区、大水面生态养殖区、休闲农业与乡村旅游观光园的"一心、四区、多园"的空间格局。入驻了九江凯瑞、松源水产、中梁农业、北京凯琛、重庆林森、江西广源、地福来、赣能生态、江西艾侬等一批实力突出的农业龙头企业。其中，九江凯瑞、中梁农业等企业已建成4万亩稻虾共作基地、1万亩的螃蟹养殖基地，成为全省最大的虾蟹养殖基地，实现生态、经济效益双赢：特别是其采用的"稻虾（蟹）共作"模式，实现"一水两用、一田两收、稳粮增效"，亩均纯收益可达 6 000～10 000 元。产业园上半年共接待游客近 30 万人，促进了农旅、文旅融合发展。在现代农业产业园区的示范引领下，全县稻渔综合种养面积达 12 万亩，参与农户 1.6 万户，帮助 1 000 余户贫困户脱贫，社会效益明显。

五、启示

依托特色优势稻渔产业，瞄准高水平建成产业特色鲜明、要素高度聚集、设施装备先进、生产方式绿色、一二三产业融合、辐射带动有力的国家级现代农业产业园的总体目标，坚持市场导向、政策引导、政府推动、企业主导、有序发展的方针，围绕进一步做强稻渔全产业链，以提高产品品质、提高生产效率为目标，以"高端化、精深化"为发展方向，开展稻渔生产关键技术装备研发推广，扩大绿色有机产品认证面积，提升稻渔产业精深加工和副产品综合利用能力，完善现代服务体系，推广以"塘长制"为核心的"龙头企业＋基地＋种养大户＋贫困户"集约化管理模式，全面提升稻渔产业体系、生产体系、经营体系，形成可推广、可复制的稻渔产业园典范和样板，为稻渔产业优化升级探索方向和路径。

1. 有利于带动鄱阳湖区域农业转型升级　按照产业兴园、科技强园、品牌富园、市场办园、政策扶园的发展思路，产业园重点挖掘和整合农业优势资源，不断优化产业产品结构、转变农业经营管理方式，推进稻渔产业规模化开发、标准化生产、产业化经营、品牌化运作，形成一二三产业深度融合发展新格局。从而实现彭泽县稻渔产业发展向中高端迈进，辐射带动鄱阳湖区域农业转型升级，引领带动江西省乃至华东地区乡村产业振兴之路。

2. 有利于激发农业农村发展新动能　建设现代农业产业园，在更深层次上吸引和集聚土地、资本、科技、人才、信息等优质高端资源要素向稻渔产业、稻渔综合种养区域积聚。通过加快改革创新举措落地，打通先进生产力进入稻渔产业的通道，全面激活市场、激活要素、激活主体，促进要素集中、产业集聚、企业集群，催生聚变效应，变功能单一的农业生产为"接二连三"的复合型产业。打造"第六"产业，推进农业产业链整合和价值链提升，形成彭泽县乃至鄱阳湖区域农业农村经济发展新的动力源。

3. 有利于促进小农户与现代农业发展有机衔接　通过现代农业产业园建设，在改善农业农村基础设施、完善优化农业全产业链、吸纳整合农业科技资源、培育新型经营主体的同时，鼓励小农户积极参与园区产业发展，并建立利益联结机制让农户分享园区发展成果，从而提高小农户组织化程度、拓展小农户增收空间。园区探索创新的"村企联合、基地联户、产业连片、股份连薪、责任连体"模式，形成"分工共作、风险共担、收益共享"的经营机制，推进小农户和现代农业发展有机衔接，带动当地群众和贫困户增收脱贫，"既富老板、又富老乡"，为江西省乃至全国提供可参考和复制的范本。

江西青原：现代农业示范园

导语：党的十九大报告提出要实施乡村振兴发展战略，加快推进农村同步小康，加快实现农业农村现代化，进而建成社会主义现代化强国。围绕这一宏伟目标，现代农业示范园建设工作如何因地制宜、因政施策、统筹推进？自农业园区规划建设以来，青原区就一直在朝这方面进行有益的探索和实践。经过多年的建设运营，青原现代农业示范园基本建成了以设施蔬菜、特色水果、绿色水稻为主的万亩综合型产业园区，形成了以一产为主、二三产融合发展的省级示范园区，百位园区主体活跃，各色产业竞相发展，农旅融合势头强劲，引领带动全区现代农业规模化快速推进，正全力构建"一区八园"新格局。园区"工业化的发展理念、市场化的运营模式、灵活的管理机制"成为众多县（市、区）效仿学习发展现代农业的典型，正逐步成为引领乡村振兴发展的示范工程。

一、主体简介

青原区，吉安市两个中心县（区）之一，总人口 22 万，耕地面积 24.2 万亩，森林覆盖率达 64%，旅游资源丰富、文化底蕴深厚。

近年来，青原现代农业示范园按照"政府引导、市场运作"原则，以"工业化管理、景区化建设、市场化经营"的总思路，围绕农业供给侧改革主线，调结构、优布局、重规划、抓发展、促升级，推动各农业园区建设成为要素集中、产业集聚、经营集约的现代农业示范园；同时，配合全域旅游建设，全力推进农业与旅游、教育、文化等产业融合发展，成效显著。

青原现代农业示范园位于富滩镇（涉及 7 个村委会），距城区约 15 千米，南临泷江，北靠西华山，交通便利，环境优美，是绿色农业生产的绝佳之地，也是休闲农业与乡村旅游胜地。自 2012 年规划建设至今，累计完成投资 3.5 亿余元，建立产业基地 2.41 万亩，建立大棚 40 多万平方米，先后引进建立火龙果、蜜柚、蓝莓、水蜜桃等规模化设施果蔬基地 11 个，面积 13 000 多亩，建设绿色稻米基地 2 个、面积 5 000 多亩，开办绿色大米加工龙头企业 1 家，培育了"富滩牌大米"等众多名牌农产品，积极对接融入"井冈山"牌区域大品牌；建立 1 个智能化现代农业展示馆，引进农业企业、合作社、家庭农场等经营主体 120 余家，推广应用新品种、新技术 110 多项；创建 A 级乡村旅游示范点 1 个，省级十佳休闲农庄 1 家，省级农业物联网示范企业 2 家，建成环园区休闲绿道 10 余千米；产业兴旺、花果不断的园区，年接待各类游客上百万人次，先后获批为省级现代农业示范园、全省农业物联网示范基地、江西省科普教育基地。园区正逐步建设成为农业装备与技术应用的先行区、产业融合与绿色发展的引领区、经营主体与产业培育的样板区，成为适合市民旅行的科技乐园、休闲花园和秀美田园。

二、主要模式

1. 发展模式 园区总体模式是全力打造产业聚集区，发挥园区产业集群效应。同时，结合园区区位优势和地方产业发展要求，因园制宜，创新推动田园观光采摘、农耕文化体验、农业科普研学、农家乐等农旅融合发展新模式，全面激发园区发展活力，不断提升园区综合影响力。

在建设管理方面，园区借鉴工业园区管理理念，由政府先行总体规划，按园区产业布局分块招商引资。同时，政府对园区路网、水电等基础设施统一规划，整合全区相关涉农项目资金集中投入建设，而园区产业发展则由企业具体运营，牵涉的土地流转工作由当地政府、村委会和农业部门协同企业共同完成。

2. 发展策略

(1) 构建高位推动，高效管理好模式。青原区委、区政府高度重视园区建设工作，专门成立园区建设工作领导小组，由区委、区政府分管领导为组长，区发展和改革、农业等相关部门主要负责人为成员，重点抓好总体规划、资金整合、基础设施建设等工作；领导小组成员单位主动对接园区建设任务，细化职责，分工协作，为园区建设提供支撑和保障；同时，为便于管理，成立园区管委会，由其具体负责园区运行管理，极大增强了园区管理功能；对入园企业则给予优先政策支持，实行市场化管理运营，自主经营、自负盈亏。

(2) 立足科学规划，长远谋划大格局。为顺利推动园区建设，青原区聘请专业团队编制了园区总体发展规划，按照"四区四型"（四区：种养区、加工区、物流区和综合服务区，四型：绿色生态农业、设施农业、智慧农业和休闲观光农业）发展新路径，规划了园区功能布局、产业定位和发展方向；同时，区政府下发了《关于印发青原区现代农业示范园总体规划的通知》，从政府层面强化了对园区的建设管理。园区重点规划建设农产品加工产业园，着力打造一二三产业融合发展示范园区。科学规划为青原现代农业示范园区的长远开发建设提供了理论依据。

(3) 整合项目资金，重点打造产业集聚区。全区整合农业、水利、扶贫、交通等部门项目资金上亿元，集中投入园区项目建设，雄厚的项目资金为园区的发展提供了经济保障。在项目的带动下，园区绿色水稻、设施蔬菜、特色水果等产业逐步形成了从种植、采收、加工、销售及延伸发展的休闲观光农业等相对完整的产业链条，并相继发展成为园区的主导产业。一是推动粮食产业集群发展。园区先后建成绿色水稻基地 5 000 多亩、3 个大型粮食烘干厂（日可烘干稻谷 300 多吨）、1 个年加工大米 10 万吨的龙头企业——富吉粮油，培育了"富滩牌"绿色大米品牌，初步形成产、加、销一体化发展格局，激发了产业规模化发展集群效应。二是推动蔬菜产业规模化连片成型。园区现建有规模化设施蔬菜基地 5 个（面积 1 500 余亩）、连栋大棚 4 万多平方米、高标准大棚 20 多万平方米，安装喷滴灌设施 1 300 余亩，建立冷库多个。三是推动果业规模化开发建设。通过政府引导、政策扶持，园区成功开发建设万亩井冈蜜柚基地，扶持建立 1 个柚果初加工包装生产线，建设果品储藏库 10 多个。井冈蜜柚基地中数十个农场星罗棋布，曾经的荒山荒坡，如今已是柚树成林，果树绿了乡村、富了农民。

(4) 规范土地流转，推动产业发展规模化。园区土地流转坚持依法、自愿、有偿的原则，通过转包、出租、转让、股份合作等多种形式，实现依法有序、高效流转。为规范园区土地流转，园区建立了由政府、村委会和农业部门协同企业推进土地流转的工作制度。园区企业先行提出用地需求与规模，由农业部门协同当地政府等按当地相类似的土地租赁条款与村民协商一致后，村民与村委会先签订分块租赁合同，园区企业再与村委会签订整体租赁合同；同时，对园区失地农民，园区企业优先给予用工安排。这样，既实现了村民增收致富，又确保了园区企业用地需求，实现了互利互赢。规范的土地流转模式，双赢的运营机制，推动了园区土地流转顺利进行，先后成功流转土地2万余亩，产业连片规模化、集聚化发展成势。

（5）**积极招商引资，实施项目带动上规模。**园区建设面广，要求科技含量高，投资量大，单靠财政投入明显不足。为此，园区围绕规划建设要求，大胆策划项目，建立园区招商项目库，精选一批园区项目，利用区内外一切招商洽谈机会，通过会展招商、网上招商、代理招商等多种形式，强力宣传推介，大力引荐项目。同时，鼓励有实力的企业领办、创办农业产业园。园区先后引进熙龙蔬菜、博海蓝莓、联大水蜜桃、雪荣云达蔬菜等一批农业龙头企业、种养大户落户园区。通过引进实施农业项目，建设了一批规划起点高、科技含量高、示范效应好的农业基地，带动了园区现代农业规模化快速发展。

（6）**创新农旅融合，拓宽发展思路提效益。**农业生产产业的相对低效益和激烈的市场化竞争，推动了园区企业不断创新开拓产业功能，谋求农业开发高效益、新发展业态。为此，园区以产业为基础，借助全域旅游发展契机，依托秀美田园风光，着力探索发展休闲农业、创意农业、体验农业等新业态，推动农旅融合、互赢发展。一是美化靓化园区周边环境。加大了园区停车场、旅游公厕、农家乐等旅游配套设施建设，建成环园区游步道10千米、游客服务中心2 000平方米、停车场6 000余平方米、农业科普馆5 000平方米、农业景观10多处，建成1个农耕文化村史馆，打造1个古文化村；同时，结合"美丽乡村"建设，重点改善园区周边农村人居环境，发展乡村旅游，通过环园区绿道将沿线村庄、基地、景观连线成片，建设景区式园区，打造多彩田园综合体。二是积极开展休闲农业与乡村旅游活动。帮扶园区企业先后举办了桃花节、蓝莓节、桑葚嘉年华、厨娘大赛等系列休闲旅游活动，开展了现代农业科普研学旅行30多场次，接待研学游客上万人次；原生态的田园风光和多样化的体验休闲采摘游深受游客青睐，以农促旅、农旅融合已成农业发展新态势。园区农业与旅游的融合发展，既提升了农业种植经济效益，又促进了乡村旅游，带动了园区产业健康循环发展，也极大地提升了园区现代农业影响力与知名度。

（7）**发挥科技引领，推动乡村发展有活力。** 农业发展的动力在于科技，科技创新的核心在于人才建设。自园区创建以来，就极为重视科技和人才对现代农业的支撑与引领作用，大力实施科技兴农战略，推动农业新人才、新品种、新技术、新装备不断涌入园区。园区先后与井冈山大学、江西农业大学等高等院校建立了长期合作关系，并组建了科技特派员工作站，通过强化科技服务，全面推动园区现代农业转型升级发展。同时，大力开展农业技能培训，培育新型农业经营主体，积极引导返乡农民、大学生创办合作社、家庭农场，对建设规模大、带动效果好的农业经营主体给予重点扶持，吸引带动了更多社会资金、技术、人才等资源向园区集聚。截至 2018 年，园区先后培训农民 5 000 多人次。园区农业新技术、新品种、新设备的集成推广与应用，使园区迅速发展成为青原区乃至吉安市、江西省现代农业园区典型，年接待参观考察学习人员近百万人次，带动当地农民（贫困户）1 000 余人就地就业、增收致富。

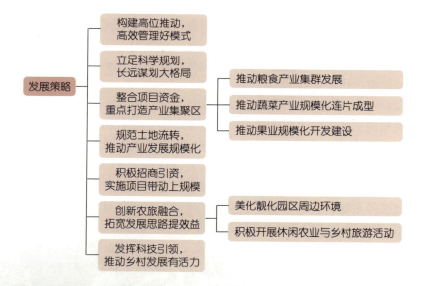

三、利益联结机制

依托园区产业发展优势，园区积极探索推广"企业＋基地＋合作社＋农户"的发展模式，鼓励周边农户采取土地、房屋、资金等多种形式入股企业或合作社，引进建立农产品电商体验交易中心，将企业的技术、管理优势辐射到园区周边群众，使企业与农户结成紧密的利益联结体，实现互利共赢、共同发展。目前，园区利益联结机制主要有 4 种模式：

1. 规模化土地流转实现租赁分红 园区产业的集聚化发展，要求土地规模化连片流转。截至 2018 年，园区共流转土地（含林地）2.41 万亩，每年可为园区周边农户创收土地流转租金 800 余万元。

2. 就近就地就业实现劳务增收 为保障园区周边流转土地农户利益，园区要求入驻企业优先满足流转地农户用工需求，实现周边空闲劳力优先就近就地就业，确保周边村民不因失地致贫。通过务工，每年为园区上千农户（含季节性临时工）增收 500 余万元。

3. 探索入股园区产业项目实现经营分红 园区通过"基地＋合作社＋农户"的模式，与多个村级合作社建立了利益联结体，合作社利用项目资金参与产业开发经营分红。合作社将项目资金投资基地大棚、冷库等生产设施建设，再以转租方式实现利益分红，从而带动农民增收致富，每年可为村级合作社创收近百万元。

4. 试点盘活农村资源，延伸产业链共享产业发展红利 园区利用产业集聚发展优势，结合产业实际，鼓励企业与村集体相互取长补短，实现共享发展。园区积极帮扶引导有条件的村级合作组织，有目的地开发利用村集体荒山、荒地和闲置地。一方面，用于建设园区企业急需的冷库、仓储、加工等农业设施，通过合作建设或转租企业获取收益，既壮大了村集体资产，又缓解了园区企业农用设施地发展难题，如棠溪村与企业合作建设的冷库、大棚等设施。另一方面，扶持有条件的村集体建立自有产业基地等相关产业。例如，张家渡村因地制宜谋划建立村集体产业项目，通过统一流转耕地、水塘 100 余亩，用于发展白莲、水产养殖等产业，盘活古村资源，筹划农家乐、建立农产品小作坊加工包装生产线等产业项目，实现年创收数万元，为全区村集体产业的发展探索出了一条新思路。

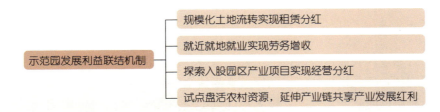

四、主要成效

1. 经济效益 2018 年，园区主要农产品蜜柚产量 3 000 余吨，绿色稻米产量 5 000 余吨，设施蔬菜产量 3 500 余吨，其他水果产量 2 000 余吨，加工优质大米 2 万余吨，园区年产值约 1.5 亿元，实现年净利润1 500 余万元。同时，园区的建设间接拉动了当地餐饮、住宿、旅游、交通等相关产业的发展，带来的间接经济效益蔚为可观。

2. 社会效益　园区农业生产的规模化、集约化发展，生产出大量的优质农产品，为全区乃至吉安市农产品的集中供应提供了强大保障。

园区大规模的农业新品种、新技术、新模式的推广应用，在当地掀起了一场新的农业技术革命，并发挥出巨大的辐射效应。在园区的示范带动下，农业新技术成果得到迅速转化应用，全区各乡镇竞相建立现代农业示范园区，全区现代农业发展水平显著提升，农业综合效益日益增强。

园区产业的集群化发展，直接带动园区周边农户就地就近就业上千人，帮助贫困户 84 人获得经营分红，有效稳定了当地乡村经济的发展，助推脱贫攻坚工作顺利推进。

园区的规范管理，强化了技能技术培训、法治宣传，园区周边村民综合素质、法治意识不断提升，为创建和谐平安乡村环境作出了积极贡献。

3. 生态效益　建设了多彩田园，美化了乡村环境。园区以种植业为主，各色花果月月不断，一年四季瓜果飘香。园区周边同步推进"美丽乡村"建设，村容整洁，村风文明。美丽的田园风光，纯朴的乡风民俗，漫步环园区休闲绿道，让人沉醉在无限美好的乡村田园生活当中。

建设绿色生态果园，涵养了水源，保持了水土，改善了气候条件，也保护了生态环境，促进了农业的可持续发展。通过改造利用荒山荒坡，建立丹村万亩果业基地，提高基地森林覆盖率到 85％ 左右，大大净化了基地周边环境，降低了土壤流失，促进了农业的可持续健康发展。

园区大力推广喷滴灌等节水设施，减量化肥农药使用，大力推广农业物理措施防治病虫害，以有机肥为主，最大限度地保障园区农业生态系统稳定、高效、低耗、优质及无污染的良性循环，促进了园区物质、能源和信息等要素的可持续发展。

五、启示

青原现代农业示范园以"工业化管理、市场化运营"理念发展产业聚集型园区，依托区位优势，紧密结合当地全域旅游发展契机，重点推进农业与旅游的融合发展模式，极大地促进了当地现代科技农业的快速推广应用，推动了区域农业产业规模化快速发展，带动了当地村民依托产业发展振兴乡村经济的步伐，较好地盘活了农村资源，激发了乡村发展活力，也较好地发挥了园区示范引领功效，成效比较显著。

但在园区的发展过程中，也存在基础设施有待完善、优质农产品供应不足、基地效益不稳定、仓储加工商贸能力不足、产业链不完善、用地审批难等制约园区建设发展的困难和问题，需要在政策上给予适当倾斜支持，以便依法合规尽快解决。要善于结合园区地理位置条件、当地民俗风情、气候环境因素、主导产业发展、政策支持力度等实情，因地制宜发展，适度规模建设，放活市场经营，但要加强引导管理，尽量降低市场化运营带来的风险，最大限度发挥园区综合效应。

　　建设现代农业示范园，要结合各地实情，可以建设单一的一产园，地方负担成本较小，但园区产业价值低、竞争力弱，效益提升、带动能力有限；也可以建设一二三产业融合发展示范园，园区产业链较完整，发展活力强，示范引领作用大，但需要较强的经济基础和政策支持。总之，园区发展模式多样，功能强大，规模可大可小，量力而行，可选择性借鉴推广。同时，园区开发建设关键要抓好园区效益管理，充分发挥园区的示范带动作用，让园区在乡村振兴发展中作出更大贡献。

河南柘城：现代农业产业园

导语：柘城位于河南省东部、商丘市西南部50千米处，总面积1 048平方千米，耕地面积106万亩，辖22个乡镇（办事处）515个行政村，总人口103.18万。柘城历史悠久。夏称"株野"；商名"秋地"；秦时置县，因有柘沟环流、柘树丛生而得名"柘县"；隋时定名为柘城；至今已有2 200多年的历史。柘城县是炎帝朱襄氏故里，是中原农业文明、中华礼乐文化、根亲文化的发祥地。

首届中国农民丰收节河南省柘城会场

柘城是一个贫困县，多年来，县委、县政府立足于辣椒这一特色产业，坚持把优势调强、产业调大、链条调长、品牌调优的工作思路，一届接着一届干，一张蓝图绘到底，走出了一条"小辣椒大产业、兴县富民"的产业扶贫之路。经过40多年的不懈努力，形成了"区域化布局、规模化种植、标准化生产、科学化管理、产业化发展"的格局，如今"柘城三樱椒"已成为柘城享誉全国的代名词。柘城辣椒先后被评为"国家地理标志证明商标""国家地理标志产品保护""农业部无公害农产品认证""河南省名牌农产品"。柘城先后被评为

"国家级出口食品农产品质量安全示范区""国家特色蔬菜技术体系综合实验站""全国辣椒产业化发展示范县""全国蔬菜产业扶贫突出贡献县""农业部无公害三樱椒生产基地""中国科协辣椒生产与加工技术交流中心""河南省无公害三樱椒生产基地""河南省出口三樱椒质量安全示范区""河南省辣椒及制品质量检验检测中心""河南省农业（三樱椒）科技园区""河南农科院朝天椒创新基地"等。2019年，被国家农业农村部评为"农村一二三产业发展先导区"，被河南省评为"以辣椒为主导的现代农业产业园"。

一、主体简介

柘城现代农业产业园位于县城西北部，覆盖慈圣、牛城、马集3个乡镇和大仟乡的3个行政村，总面积172平方千米，总人口13.1万，耕地16.2万亩。产业园辣椒种植面积10.7万亩，占耕地面积的62.7%；产量3.1万吨，产值25.9亿元、占园区总产值的53.1%，其中一产3.9亿元、二产13.5亿元、三产8.5亿元。柘城现代农业产业园具有三大优势：

1. **产业基础优势**　产业园辣椒产业形成了良种繁育、规模种植、冷藏运输、市场交易、精深加工一体化的产业链条，是全国六大辣椒主产区链条最完整的区域。一产方面，围绕打造全国辣椒绿色种植基地，园区坚持以农业供给侧结构性改革为主线，着力推动辣椒种植规模化。逐年出台促进辣椒产业发展实施意见，强力推进 20 项重点工作。建立县乡服务平台，出台优惠政策，推动土地流转；对流转土地种植辣椒超过 300 亩以上的新型经营主体，给予一定补贴；采取"公司＋基地""合作社＋基地"等形式，鼓励种植大户和企业带领群众种植辣椒。目前，全县辣椒种植面积常年稳定在 40 万亩，培育专业村 106 个，建立 8 个千亩良种繁育基地，建成 25 万亩辣椒质量安全示范区，年产干椒 12 万吨。培育出 38 个优质品种，种子纯度达到 99％，在全国六大辣椒主产区推广种植 260 万亩，占全国辣椒市场的 40％；二产方面，有白师傅清真食品、恒星食品、三樱汇食品、韩邦科技、春海辣椒、北科种业等辣椒加工企业、辣椒专业合作社等，引进了香港李锦记、万邦农产品冷链物流、韩邦辣味源、吨椒食品等一批有实力的辣椒深加工企业，年加工量 30 万吨、冷藏量 20 万吨；三产方面，建设有全国最大的干椒交易市场和一批冷藏企业，产业园内建设有全国最大的辣椒大市场，辐射 26 个省（直辖市、自治区），年交易量 70 万吨、交易额突破 100 亿元；产品出口美国等 12 个国家和地区，形成了"全国辣椒进柘城、柘城辣椒卖全球"的格局。园区引进了投资 20 亿元、占地 800 亩的万邦农产品物流园。同时，配合大连商品交易所，加快推进干辣椒期货上市，打造全国辣椒期货交割基地。将进一步巩固雄踞中原、辐射全国、面向世界的辣椒交易枢纽和价格形成中心地位。

2. 融合发展优势 实施农业"接二连三"和加工"前延后伸"策略，加快推进辣椒种植、加工、销售及休闲农业、乡村旅游发展，被农业农村部确定为全国农村一二三产业融合发展先导区。利用淘宝网、京东商城、苏宁易购、找菜网等线上销售平台，推动电商产业发展，被评为全国电商进农村示范县。

3. 技术标准优势 建立了唯一一个省级辣椒及制品质量检测中心，联合中国工程院院士、湖南农业科学院院长邹学校建立省辣椒新品种研发院士工作站，与商丘师范学院合建院士工作站，专注干制辣椒产品研究；逐步完善农产品安全追溯管理体系，78 家辣椒生产经营主体有 65 家纳入管理，占比达到 83.3％。

二、主要模式

1. 模式概括 近年来，园区坚持以脱贫攻坚统筹经济社会发展全局，以增加农民收入为根本，以打造中国辣椒第一县为目标，大力实施"辣椒经济"发展战略，形成了红火小辣椒、脱贫大产业的良好格局，三樱椒产业已经成为脱贫攻坚的支柱产业、农民增收的主要渠道和对外宣传的靓丽名片。2019 年，园区承办了第十四届全国辣椒产业大会暨"一带一路"全国辣椒产业高峰论坛，进一步擦亮辣椒之乡的金字招牌。

主要模式

以增加农民收入为根本　　以打造中国辣椒第一县为目标

形成了红火小辣椒、脱贫大产业的良好格局

2. 主要做法

（1）加强组织领导。成立以县委书记为组长、县长为园长的现代农业产业园工作领导小组，有关部门主要负责人及各乡镇负责人为成员。同时，成立柘城县现代农业产业园管委会，人员从有关职能部门抽调精干力量组成，确保工作由专门组织、专班人马负责。按照上级有关文件精神，结合柘城实际，编制了《柘城县"十三五"产业脱贫规划》《柘城产业扶贫暂行办法》《柘城县产业扶贫资金使用暂行办法》《柘城县辣椒产业发展实施意见》《柘城县产业扶贫清零行动方案》等政策方案，促进了辣椒产业发展。

（2）加大资金投入。一是实施产业扶贫资金补贴。2017 年，20 个乡镇补贴资金合计金额为 6 708 701.40 元，其中辣椒 14 858.284 亩补贴 4 457 485.2 元；2018 年，补贴资金 870 万元，其中三樱椒申报 8 104.03 亩、补贴金额 2 431 209 元。两年累计有 4 万多贫困群众受益。二是购买辣椒保险，为辣椒产业发展保驾护航。与中原农险公司合作，开办辣椒种植保险和辣椒价格保险，由县政府出资为椒农购买，其中辣椒种植保险每亩保费 180 元、辣椒价格保费每亩 112 元。三是着力破解要素瓶颈。利用城乡建设用地增减挂钩政策，加大集体建设用地复垦力度，确保园区 2 万亩设施农业和 1 万亩建设用地需求。坚持"财政投入、基金引导、金融助力、招商引资"四招并举，加大园区建设资金投入。例如，与县农商行合作，正在筹建辣椒社区银行，加强信贷支持。

（3）突出融合发展。推进农村一二三产业融合发展，积极创建以辣椒为主导的国家级农村一二三产业融合发展先导区，进行立体带贫。一是做优一产。鼓励支持企业、社会组织，定点帮扶贫困群众种植辣椒，重点推行"辣椒股份"模式、"支部＋合作社＋贫困户"模式、"社会力量＋贫困户"模式等发展辣椒生产带动脱贫。二是做强二产。积极推进农业产业化发展，扶持培育辣椒加工企业做大做强，以万邦农产品物流园为依托新建冷库 20 万吨，培育壮大 20 家中原股权交易中心挂牌企业，积极引进香港李锦记、辣妹子等国内知名企业，建设辣椒食品孵化园，积极吸纳贫困群众进园区企业打工。三是做好三产。改造升级辣椒大市场，打造全国辣椒期货交割中心，加快建设万邦农产品物流园，建成现代化国际辣椒交易集散中心。园区或企业以扶贫为载体，与贫困户签订带贫协议书、务工合同书等，使贫困户收入有保障。

(4) **主要间作套种模式**。"大蒜-西瓜-三樱椒"间作套种模式。该模式一般每亩可产大蒜 1 250 千克、西瓜 3 500 千克、三樱椒 325 千克、合计亩产值 14 250 元左右。亩投资约 2 400 元，亩收益 11 950 元（如去除人工及土地流转费用 3 500 元，亩收益约为 8 450 元）。2019 年的辣椒价格更高，每千克 20 元左右，种植效益会更高。

"小麦-西瓜-三樱椒"间作套种模式。该模式一般每亩可产小麦 450 千克、西瓜 3 250 千克、三樱椒 225 千克，合计亩产值 6 900 元左右，亩投资约 1 400 元，亩收益 5 500 元。（如去除人工及土地流转费用 2 400 元，亩收益约为 3 100 元）。

"小麦-三樱椒-玉米"间作套种模式。该模式一般每亩产小麦 500 千克、三樱椒 300 千克、玉米 250 千克，合计亩产值 5 000 元左右，亩投资约 1 000 元，亩收益 4 000 元（如去除人工及土地流转费用 2 100 元，亩收益约为 2 000 元）。

(5) **轮作种植模式**。小麦-三樱椒轮作。该模式一般每亩产小麦 525 千克、三樱椒 250 千克，合计亩产值 4 250 元左右，亩投资约 1 000 元，亩收益 3 250 元（如去除人工及土地流转费用 2 000 元，亩收益约为 1 250 元）。

大蒜-三樱椒轮作。该模式一般每亩可产大蒜 1 400 千克、三樱椒 350 千克，合计亩产值 8 400 元左右，亩投资约 1 900 元，亩收益 6 500 元（如去除人工及土地流转费用 3 100 元，亩收益约为 3 400 元）。

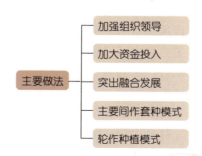

三、利益联结机制

1. 探索应用"三变"模式，创新带动农民增收机制 "三变"模式即

"资源变资产、资金变股金、农民变股东"，多途径增加农民收入，建立保障农民收入的长效机制，为农业农村发展培育了新动力，成为农村脱贫攻坚和全面小康建设的强大引擎。园区利用投入的财政资金引导农户自愿把土地和大棚等存量农业资源投进来，成立有限合伙公司（或合作社）。该公司或合作社仅是资产的载体，不行使种植经营管理职能，使存量资产折成股份，完成资源变资产的过程；政府财政补贴给有限合伙公司（或合作社）建设新的大棚和改造旧的大棚，使政府财政资金变成农民的股金；存量资源和增量资本共同构成农民的股份，农民完成股东身份的转变。资源整合成功以后，有限合伙公司（或合作社）和大型农业产业化龙头企业签约托管或成立合资公司，由龙头企业作为土地和大棚的经营管理方。借助龙头企业的品牌优势，均使用同一品牌和形象，共同打造"柘城三樱椒"地理标志品牌和"柘城辣椒"的原产地品牌，做大做强三樱椒产业，使园区带动整个柘城乃至周边地区辣椒产业的发展。

2. **做强辣椒产业，带动农民增收**　以园区现有的产业基础，实施符合区域实际的产业规划，引导和促进各种生产要素向技术含量高、具有比较优势的产业聚集，进行资产结构和企业组织结构的调整与重组，形成以三樱椒为主特色的支柱产业。更新观念，树立品牌意识，创立和培育知名品牌，延伸产业链，促进一二三产业融合发展。

在整个辣椒产品生产过程中，农民通过"三变"模式可以获得稳定的财产性收入，也可以通过进入辣椒生产和加工环节获得工资性收入。由于产业具有一定的规模性，同时辣椒产品在品牌化、信誉化的保障下，有了一定的增值空间，整个产业的产值也会有很大的增长。在同一经营条件下，以及同一技术、同一农资配给、同一品牌等带动下，辣椒产品的品质和安全性得到了保障，使整个辣椒产业朝着良性化发展。同时，以此模式为标杆，进一步向豫东地区拓展，农民可分享产品增值的红利。

3. **培育龙头企业，带动农民增收**　一家一户的农业分散经营生产规模小，抗市场风险的能力弱，竞争力严重不足，难以有效地聚集社会资源。坚持"扶持农业产业化就是扶持农业，扶持农业龙头企业就是扶持农民"的理念，不断创新产业化经营方式，大力实施"龙头（合作社）＋基地＋标准＋品牌＋市场"五位一体的现代农业发展模式，不断健全完善农村市场体系，进一步拓宽农民增收的渠道和空间。农业产业化龙头企业是创新现代农业经营方式、构建现代农业经营体系的重要引领，是分散经营有效对接社会化大市场的重要平台，能带动其他经营主体分享产业链的增值收益。

4. 实施产业扶贫，带动脱贫致富　近年来，县委、县政府着力抓好"四带一扶"，推进辣椒特色产业扶贫。

"四带"就是 4 种带贫模式：一是辣椒股份带贫模式。组织群众土地流转，签订土地流转合同、务工合同、分红合同，7 200 多贫困户以土地资金入股发展辣椒产业，实现稳定增收。例如，起台镇史老家村流转耕地 1 400 亩，其中贫困户 116 户、耕地 580 亩，建立麦椒套扶贫基地，入社贫困户获得土地流转租金＋务工工资＋年终分红，贫困户实现当年脱贫。二是"协会＋冷库＋订单"带贫模式。充分发挥县、乡两级协会的推动作用、冷库的杠杆作用、订单的引领作用，发展冷藏企业 60 多家、冷储量达 10 万吨，延长辣椒保鲜期，实现减损增效；农户与辣椒加工企业常年签订辣椒订单 30 万亩，带动 5 700 多贫困人口稳定脱贫。三是"企业＋扶贫车间＋贫困户"带贫模式。强化精准招商，引进辣椒产业扶贫项目，在贫困村建设扶贫加工车间，吸纳贫困人口就业，带动贫困户 522 户 2 600 多人。例如，慈圣镇贫困村陈阳村与上海携立商贸有限公司联合成立柘城县三樱汇食品有限公司，在村里建立扶贫车间。本村有劳动能力的 47 户贫困户实现就业，使其能够稳定脱贫。四是"合作社＋支部＋农户"带贫模式。按照把支部建在产业链上的工作思路，积极在具备条件的合作社中建立党组织，全县建立辣椒产业党支部 100 多个，带动 3 600 多贫困群众发展辣椒生产。

"一扶"就是政策扶持。县委、县政府出台一系列扶持政策，扶持建档立卡贫困户发展辣椒生产，县财政每亩补助 300 元。同时，鼓励规模种植，流转土地种植辣椒面积超过 300 亩，每亩补贴 100 元；流转土地种植辣椒面积超过 500 亩，每亩补贴 150 元；流转土地种植辣椒面积超过 1 000 亩，每亩补贴 200 元。与中原银行合作，建立 5 亿元的辣椒产业发展基金；与中原农险公司合作，县财政为种椒群众每亩补贴 112 元保费，最高每亩可获得 1 600 元赔偿；与贵阳南明老干妈风味食品有限责任公司（以下简称贵阳老干妈）签订 20 万亩辣椒收购合同，同时积极推动"朝天椒"期货上市，稳定辣椒市场价格，有效维护椒农利益。

通过大力发展辣椒产业，全县有 3 万多贫困人口稳定脱贫。其中，从事辣椒收购、运输、经销的贫困人员达 3 000 多人；长期在辣椒生产、储存、加工企业就业的贫困人员达 7 000 多人。4 种模式共带动贫困户 6 000 多户 2 万余人实现脱贫，真正实现了"一业带动、万人脱贫"，"小辣椒"成为脱贫致富"大产业"。2017 年、2018 年连续两届全国辣椒产业大会在柘城举办。

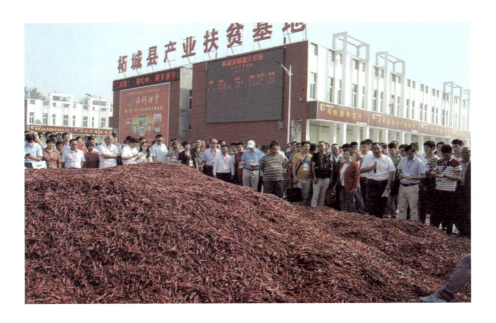

四、主要成效

柘城是中国辣椒之乡，通过创建现代农业产业园，带动了全县辣椒生产的发展。目前，全县有 15 万椒农从事辣椒种植、加工、冷藏、物流、营销，辣椒经纪人超过 2 万人，辣椒种植面积 40 万亩，年产干椒 12 万吨，年交易量 70 万吨，交易额 100 亿元，出口创汇 2 亿多元，已经成为全国重要的辣椒种植、集散、出口基地和价格形成中心。柘城辣椒产业发展呈现出"四化"的特点：

1. **种植规模化**　目前，全县辣椒种植面积常年稳定在 40 万亩，年产干椒 12 万吨，培育种椒专业村 106 个，建立千亩良种繁育基地 8 个，发展万亩辣椒生态示范园区 15 个。

2. **经营产业化**　与贵阳老干妈签订了 10 万亩辣椒种植基地协议，引进了重庆红日子集团、贵州旭阳集团等辣椒深加工企业，培育了省、市级农业产业化龙头企业 26 家，全县辣椒年加工量 30 万吨、冷藏量 20 万吨，产品包括八大系列 26 个品种。

3. **交易全球化**　建成了县辣椒大市场和 16 个乡镇交易市场，已投资 20 亿元建设辣椒市场物流园区。市场辐射 26 个省份，出口美国等 12 个国家和地区，形成了"全国辣椒进柘城、柘城辣椒卖全球"格局。以三樱椒为基准交割品、以河南为基准交割地，积极开展上市辣椒期货研究，2019 年在大连商品交易所实现上市挂牌交易。

4. 品质标准化　建立省级辣椒及制品质量检测中心，发布首个省级《辣椒种植技术标准化体系》，成立了全国特色蔬菜技术体系综合试验站、辣椒生产与加工技术交流中心、河南省辣椒新品种研发院士工作站，培育出 38 个优质品种，种子纯度达到 99％，在全国六大辣椒主产区推广种植260 万亩，占全国辣椒市场的 40％。

五、启示

现代农业园区是发展现代农业、实现农业现代化的主要载体和有效模式，是今后农业产业实现规模化、集约化发展的主要趋势。产业园建设刚刚起步，还有很多工作要做。园区将采取更加有力、有效的措施，把产业园建成"全国领先、全省样板"园区。

1. **提升辣椒规模化、标准化种植水平**　柘城辣椒产业发展较早，但是规模化种植不大，进一步推进规模化种植水平，发动种植大户、专业合作社、高素质农民通过土地流转进行规模种植，利用现代农业科技提升标准化种植水平。

2. **加大品种研发培育**　积极引进专业技术人才搞好辣椒品种培育和更新换代，解决品种退化问题。

3. **加强品牌建设，扩大柘城知名度**　柘城在辣椒品牌培育上已经做了很多工作，也取得了一定成效，但柘城辣椒品牌少，特别知名品牌少的现实还是存在，须进一步进行品牌建设，走品牌带动、品牌兴农之路。

4. **商贸物流建设还有待进一步提升**　种得出、产得好还不行，还要卖得掉、卖出好价格，进一步加强商贸物流建设，把产品卖好才能有效益。

5. **辣椒文化建设还不够**　品牌要叫得响、要长远，还要赋予辣椒一定的内涵，讲好辣椒故事，进一步加强辣椒相关文化建设。

6. **辣椒深加工需要进一步加强**　不断拉长辣椒产业链条，增加辣椒产业的附加值，加大辣椒深加工开发力度，提高辣椒产业经济效益。

7. 辣椒物流交易市场还需要进一步提档升级 要实现"全国辣椒进柘城、柘城辣椒卖全球",还需加强辣椒物流交易市场建设,在环境、服务、物流等方面进一步提升。

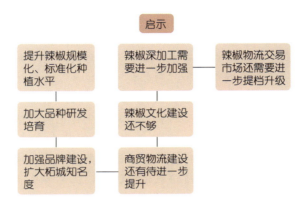

河南正阳：国家现代农业产业园

导语： 正阳县地处河南东南部的淮汝之滨，处于京港澳、大广、沪陕和新阳高速环绕形成的井字中心，在南北铁路交通大动脉主干线上，居于"一带一路战略"和"西部大开发战略"连东接西、承南启北的重要战略位置。全县耕地面积 210 万亩，人均耕地 3.2 亩，是河南省人均耕地最多的县、典型的农业大县。全县花生种植面积 170 多万亩、产量 53 万吨，连续 20 年被评为"全国花生生产第一大县"。正阳县花生产业的发展一直存在几个关键问题：一是品牌不亮。正阳花生一直以来拥有极高的品质，被市场认可，但是多年来并没有形成品牌效益，尽管从种植面积到种植历史都有极大的优势，品牌知名度却远低于同是花生产区的山东、辽宁。二是附加值低。以往正阳县本地没有花生精深加工企业，正阳花生一直以初级农产品出售，附加值较低；因此，花生产业无法拉动财政，也不能够带动农民致富。三是农业机械化程度低。农机投入不够，导致农业生产成本增加、效率低下。正阳花生产业存在大而不强、大而不优、大而没品牌没效益的现状。

一、主体简介

2017 年 4 月，正阳抓住创建国家现代农业产业园的发展机遇，围绕"小花生"、做强"大产业"。按照实施乡村振兴战略的要求和正阳花生产业园"一核、两翼、四基地、六中心"创建规划，围绕以农为本建园宗旨，从高位统筹抓园、主导产业创园、融合发展建园、多方融资助园、科技引领兴园、绿色发展靓园、创新机制富园、政策支持促园 8 个方面努力，建成了"四个基地"和"六个中心"。花生产业实现了六大跨越，即由人工耕作向全程机械化的跨越、由种花生向种花生种子的跨越、由卖"原字号"向精深加工的跨越、由一产独大到融合发展的跨越、由传统产业向装备集群的跨越、由大众花生向品牌花生的跨越。正阳被命名为"中国花生之都""中国富硒花生产业化基地县""中国（国际）花生产品交易中心"，获得"一县一业"全国农产品加工发展典型、首批全国"一县一品"品牌扶贫行动计划县、全国农村创业创新典型县范例等荣誉称号。"正阳花生"被评为中国百强农产品区域公用品牌，荣登"2019年中国品牌价值评价榜"，有"世界花生看中国，中国花生看正阳"之美誉。全县通过产业园创建，促进了花生产业的深度开发，促进了农业结构的调整和一二三产业的融合发展，推动了全县经济社会的转型升级和提质增效。2018年，全县一二三产结构比为 26.6：28.6：44.8，花生综合收入达到 148亿元，花生品牌价值突破 100 亿元，实现了"双百亿"发展目标。正阳县域经济在河南省排序由 2016 年的第 89 位上升到 2017 年的第 62 位，上升了 27 位。园内人均纯收入达到 15 980 元，比园外 11 580 元高出 38%。

二、主要模式

1. **出台政策**　为加快一二三产业融合发展、补花生加工业的短板、拉长产业链条、促进花生产业转型升级，正阳出台了《加快正阳县花生加工企业创新发展的意见》《正阳县国家现代农业产业园招商引资优惠政策》《正阳县创建国家现代农业产业园优惠政策》等奖励扶持政策，鼓励社会资本和龙头企业投资园区建设和花生精深加工。特别是《加快正阳县花生加工企业创新发展的意见》中对企业进行资金扶持，对企业的入驻开工、实际投资、冠名权、"延链、补链"等进行奖励，极大地调动了企业投资的积极性，撬动了 63.2 亿元社会资本投入产业园建设。通过大力发展花生加工业，使产业园在推进精深加工、拓展延长产业链条上取得新突破，在壮大龙头企业上取得新成效，在打造特色品牌、促进企业转型升级上取得新进展，不断提高花生产业竞争力，实现全县由全国花生生产第一大县向花生产业强县的转变。

2. 招大引强 借助全国花生第一大县的资源优势和国家现代农业产业园创建县这个金字招牌，积极外引内培、宣传推介，吸引了国内众多企业的目光。自 2017 年产业园创建以来，君乐宝和鲁花两个农业产业化龙头企业先后落户正阳。鲁花浓香花生油加工项目以生产食用油为主导，年生产能力为 15 万吨，其中花生油 10 万吨、其他食用油 5 万吨。一年可消耗花生米 25 万吨，相当于 120 万亩的花生产量，可实现年销售收入 10 亿元、创利税 5 000 万元、带动 300 人就业，实现了企业发展、农民增收的"双赢"局面。截至 2019 年，正阳拥有鲁花、维维粮油、君乐宝、正花食品等 30 多家花生加工企业，豫丰农机、成功机械等 38 家花生机械加工企业、中国花生供求信息网、百德信息产业园、八个人电子商务、京东等 10 家电子商务企业，天润农业、丰美有机肥、新天地草业等 50 多家资源综合利用企业，形成龙头带动、品牌集中、品类齐全的加工流通体系，提供就业岗位 2 万多个，人均月工资 3 000 元。2018 年，引进天津渤海交易所，建立了全国唯一的县级农产品交易中心——正阳渤海花生交易中心，在 BOCE 的"国内商品直供网"挂牌上市运营，实现了正阳花生"买全球""卖全球"，牢牢掌握花生交易价格的话语权。自 2018 年 9 月上市以来，总交易量达 23 480 吨，总交易额近 2 亿元。创建国家现代农业产业园也让正阳本土企业嗅到了投资农业的商机，本县房地产开发商徐伟在产业园投资 7 亿元，建设占地 200 亩的正花食品产业园，集花生产品研发、花生食品深加工、出口贸易、电子商务、仓储冷链物流于一体，生产花生休闲食品四大系列 40 多个品种，实现年产值 10 亿元。

3. 科技引领 习近平总书记讲，人才是第一资源。正阳县出台《正阳县高层次人才引进与管理办法（实行）》，围绕"小花生"、做好"大产业"，聘请中国工程院院士、花生首席专家张新友院士为正阳花生种植顾问，聘请农业农村部南京机械党委研究所化书记、农业机械化推进花生专业组组长胡志超研究员为正阳花生机械顾问，聘请中国油料加工研究所副所长、中国粮油学会花生食品分会会长王强研究员为正阳花生加工顾问，强化人才科技保障。张新友专家团队在正阳实施的起垄种植、测土配方施肥、病虫草害综合防治、化学调控、黄曲霉素防控等高产高效无公害栽培集成技术模式，被誉为"正阳模式"，在全国多个省份推广。正阳县政府与国家花生产业技术联盟签订了战略合作协议，成立了全国唯一的国家花生产业技术体系转移转化中心，下设遗传改良研究室、栽培与土肥研究室、病虫草害防控研究室、机械化研究室、加工研究室和产业经济研究室6个功能研究室，以及1个院士工作站、5个博士工作站。60多名专家学者、各类花生专家聚焦正阳，为产业发展把脉问诊、建言献策，使花生产业发展实现了良种化、标准化、机械化、产业化、绿色化。同时，构建行政推动、教科研所参与、县镇联动的高素质农民培训网络，以科技入户为主的"农技人员＋示范户＋农民"培育方式，以组织实施绿色花生高产创建项目、高素质农民培训项目为契机，明确科技指导员、遴选科技示范户，开展一对一、一对多"保姆式"技术指导和服务，提高农民种植技术水平，形成了科技研发和科技推广三级技术服务体系。2018年，培训高素质农民2 730人，组织现场会、科技直通车等拉网式培训农民1 300人次，发放技术明白纸10万份。

4. **强化服务**　县政府在人员编制、财政经费都很紧张的情况下，成立了正阳县花生产业服务中心，给编制、给经费，具体负责产业园创建的各项服务工作。将产业园内产地初加工、田间冷链仓库、烘干设施设备等附属设施用地纳入设施用地范围，对园内企业农产品加工企业用地、用电实行优惠政策，通过调整存量土地资源，对带动能力强的龙头企业和新型经营主体提供建设用地，破解用地难题，仅2018年1年就达3 800多亩。创新投融资方式，发挥涉农项目资金、中央奖补资金等资金的撬动作用，引导社会资金、工商资金63.2亿元投入产业园建设。通过"银行＋信贷风险基金＋新型农业经营主体""保险＋信贷风险基金＋新型农业经营主体"等形式，7家商业银行为产业集聚区内131家企业累计贷款11.6亿，破解金融难题。2018年，产业园拿出2 000万元奖补资金作为风险补偿金，与正阳农商行签订合作协议，银行根据风险补偿金的额度，放大10倍为园内有关花生产业的企业或新型农业经营主体提供金融资金支持。

三、利益联结机制

1. **"六统一"模式**　整合涉农资金，加大高标准农田建设力度，改善生产条件，提高花生抵御自然灾害的能力，降低风险。目前，产业园已建成高标准农田12万亩，占产业园17万亩耕地的70％。河南邦农种业有限公司与河南省农业科学院张新友团队合作，依托良好的花生生产条件，推广统一供种、统一管理、统一技术、统一栽培、统一回收、统一供肥的

"六统一"模式，在正阳建成了3万亩高油酸花生良种繁育基地，提高种植效益。花生良种与普通花生产品相比，每千克价格可增加2～3元，仅此一项，每人每年平均可增加收入1 500元左右。2018年，正阳县章寨村南李楼组一农户在河南邦农种业的指导和帮助下，采取"六统一"模式种植高油酸花生新品种"豫花37"25亩，亩产700斤①，邦农种业按每斤5元回收，亩产值达3 500元，比园外（平均亩产600斤、每斤3元）高出1 700元，25亩花生增收4.25万元。

2. 土地托管模式 产业园以农民专业合作社为平台，开展土地托管、标准化生产、规模化经营和全方位服务。正阳红旗合作社秉承"一手托老乡，一手联市场；一手撑起农民丰收致富的希望，一手挺起集体经济发展的脊梁"发展理念，实现"你外出打工挣钱，我在家帮你种田"的服务宗旨，以社员为主要服务对象，通过开展土地托管，为社员提供农业技术和农业生产资料的一站式配送服务，减少中间环节，把优质农资、先进农技和全程机械化服务以最优惠的价格送到农民手中，能使种植花生的化肥、农药施用量分别减少10%和15%，实现了亩节省投资100元、亩增加收入100元的"双百"目标。2018年，红旗合作社在园内托管土地5万亩，每亩每季增收节支200元，一年按小麦、花生两季计算可增收节支400元；按园内每人3亩地计算，仅此一项每人每年可增收节支1 200元，5万亩地共可增收节支2 000万元，对全县新型经营主体规模经营起到了很好的示范作用。

3. 智慧农业模式 建设智慧农业"五大工程"，即花生安全追溯监管信息化工程、花生产业投入品减量化示范工程、花生产业物联网集群示范工程、可溯源电子商务示范及品牌文化工程、智慧农业虚拟展示中心示范工程。配套信息服务、物联网等相关设施，建设了水肥一体化、多源遥感信息采集、虫情测报、墒情监测、苗情（灾情）监测、农情监测预警、农业专家及病虫害诊断、测土配方施肥推荐及农作物全程追溯等智慧农业系统，实现园内生产、加工、销售、原产地可追溯。同时，利用实时、动态的农业物联网信息采集系统，进行快速、多维、多尺度的田间信息实时监测，并在信息与种植专家知识系统基础上，对农田灌溉、施肥与喷药进行自动控制，实现了产业园的智能管理。在熊寨镇王大塘村的智慧农业展厅和全县智慧农业管理中心，操作管理人员可以演示农业大数据实现的决策、管理、预警等多个应用系统，通过视频和图片，让消费者更直观地体验到农产品生长、采集、流通、销售等整个流程。产业园利用大数据的监

---

① 斤为非法定计量单位，1斤＝500克。

测预警，强化生产管理体系，实现生产全过程的精准管理和精准作业服务，大大提高了劳动生产效率，确保了农产品质量安全，促进正阳现代农业的转型升级。

四、主要成效

1. **规模化**　园内 17 万亩耕地种植优质花生 16.6 万亩，并带动全县种植花生 170 多万亩，辐射周边 3 省 4 市 7 县种植花生近 1 000 万亩。围绕花生产业链催生了 2 570 家新型农业经营主体，其中新型经营主体 282 家，流转和托管园内土地近 13 万亩，土地适度规模经营率达到 75％。花生天地种植合作社在园内流转土地 1.2 万亩，与邦农种业合作繁育高油酸花生良种，亩收入可比园外高出 1 500 元。目前，正阳县 85％的农民从事花生生产、加工、经营，帮扶 1.1 万多户贫困户增加收入、稳定脱贫。正阳县每年投入 3 000 多万元，鼓励贫困户种植优质花生，每种植一亩高油酸花生、彩色花生或其他优质花生，分别给予 200 元和 100 元的补贴，带动全县 85％的贫困户种植花生，户均年增收 3 350 元。2015—2018 年，正阳县花生种植面积从 150.6 万亩增加到 172 万亩。

2. **集约化**　集聚产业园生产要素并重组。建立河南省唯一的花生及产品检验检测中心，并与河南农业大学、河南省农业科学院、青岛农业大学等科研院所开展战略合作，引进国际尖端科技和装备相关人才，提高花生产品质量检测能力。实现"一控两减三基本"，推广测土配方施肥技术，提高肥料利用率，园内畜禽粪污综合利用率达 90％以上，高效节水灌溉率达 50％，化肥、农药施用量同比减少 10％和 15％。打造花生产业综合体，按照生产、生活、生态相融合的理念，发展种植、加工、文化旅游和健康养生产业，促进一二三产业融合发展。正阳花生天地集团投资 26 亿元建设"花生天地"，包含花生梦工厂、花生梦幻大道、花生食品世界、花生主题乐园、花生小镇生活、花生养生公社及花生田园守望七大板块。正阳天润现代农业有限公司以湖羊纯繁制种、改良扩繁育肥和肉羊精深加工为主导产业，重点带动秸秆饲料化利用、有机肥料加工、光伏农业、都市农业、电商销售等延伸产业，形成肉羊产业在当地的完整自控全产业链，形成当地的优势畜产品和特色农产品加工品牌。

3. **循环化**

（1）花生秧。全县建有花生草场 1 200 多家，年加工销售花生秧、花生壳 30 万吨以上。正阳天润农业创办"花生秧行"，农民可凭"花生秧存折"随时存放秸秆和花生秧，并随时支取现金，还可等价交换该公司的肥料、湖羊等，让秸秆方便快捷变废为宝，仅此一项就可为全县农民增收

3 000多万元；天润农业还建立万头湖羊养殖基地，发展种羊1.1万头，并把养殖业的粪污采用优质菌种发酵，把羊粪加工成精制有机肥、微生物菌肥和花卉专用肥，发展种养结合循环农业，帮带贫困户408户，安排就业210人次。正阳新天地草业利用花生秸秆生产畜牧业草料和生物质颗粒，每年可销售花生秸秆颗粒3万吨，产品远销韩国、越南等地，不仅满足了畜牧业对草料的需求，同时可代替煤炭作为燃料，实现环保生产。君乐宝乐源万头观光牧场利用花生秸秆养奶牛，带动60户贫困户就业，月工资3 000元以上；同时，利用贫困村的光伏电站，带动贫困群众在光伏板下养湖羊，实现节约用地、"牧光互补"，光伏和养羊双向带动贫困户脱贫。目前，全县有357户贫困户利用花生秧发展草食畜牧业。

(2) 花生壳。以花生壳为原料，大力发展食用菌栽培产业。正阳县绿源食用菌专业合作社集生产、储藏、销售于一体，发展食用菌大棚200余座、菌袋500多万袋，辐射带动周边6个乡镇发展食用菌产业，帮带贫困户911户，实现每年户均增收3 000元以上。另外，"花生天地"开发的花生衣和花生叶茶、八个人电子商务有限公司生产的花生壳枕头市场前景较好，一粒花生从果到壳"吃干榨净"，实现了变废为宝和资源化利用，延长了花生产业链，提高了产品附加值。

4. 机械化 出台扶持政策，积极与科研院校联姻结对，研发机械，先后投入2亿多元建成花生机械产业园，入驻花生机械研发生产企业38家，获得国家发明和实用新型专利109项，年产花生生产机械6万多台，其中11家企业生产的8个种类17个型号的花生机械进入河南省农机补贴目录。新型农机具的研发与快速推广，使正阳花生从播种、管理、收获到初加工全部实现了机械化。正阳生产的花生机械除满足本县需求外，产品还销售到湖北、海南等全国各地，甚至出口到"一带一路"沿线国家——苏丹、东南亚等国家和地区。2018年，全国主要农作物生产全程机械化推进活动在正阳举办。针对贫困户购买花生机械缺乏资金的问题，县政府出台扶持政策，实行政府补贴、企业让利、社会捐赠等形式，帮助缺少资金的贫困户购买花生机械发展花生产业。近几年，全县按低于市场价出售给贫困户的各类花生机械达到4 000多台套。花生种植的全程机械化，使花生收获期由原来的45天缩短为现在的7天，大大降低了农民的劳动强度和生产成本，对花生产业的发展起到了极其重要的支撑作用。

5. 品牌化 积极申报绿色、有机、地理标志农产品32个，通过河南省绿色食品发展中心审核企业13家，170万亩"正阳花生"通过农业农村部农产品地理标志认证。注重正阳文化与花生文化融合互动，建设以花生为主题的花生文化展示展览中心和花生公园，突出花生要素、体现正阳特色，带动了区域经济发展，提升了城市品位，改善了投资环境。研发200多个以花生为食材的美食佳品，形成具有正阳地方特色的宴席，打造"中国花生美食之乡"。举办中国·正阳"互联网＋花生产业"高峰论坛和举办"花生文化节"。2018年10月17日扶贫日，"正阳花生"作为全国32个"一县一品"品牌扶贫农产品在北京会议中心和王府井展出。2019年5月9日，在上海举行的"2019中国品牌价值评价信息发布"活动发布会上，正阳花生作为全国区域品牌（地理标志产品）前110排名34位。品牌的打造，有效地提升了正阳花生发展的价值空间和品牌影响力。

五、启示

1. 科技创新是动力　20年前，正阳花生种植的品种主要是白沙1016，红花1号等。这些品种年代久远，老化退化严重，抗性差，品质不优，单产也只有200多斤。自从引进张新友院士的远杂9102等新品种后，正阳的花生种植发生了质的飞越，产量大幅度提高，品质也得到了有效改善。远杂9102品种在正阳种植面积已超过100万亩，是当地真正意义上的主导品种。近年来，张院士及其团队育成的豫花37高油酸花生新品种，在正阳又进行了大面积推广种植，单位面积效益明显高于其他品种，贫困户增收明显增加，有力推了精准扶贫工作。

正阳土壤有60％属黄褐土、30％属砂姜黑土，还有20多万亩水稻土和潮土，这些土壤质地黏重、通透性差。花生喜欢沙壤土，一般来说，正阳土壤是不适宜花生种植的。10年前，正阳种植花生大都是平地，由于田间排水不畅，花生烂果、芽果多，减产严重，品质差。正阳县当地科技人员在院士的指导下，研究探索出了一套夏花生起垄种植模式。这种模式主要是想解决低洼易涝地区田间排水不畅导致的花生品质差、产量低等问题，加上测土配方施肥技术的实施、病虫害综合防治技术的运用，实现了良种良法相配套，从而颠覆了传统平地种植的花生种植模式，代之形成了高产、优质、高效、绿色环保的新模式，这就是正阳花生种植模式。据统计，2018年全县花生起垄种植面积达到80％以上。这种在平地上起高13厘米进行花生种植是正阳花生生产的一个创举，在正阳农业生产史上留下重重的一笔。

2. 龙头带动是关键　花生以原料出售，价格低，利润被中间环节占有，且销路不稳定，附加值低，花生效益难以得到保障，花生产业也无法拉动地方经济发展，更不能带动农民致富。围绕"抓龙头、建园区、创品牌、带农户、促增收"的思路，突出发挥农业产业化龙头企业的带动引领作用，大力发展加工业，促进农业提质增效。2017年12月3日，正阳县政府与鲁花集团正式签约，鲁花集团花生油加工项目落户正阳县，并于2019年3月份建成投产。该项目以花生油为主导，年生产能力为15万吨，其中花生油10万吨、重点生产鲁花高油酸花生食用油，生产其他食用油5万吨。中国第一榨油企业与花生第一大县的结合，将发挥"1+1>2"的作用。正阳鲁花10万吨浓香花生油项目，一年可消耗花生35万吨，相当于120万亩的花生产量；而且，提供就业岗位500个，形成了企业发展、农民增收的"双赢"局面，稳定了全县花生种植面积。为花生解决了出路，提升了花生的深加工能力和产业化水平。

3. **销路畅通是重点** 以前，农户各自为战，信息来源少，花生销售渠道不畅，制约着销售花生的收益。为拉长花生产业链条，壮大第三产业，积极推行"互联网+花生"模式，不断完善销售渠道。2012年正阳县还没有一家农村电商，经过几年的努力，基本达到了乡乡均有"一村一店"的"互联网+农产品（主要是花生）"新型经营主体。围绕花生产业与农村电商相结合，促进农村互联网的全覆盖，正阳县发展电商网点420个，19个乡镇均设有分中心，在农村设置服务站。以花生系列产品为依托，实现农村与大市场的有效联结，重点推介正阳花生产业的系列产品，实现花生产业的网上销售。同时，依托正阳县"全国花生价格信息网""正阳渤海交易中心"，以及大北农集团"智农网""智农通"网站，组建正阳县花生产业信息发布和销售平台，定向对全县农村特别是贫困村的价格信息发布，打通信息渠道，促进农村花生产业信息与电商平台对接，实现农户特别是贫困户增收致富。把扶贫开发与转变农业发展方式、推进农业现代化与"互联网+"紧密结合，充分发挥"互联网+"的引领作用，解决"小生产"与社会"大市场"的对接问题，实现就地脱贫，带动一二三产业融合发展，真正让政府增税、企业增效、农民增收。

湖南靖州：国家现代农业产业园

> **导语：** 产业园自开展创建以来，坚持"生态文明示范区、特色产业集聚区、创新开放协作区、产城融合先导区、经济发展带动区"五区合一园区发展思路，积极探索"种植基地＋加工园区＋科研中心＋现代物流＋文化旅游"五位一体产业发展新模式，形成"大基地＋大加工＋大营销＋大融合＋大增收"的现代农业发展新格局。目前，已有915家新型经营主体入园，吸收3.5万人就业，平均月工资达2400元。2018年，园区实现总产值93.59亿元，其中主导产业产值达72.85亿元，园区农民人均纯收入达到14280元，高出全县平均水平45%，为全县产业发展提供了有力支撑。

一、主体简介

湖南省靖州苗族侗族自治县位于湘西南，在湘、黔、桂3省接边区域，是武陵山片区边远贫困县。靖州生态良好、特色资源丰富，是"中国茯苓之乡"，全县茯苓种植面积5.6万亩，是全国最大的茯苓集散中心，拥有全国最大的茯苓专业交易市场，年集散鲜茯苓达到7.8万吨，占全国交易量的70%，在全国10余个省份建立了152个茯苓种植基地。靖州还是"中国杨梅之乡"。靖州杨梅誉满全国，为"江南第一梅"，全县杨梅种植面积8.9万亩，是湘、黔、桂最大的杨梅鲜果交易中心。近年来，靖州紧紧依托茯苓、杨梅特色资源，大力发展以特色资源为基础、产业园区为支柱、骨干企业为主体、市场为依托的特色经济，形成了"产、供、销、贸、工、农"一体的特色产业体系。先后被评为了国家现代农业示范区、国家现代农业产业园创建县、省特色县域经济农副产品加工重点县、省一二三产业融合发展试点县、省级重点现代农业综合园、省产镇融合——杨梅小镇和茯苓小镇等，形成了以杨梅、茯苓为主导的现代农业产业体系。

靖州现代农业产业园包含渠阳、坳上、太阳坪、甘棠4个乡镇16个行政村，总面积 19.66 万亩，其中核心区 3.3 万亩，总人口 5.07 万人。产业园坚持"姓农、务农、为农、兴农"宗旨，围绕建设"湖南一流、全国知名"的现代农业产业园目标，集中发展杨梅、茯苓主导产业。按照国家现代农业产业园创建的总体要求，建成产业特色鲜明、要素高度聚集、设施装备先进、生产方式绿色、一二三产业融合、辐射带动有力的国家现代农业产业园，形成乡村发展新动力、农民增收新机制、产业发展新格局。重点建设木洞杨梅产业园、茯苓科技产业园和飞山现代农业产业园 3 个板块。一是木洞杨梅产业园。园区按照"山上有基地、山中有景区、山下有庄园"的发展思路，建设集杨梅标准化生产、大棚栽培、茯苓杨梅套种于一体的杨梅种植示范园和集杨梅加工、杨梅观光、休闲旅游为一体的"木洞庄园"。二是茯苓科技产业园。园区按照"特色凸显、产业集聚、创新创业、产城融合、绿色生态"的发展定位，建设茯苓加工贸易中心、区域性食品药品检验检测中心、GMP 万吨茯苓饮片厂、院士工作站等重点项目；打造全国最具特色的茯苓专业化科技产业园区，全国最大的茯苓研发中心和茯苓定价中心，全国最大的茯苓出口基地、茯苓初级加工基地、茯苓高科技生物制药基地。三是飞山现代农业产业园。园区按照"现代农业示范、科技创新示范、农旅结合示范、产业扶贫示范"的发展目标，建设集植物、水果、花卉、蔬菜设施栽培，蔬菜生产、采摘体验，生态餐饮，休闲旅游于一体的现代农业产业示范园，发展产业园与飞山景区融为一体、生产与生活相得益彰的新型业态。

二、主要模式和成效

1. **高标准建基地，为产业筑牢发展基石** 科学规划布局，按照"集中连片"的开发思路，实行高标准开梯、高标准种植、高标准培管，建设规模化、标准化、基础设施配套齐全的生产基地，推进产业基地新扩和提质增效。

（1）*基础更加完善*。按照统一规划布局、统一基础设施建设、统一管理、统一服务"四统一"要求，实现基地规模化、标准化、现代化。发展林下经济，推广机械化生产，实现高产、稳产、高收益。实行"政府引导，主体带动，农户参与"的建设模式，对基地及其设施实行先建后补、以奖代补，鼓励新型经营主体和农户参与基地建设。通过提高农业设施装备水平，推广优良品种、统一技术服务和加强基础设施建设等措施，农业生产条件显著改善。

（2）*管理更加科学*。积极选育、引进、推广新品种、新技术，制定发布杨梅、茯苓地方标准 7 个。重点推广杨梅矮化、避雨栽培、杨梅茯苓套种等先进技术，选育推广木洞杨梅、湘靖28等14个新品种，引进推广荸荠、东魁、软丝等8个杨梅品种，建成全国品种最齐全的杨梅品种园（包含56个杨梅品种）。例如，太阳坪八龙村建设茯苓袋料栽培示范基地3 000亩，是湖南唯一通过国家GAP认证的茯苓种植基地，采取"公司＋基地＋农户"的生产模式，企业引导农户采取轮种方式种植茯苓，从菌种选育、种植、后续管理全程标准化，由公司提供菌种，规范种植技术，带动农户规模化种植茯苓8 000亩。

（3）**带动更加有力**。通过建设杨梅标准化示范园5个、茯苓袋料栽培示范基地3个，示范带动园区新建杨梅标准化生产基地1.6万亩，杨梅老园提质改造2.1万亩。靖州后山溪杨梅示范基地面积1 500亩，集杨梅标准化生产、基础设施完备、水肥一体化、新品种选育、栽培新技术研发、新品种展示、设施栽培、病虫害绿色防控、休闲观光、科普宣传等于一体的杨梅科技示范园，带动园区和全县及周边地区的杨梅产业发展，全面提升杨梅产业的发展水平。

2. 高水平做加工，为产业安装强大引擎　大力发展农产品加工和流通，发挥龙头企业在全产业链中的纽带、串联作用，促进产业集聚发展。目前，产业园已成为全国最大的茯苓集散地、茯苓加工及出口基地、茯苓定价中心，有"世界茯苓看中国，中国茯苓看靖州"的美誉。

（1）**筑巢引凤建项目**。不断优化投资硬环境，提高承载服务功能。新建园区标准化厂房8万平方米，自来水厂、污水处理厂、35千伏变电站投入使用，小微企业孵化中心、创业服务中心、杨梅茯苓展示中心建成运行，正在建设集茯苓文化展示、鲜茯苓交易、粗加工贸易、仓储物流于一体的茯苓加工贸易中心和鲜货茯苓市场，可集聚茯苓加工小微企业360余家，进一步巩固全国茯苓集散中心地位。

（2）**培育企业强内功**。鼓励企业研发和引进新技术、新设备、新工艺，以精深加工、医药健康、绿色食品等产业为主攻方向，大力开发以茯苓为主的功能性食品和药食同源产品，以杨梅为主的食品、饮料、黄酮衍生物产品，形成了以一品东方、佰诺酒业、湘百仕等企业为龙头的杨梅产业链，以补天药业、异溪食品等企业为龙头的茯苓产业链。2018年，新增1万吨杨梅酒、1.8万吨杨梅饮料产能和0.8万吨茯苓饮片、4 000万支茯苓多糖口服液产能。例如，湖南一品东方大力发展杨梅饮料、杨梅提取物深加工，已获得了7项专利。同时，引导产业化龙头企业通过品牌培育推介、关键技术攻关、全程标准化生产、资源深度开发等方式，带动具有一定规模的种植基地向规模化、专业化和标准化专用原料基地转变，促进农业生产环节增值增效，实现产业融合发展。

（3）**招大引强增后劲**。坚持内培外引，以现有加工企业为基础，加快关键性、战略性产业项目的招商落地，延伸上下游合作产业链，引进了国药控股、康尔国际等国内一流企业，形成从初加工到精深加工的完整产业链条。智美茯苓、鑫泉食品、中山杨梅等实现当年签约、当年投产，国药控股杨梅黄酮及衍生产品开发项目进展顺利。例如，湖南补天药业从茯苓菌种培育到口服液胶囊生产，已形成一条完整的茯苓生产链。2018年实现产值2.4亿元，创税3 100万元。

3. 高程度促融合，为产业提供不竭动力　加快培育产业发展的新业态、新模式、新优势，园区与城区、园区与景区、园区与工业集中区加快融合。

（1）**产城共建协调发展**。茯苓科技产业园按照"特色凸显、产业集聚、创新创业、产城融合、绿色生态"的发展定位，依托独特的区位、交通、资源优势，建成职中新校区、电力公司、新汽车站等一批公共服务设施，逐步实现城区基础设施和市政管理职能向园区延伸，园区公共配套设施与城区共建共享，推进以产兴城、以城带产、产城融合一体发展。

（2）**园区景区共同发展**。按照"山上有基地、山中有庄园、山下有景区"的发展思路，将杨梅茯苓和民族风情特色旅游有机结合，建成全国最大的杨梅生态博物馆，集杨梅加工、杨梅文化、杨梅采摘于一体的木洞庄园，形成十万梅山风光、百里苗侗画廊。按照AAAAA级景区标准，建成集自然景观、民俗文化、人文历史于一体的飞山景区，集设施栽培、采摘体验、生态餐饮、休闲旅游于一体的飞山现代农业示范园，形成园区与景区融为一体、生产与生活相得益彰的新业态。2018年，全县共接待游客247万人次，实现旅游总收入8.4亿元。在靖州后山溪杨梅生态观光园，建设了停车场、观光车道等旅游设施，整个杨梅种植基地变成了一个开放式大公园，在杨梅成熟时期来观光采摘的游客络绎不绝。

（3）**农业、工业共享发展**。坚持用抓工业的理念、思路、机制和方法抓农业，以工业园区的理念和管理模式来建设运营，统一规划布局、统一基础设施建设、统一项目安排、统一提供服务。成立靖州县产业园区办公室和产业投资公司，与工业集中区管委会联合办公。实施项目29个，建设茯苓科技产业园、木洞杨梅产业园和飞山现代农业产业园，3个"小园"既相互独立又互为补充，共同构成"大园"，把园区打造成"多园一体"的现代农业综合体。

4. 高质量强品牌，为产业插上腾飞翅膀　坚持规模化发展、标准化生产、品牌化经营，将产业园打造成为农业高质量发展示范区。

（1）**以品质铸就品牌**。不断完善园区标准化生产体系和产品质量控制体系，建成湘、黔、桂 3 省接边区域最大的食品药品检验检测中心，成功创建国家级杨梅、茯苓生态原产地保护产品及其示范区、国家级出口茯苓质量安全示范区。"三品一标"认证产品达 16 个，"靖州杨梅"获评湖南省十大农业区域公用品牌。

(2) 以科技支撑品牌。充分发挥科技对现代农业发展的支撑与推动作用，加快促进农业科技创新成果转化，形成政府扶持引导、科研单位技术支撑、企业自主研发的科技创新机制。积极与中国中医科学院、湖南农业大学等科研院所开展产学研合作，培育国家高新技术企业 6 家，建成省级研发中心 1 个，正在建设院士工作站。研发新技术 3 项、新产品 3 个。羧甲基茯苓多糖新药、杨梅黄酮产品研究与开发、引进科技创新人才等项目成功列入省"五个 100"，项目均在加快推进。茯苓纯菌丝种湘靖 28 号由靖州茯苓专业协会会长王先有牵头研发，曾搭载神舟十号进行太空育种，原本生长期为 1 年的靖州茯苓在非洲 9 个月就能成熟采挖，现在在南非等地大面积种植，并向全国茯苓产区及东南亚和非洲等地区提供茯苓菌种和种植技术。

(3) 以营销推介品牌。借助农业博览会、展销会等渠道，利用电商、"互联网＋"等新兴手段，大力发展以生产基地为基础、冷链物流为纽带、电商平台为媒介、龙头企业为载体的线上线下营销模式。成功获批全国电子商务进农村综合示范县，建立电商产业园，实现村级电商服务点全覆

主要模式与成效

高标准建基地，为产业筑牢发展基石
· 基础更加完善
· 管理更加科学
· 带动更加有力

高水平做加工，为产业安装强大引擎
· 筑巢引凤建项目
· 培育企业强内功
· 招大引强增后劲

高程度促融合，为产业提供不竭动力
· 产城共建协调发展
· 园区景区共同发展
· 农业工业共享发展

高质量强品牌，为产业插上腾飞翅膀
· 以品质铸就品牌
· 以科技支撑品牌
· 以营销推介品牌

盖。引进顺丰、德邦、京东等全国大型物流企业，与惠农网、网上供销社、喜乐购等电商企业合作，形成冷链车、高铁、飞机运输的立体化配送体系。成功举办第二届全国茯苓大会。连续举办 7 届杨梅节，靖州杨梅销往全国各地，仅顺丰速运就有物流工作人员 300 余人、冷藏车 100 余台。2018 年，销售杨梅 2.8 万吨，实现销售收入 6.58 亿元，同时带动周边县市销售杨梅 1.2 万吨。

三、启示

1. **发展现代农业产业园，必须高位统筹**　现代农业园区建设工作点多、线长、面广，政府引导是关键。成立了由县委书记任总指挥，县长任主任，其他相关县领导为副主任的产业发展委员会。同时，立足靖州实际，突破惯例，打破常规，由一名副县长同时分管农业、工业、商贸等工作，并兼任产业园区办公室主任，统筹协调各方资源，更好促进全产业链共融发展，形成力量向产业园集中、政策向产业园倾斜、要素向产业园配套的工作机制。整合财政资金、重点项目、奖励政策向园区倾斜，成立县产业投资公司，通过整合小型农田水利、节水灌溉、高标准农田等涉农项目资金，县财政安排专项资金，国开行和农发行融资支持，以及新型经营主体自主投入，切实发挥财政支农资金的最大效益，支持金融资本和社会资本投入园区发展，实现金融资本、社会资本和财政资金充分融合。累计投入中央财政奖补资金 0.82 亿元，县级配套 1.32 亿元，撬动社会资本 4.16 亿元，形成了"多个渠道进水、一个池子蓄水、一个龙头放水"的新格局。

2. **发展现代农业产业园，必须立足特色**　靖州地处武陵山片区，是山区县、农业县、贫困县，地理位置偏僻，经济发展相对滞后，全县耕地 33.82 余万亩、林地 272 万亩，山多地少，念好"山"字经、种好"摇钱树"才能实现县域经济持续发展。茯苓、杨梅是靖州特色优势产业。近年来，在上级党委、政府和各有关部门的大力关心与支持下，靖州立足"特"字做文章，扑下身子抓落实，产业基地不断扩大提质，产业园区不断提速，品牌影响不断增强，销售市场不断拓展，产业效益不断增长，农民收入不断增加，闯出了一条丘陵山区特色农业发展带动脱贫攻坚的新路子。园区以项目为抓手，以园区为依托，以企业为载体，以市场为导向，以创新为支撑，以农民为主体，以效益为目标，不断推动现代农业发展。

3. **发展现代农业产业园，必须创新体制机制**　创新是激发园区内生动力的关键。靖州实行"独立核算、自主经营、自担风险、自求平衡"的园区财政管理体制，从 2018 年起，连续三年从财政预算中安排 5 000 万元资金，支持园区建设；连续三年将园区企业税收产生的县级分成收入全额投入园区；将园区范围内的土地经营净收益、林地报批等非税收入返还园区，赋予园区贷款、投入、收益、人事等方面的权限。探索混合所有制改革，对好项目、好企业采取以资金或固定资产投入为股权的合作模式，培育孵化产业，撬动投资，探索产业投资公司市场化转型。投入 2 000 万元专项资金，与县农商银行合作，设立产业园贷款担保平台，按照 1：10 的放大比例，为企业、合作社和大户等新型经营主体提供担保贷款额 2 亿元，目前已累计发放 8 000 万元。

4. **发展现代农业产业园，必须保障农民利益**　没有群众的参与，没有群众的真正受益，产业园建设就不会成功。靖州积极探索产业增值收益机制，让农民分享产业园发展成果。充分发挥补天药业、佰诺酒业、绿巨人、异溪食品、中山科技等龙头企业带动作用，通过开展财政资金股权量化试点，利用县产业投资公司资金监管和运行保障方面的优势，与农户签订股份合作协议，实行保底分红；通过"公司＋合作社＋农户＋基地"等模式，农民以土地入股、合作租赁、务工就业等多种方式参与园区建设，共带动农户 4.3 万人、贫困人口 1.2 万人，致力建设成为丘陵山区农业供给侧结构性改革、绿色高效农业和产业精准扶贫的国家级现代农业产业示范园。例如，湖南佰诺酒业有限公司，流转杨梅基地 600 亩，通过劳务合作、委托帮扶、保底分红、订单收购等形式，共联结坳上镇戈盈、坳上、先锋、大开、木洞 5 个村 635 户 2 390 名贫困人口。

5. **发展现代农业产业园，必须持之以恒**　靖州既没有东部地区优越的发展条件，也没有享受到西部大开发的政策红利，县级财力十分薄弱。茯苓、杨梅等特色产业发展从造林到形成稳定规模效益周期长，单靠本地群众自发投入很难突破，要形成全产业链，需要投入巨大，离不开上级的大力支持。国家现代农业产业园创建成功后，靖州迫切希望国家继续加大对产业园的资金和政策支持，形成长效机制，持之以恒，抓出成效。

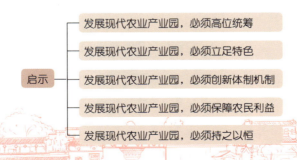

启示
- 发展现代农业产业园，必须高位统筹
- 发展现代农业产业园，必须立足特色
- 发展现代农业产业园，必须创新体制机制
- 发展现代农业产业园，必须保障农民利益
- 发展现代农业产业园，必须持之以恒

广东翁源：兰花产业园

导语： 建设现代农业产业园是实施乡村振兴战略、推动产业兴旺的重要抓手。翁源县立足发展兰花产业的资源优势、品牌优势、规模优势和市场优势，充分发挥全国兰花产业领头羊的创新引领作用，大力发展现代农业产业，遵循国家现代农业产业园规模种植、加工转化、品牌营销和创新驱动的发展内涵，着力推进农业农村发展新旧动能转换和产业转型升级，进一步提升兰花产业竞争力。围绕打造"世界兰花产业展示中心·中国兰花产业总部基地"总体定位，全面树立绿色兴农、质量兴农、品牌强农的方向，通过产业园的集聚效应、示范效应、带动效应、辐射效应，把翁源兰花产业园建设成为全县农业发展的亮点、农业产业化的重点、科技兴农的示范点、生态观光休闲的景点、农民收入的增长点、品牌农业的集聚点。

兰花产业园规划范围

一、主体简介

翁源兰花产业园是广东省首批 15 个现代农业产业园之一。产业园以江尾镇、坝仔镇为核心，规划区域涉及江尾镇、坝仔镇、龙仙镇和官渡镇 4 个镇域，规划面积 1 385 平方千米。2018 年 9 月，翁源县委、县政府组建了以县长为组长的翁源县现代农业产业园建设工作领导小组并成立产业园管委会，确定翁源县丰源城乡建设投资有限公司为产业园牵头实施主体，形成了以兰花为主导产业带动蔬菜、水果、蚕桑、甘蔗、茶叶共同发展的"一花带五业"的现代农业产业园。2019 年 6 月，翁源兰花产业园作为省级现代农业产业园纳入了国家现代农业产业园创建管理体系。近年来，翁源兰花产业园认真贯彻党的十九大关于"实施乡村振兴战略"的精神，加大工作力度做大做强"产业兴旺"这篇文章，园区兰花主导产业不断壮大，已成为全国最大的国兰生产基地，被授予为"中国兰花之乡"。入驻园区的农业企业 410 家，年产值超过 15 亿元，有力助推了翁源县实现农业强、农民富、农村美。

1. **产业特色鲜明**　园区种植花卉 2.43 万亩，其中兰花种植 1.66 万亩，兰花品种达 1 000 多种，形成了长约 10 千米的兰花长廊，国兰供应量已超过全国销量的 50%。

2. 创新能力凸显 一是注重产业发展模式创新。坚持龙头企业带动和培育本地兰花企业两手抓，产业园有省级农业龙头企业 5 家、市级农业龙头企业 15 家、本地兰花企业 300 多家、兰花农民专业合作社 46 家、家庭农场 24 家。二是注重科技创新。加强与科研院校合作，先后建立了农业科技创新团队、博士后工作站、专家工作站，成立了广东省（翁源）兰花研究院和 15 家种苗组培实验室，推广优良品种 110 多个，兰花新品种培育在全国领先。三是注重品牌塑造。注册了"翁源兰花"国家商标，设立"翁源兰花 Logo"实施"走出去"战略，在全国各地展现翁源兰花的异彩，在近年省级和全国兰博会上获得特金奖 28 个，金、银、铜等奖项 300 多个，"中国兰花第一县"实至名归。

3. 装备水平较高 产业园农业企业已广泛使用温控大棚栽培技术。此外，配方施肥技术、无土栽培技术、机械化耕作技术、喷灌和滴灌技术、工厂化农业生产技术、物理避虫和避雨栽培技术等先进农业技术也开始大面积推广应用。

4. 辐射带动作用明显 一方面，引导企业探索产业扶贫路径，实施花卉代种代养项目。例如，广东全美花卉科技有限公司、翁源县仙雅农业发展有限公司与江尾镇 19 个村 268 户贫困户签订了《委托代种花卉项目合同》，实施花卉代种代养项目，贫困户入股资金达 200 多万元，每户贫困户可增收 2 736 元。另一方面，通过"企业＋合作社＋基地＋农户"模式，带动 18 000 多户农户参与种植兰花等特色现代农业，户年均增收 45 000 元；吸纳 1.7 万多名农村劳动力实现家门口就业，劳动力年均增收 2.5 万元；产业园内农村居民人均可支配收入达 1.89 万元，高于当地平均水平 35%。

5. 提升发展富有潜力 一是兰花产业有丰富的文化内涵和旅游元素，极富潜质。二是有强大的产业支撑，具有生产、加工、销售一体化发展的

产业特色鲜明

提升发展富有潜力　　主体　　创新能力凸显

辐射带动作用明显　　装备水平较高

坚实基础。三是翁源县兰花基地被列为广东兰花特色小镇，未来园区一二三产业融合发展前景广阔。

二、主要模式

1. 模式概括 以"生产＋加工＋科技＋营销＋服务"为主导的产业发展模式。园区形成了以翁源兰花产业园为"龙身"，农业产业化企业为"龙头"，家庭农场、专业合作社、种养大户等为"龙尾"，现代农业科技集成创新和成果产业化为"龙骨"，主体间紧密利益联结机制为"龙髓"的龙型经济产业链；推动生产、加工、旅游、服务等产业实现集聚集群发展，探索以企业为主体的科技协同创新机制和产业化带动机制，形成以"二产带强一产、三产带活一产，主体融合、三产联动"的良好格局。

采用"行业协会＋龙头企业＋合作社＋农户"为品牌共享模式。加强完善兰花公共品牌的管理，建立品牌增值利用共享机制，确保品牌增值收益惠及每位种植户。产业园内重点探索推行"行业协会＋龙头企业＋合作社＋农户"的品牌共享增值增收带动模式，由行业协会强化对区域公共品牌的管理监督与市场推广，由龙头企业主攻产业链下游的加工、新产品研发与市场开拓，合作社与农户按照兰花生产标准提供优质原料，实现生产、加工、销售、休闲等产业环节间的利益联结，强化一二三产业黏合度，确保农户受益。

以"企业（合作社、大户）＋基地＋农户"为增收带动模式。一是将企业、合作社、大户与农户形成利益共同体，前者负责产前投资、产中技术和产后销售等高风险环节，农户负责生产管理，确保群众发展产业"零风险"，带动农户致富增收。目前，进入园区的省级以上农业龙头企业有5家、农民专业合作社46家，带动农户18 000多户，户年均增收45 000元。二是通过企业吸收部分农民入股，进行多元化组合抱团经营。合作社以资金、技术等为资本，吸引农民以土地、劳动力等入股，按股分红或利润分成。产业园吸纳当地农民就业人数超过1.7万人、示范带动全县农民约3万人。产业园农民可支配收入持续稳定增长，基本高于当地平均水平35%以上。

模式
- 以"生产＋加工＋科技＋营销＋服务"为主导的产业发展模式
- 以"行业协会＋龙头企业＋合作社＋农户"为品牌共享模式
- 以"企业（合作社、大户）＋基地＋农户"为增收带动模式

2. **发展策略** 以习近平新时代中国特色社会主义思想为指导,全面贯彻落实党的十九大精神,推进乡村振兴战略,以解决"三农"问题和全面建设小康社会为中心,坚持以创新、协调、绿色、开放、共享五大发展理念为指引,充分发挥翁源的资源优势,翁源兰花产业园确定了"一区、两心、三核、四轴、一带、一廊、多基地"的空间布局,着力抓好发展方式转变和体制机制创新,统筹推进以兰花为主导的产业转型升级、结构调整优化、三产深度融合、绿色高效发展、新型主体培育和农村双创孵化等重点任务建设。

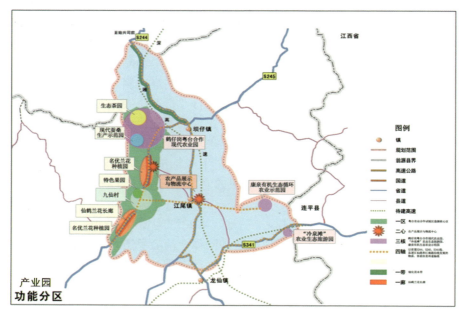

3. **主要做法**

(1) **做大做强兰花主导产业,构建全产业链**。围绕兰花产业,建成一批高标准规模化兰花生产基地,构建从生产、加工、仓储、物流、研发到销售等全产业链。目前,产业园共引进农业企业 110 家,其中台资农业企业 40 家,辐射带动当地农业经营主体创建企业 300 多家。主要做法有3点:

一是补足研发、销售等产业环节。先后引进了全国最大的组培育苗企业天下泽雨农业科技有限公司、全国电商销售量最大的广州缤纷园艺公司等著名企业,吸引顺丰等国内大型快递公司直接驻点,有力提升了兰花育种能力,推动了兰花电子商务产业快速发展。

二是强化龙头带头作用。注重培育新型农业经营主体,引导和支持种

园区企业

410家

其中：

40家　台资农业企业

70家　港资珠三角企业

300多家　带动当地农业经营主体创建企业

养农户、科技人员申办农民合作社，涌现出一批如翁源县仙鹤花卉种植基地有限公司、广东全美花卉有限公司、翁源县全好兰花专业合作社等多家年销售额超过 6 000 万元的大型企业、合作社。目前，园区有国家级扶贫农业龙头企业 1 家、省级龙头企业 4 家、省级农民专业合作社 2 家、家庭农场 24 个、种植大户 200 余户，其中兰花种植面积 100 亩以上的新型经营主体 89 家。园区被评为广东省农民专业合作社示范县。

三是提升品牌与展会影响力。注册了国家商标"翁源兰花"，征集设立了"翁源兰花 Logo"。同时，通过举办 8 次"中国兰花产业发展高峰论坛""广东省兰花博览会""广东翁源兰花旅游文化节"等展会节庆活动，品牌影响力、知名度不断提高。2018 年 3 月，第 28 届中国兰花博览会在翁源成功举办。中国兰花博览会是全国规模最大、影响最广的国家级兰花盛会，30 年来首次在县级城市办展。2019 年 5 月，举办"朱德与兰花专题展览"，仅 4 天就吸引超过 2 万人参加。

（2）**突出科技创新引领，品种培育全国领先**。充分发挥现代农业产业技术和人才优势，强化科技创新支撑。目前，兰花品种培育在全国居于领先地位，新品种"韶关第一荷""翁江树菊""九仙牡丹"等在兰界已成为精品、名品，打造了中国兰花的翁源品牌。主要做法有 3 点：

一是学习台湾现代农业管理经验。坚持"走出去"与"请进来"相结合，多次组织相关人员到台湾实地学习先进的现代农业管理经验，多次邀请台湾兰界颇有影响力的专家到园区核心区指导科研工作。

二是深化与高等院校合作。先后建立了广东（翁源）兰花研究院、省农科院翁源专家工作站、博士后科研工作站。与华南农业大学、北京林业大学、省农业科学院等院校进行合作，创建了药用植物种植基地、铁皮石斛种植基地等。先后引进和推广花卉、水果、蔬菜等优良品种 110 个，有12 家企业建立了种苗组培实验室，兰花培育能力在全国处于领先地位，其中翁源县仙邑兰花生物科技有限公司的大花蕙兰和兜兰新品种创制及产业化关键技术获得广东省科学技术奖一等奖。同时，积极引导园区相关企业登记为仲恺农业工程学院等高校大学生见习基地，为当地培养农业科技人才。

三是加快企业技术改造步伐。推广应用现有先进技术和装备，着力打造成技术先进、现代设施装备配套加速应用的集成区。目前，园区共建设现代化温室棚房近 700 万平方米，90％以上的种植户采用了喷灌、滴灌等节水灌溉，微气候调节、水肥供给作业机械化与自动化已基本普及。

（3）推动农旅深度融合，拓展产业发展空间。借助全国休闲农业与乡村旅游示范县、省级现代农业产业园、省级特色小镇、省级新农村连片示范建设工程等平台，推动园区建设与乡村休闲农业等新产业新业态融合发展。主要做法有 3 点：

一是以建设全国休闲农业与乡村旅游示范县及省级新农村连片示范建设工程为契机，积极实施兰花文化旅游接待点、兰花小镇展示中心、省道S245 线道路景观提升工程、兰花交易市场等项目建设，大力发展休闲农业。目前，江尾镇连溪村乡村旅游初见成效，投资 20 亿元的嘉华温泉度假村项目成功签约。

二是依托翁源兰花产业园和江尾兰花小镇平台优势，大力推进兰花特色小镇与兰花产业园同步规划建设，推进"一花海、两工程"等项目建设，着力将兰花小镇打造成新的旅游热点。

三是突出以特色农业为媒，大力举办桃花节、三华李节等系列农业旅游活动，吸引了大批游客前来旅游观光、休闲体验，推动了江尾米面、人参薯干、韶信辣椒酱等农产品加工升级和流通，使得农民在全产业链发展中获得更多利益。

（4）强化金融支撑与招商意识，全面推动产业园快速有效发展。在翁源县委、县政府的正确领导下，翁源兰花产业园管委会和牵头实施主体翁源县丰源城乡建设投资有限公司积极搭起园区企业与金融部门沟通的桥梁，引导金融资金投入现代农业产业园建设。积极树立招商引资意识，创新招商引资方式，带动现代农业产业园发展。主要做法有：

一是安排省级财政资金 300 万元和县财政资金 200 万元实施贴息贷款项目，支持鼓励园区企业扩大兰花种植规模。

二是主持了 4 次金融机构与园区企业交流见面会，积极探讨信贷模式。目前，翁源县的中国农业银行、农村商业银行、中国银行都为兰花产业园企业提供了无抵押贷款业务，其中中国农业银行还为兰花产业园企业专门开设了"兰花贷"业务。自 2018 年 7 月以来，翁源县金融部门共为兰花产业园的 48 家企业提供贷款 13 633 万元，有力推动了兰花产业园的快速发展。

三是积极树立招商引资意识。自 2018 年 7 月以来，翁源兰花产业园引入投资 3 000 万以上的大型花卉企业 8 家，实现扩种兰花 1 700 亩，搭建温控大棚 38 万平方米，带动了翁源兰花产业园的发展建设，壮大了翁源兰花产业。

三、利益联结机制

创新"联农带农"机制，带动农民持续增收。加快推进农业经营方式创新，龙头企业带动、小农户深度参与的产业园开发建设与运营机制不断完善。

1. **带动农户家门口就业**　园区吸纳 1.7 万多名农村劳动力就业。长期工人可实现月工资 3 000～4 000 元，实现农民增收 4.5 万元；短期零工劳务费为 80～120 元/天，每年务工约 3 个月，实现农民增收 7 200～10 800 元。

2. **辐射带动农户种植**　以"公司＋基地＋农户""公司＋合作社"形式，带动农户从事兰花种植，公司和合作社提供种苗、生产资料和技术服务，以及后期兰花的收购和销售，建立统购包销的互惠模式。目前，已有兰花农民专业合作社 46 家，直接带动农户 1 300 多户，户均增收 15 000 多元。

3. **实现产业扶贫**　利用扶贫专项资金，与兰花种植专业合作社共同建立种植企业，同时贫困户以扶贫资金入股参与企业分红，从而增加贫困户收入，加快脱贫。例如，仙鹤花卉种植基地有限公司与翁源县坝仔镇群辉村扶贫点开展产业扶贫合作；其中，前期投资建设资金来自东莞市对口扶贫资金 50 万和专项扶贫资金，贫困户以人均 3 000 元的份额入股参与分红（共 44 户贫困户 152 人）。广东全美花卉科技有限公司、翁源县仙雅农业发展有限公司与江尾镇 19 个村 268 户贫困户签订了《委托代种花卉项目合同》，实施花卉代种代养项目，贫困户入股资金达 200 多万元，每户贫困户可增收 2 736 元。

四、主要成效

1. **经济效益**　通过翁源兰花产业园的建设，使翁源县兰花产业发展迈上新的台阶，促使兰花生产、加工、物流、销售全产业链快速发展，并带动翁源旅游业、衍生产业向前发展，以及龙头企业、农业种植专业合作社等新型经营主体的蓬勃发展。其中，直接经济效益主要包括兰花生产销售和兰花文化旅游收入。通过产业园建设，农民人均纯收入增速达到8%以上，为带动全县全面建成小康社会奠定坚实基础。截至2019年，产业园兰花一二三产业总产值达到15亿元，休闲农业与乡村旅游收入达到2亿元以上，产业融合发展升级成效显著，区域公共品牌农产品电商销售额达2亿元以上。

2. **社会效益**　在大力实施乡村振兴战略的背景下，围绕兰花生产，实现产业园加快集成应用新装备、新技术，大胆创新经营体制机制，为探索农业现代化道路发挥积极的示范带动作用。先后建立了广东（翁源）兰花研究院、省农业科学院翁源专家工作站、博士后科研工作站。促进国内一流科技、人才等要素向产业园集聚，研发推广一批生态有机、高品质的生态高效农业技术集成模式，实现兰花产业良种覆盖率均达到99%。延长农业产业链，提高农业附加值，解决了大量农村剩余劳动力，很大程度上缓解了城乡劳动力就业的压力。多种形式的适度规模经营占主导地位，入园企业与当地农户的利益联结机制紧密构建，产业园通过订单或合作等方式直接辐射带动的农户数量超过3 000户，产业园内农民人均可支配收入达到1.89万元，实现年均增长8%以上，带动农民脱贫增收效果显著。

3. **生态效益**　产业园建设以生态经济学原理为指导，以建立复合型生态经济良性系统为突破口，以兰花产业平台建设为切入点，从规划布局、产品流程及环境管理全过程贯彻生态、绿色环保和无公害理念，建立特色显著、效益突出、生态良性、经济可持续的产业经营体系，为农村生态环境改善和生态经济协调发展提供科学的工程示范和技术支撑。产业园兰花产业的融合发展，以休闲观光农业建设，形成了翁源县自然景观、人文景观、红色旅游相互辉映、特色明显的旅游资源综合体。大规模连片种植兰花产业，可提供良好的生态环境，对保护生态环境具有积极的作用，生态效益明显。

五、启示

1. **以资源禀赋为依托，选准优势特色主导产业**　全球兰花原产地多位于热带地区和亚热带地区。翁源县属中亚热带湿润气候区，气候温和，雨量充沛，无霜期长，非常适宜兰花等植物的生长。可以说，翁源具有地处世界兰花原产地的区域优势，这是瞄准兰花作为主导产业的关键。

2. **以产业为基础，推动乡村产业振兴**　乡村振兴，产业振兴是基础。

产业能否科学合理顺利振兴，决定了乡村全面振兴能否实现。翁源兰花产业引领全国，并逐步构建了以兰花为主导，集产加销、贸工农于一体的农业全产业链。坚持以优势特色主导产业为基础，以培育壮大新型农业经营主体、推进一二三产业融合为重点，大力发展富民兴村产业，打造"一镇一业、一村一品"的发展格局。

3. **以科技为支撑，引领农业提质增效** 翁源兰花产业发展过程中，始终把科技进步摆在重要位置，积极对接全国兰花产业科研、技术、市场等先进要素，成为全国兰花产业科技创新高地。因此，现代农业产业园建设必须加强农业科技创新平台建设，组建"农科院＋政府＋企业"的产业技术团队，解决产业发展中的技术瓶颈问题，加快科技成果转化。同时，企业应积极运用新技术，注重新优产品引种、培育和推广，积极抢占产业制高点，推动产业做大做强。

4. **以规模经营适度为目标，促进农民增收** 土地流转和适度规模经营是发展现代农业的必由之路。翁源县土地流转工作扎实，有效保障了兰花产业的发展，也为产业园核心区农户增加了 300～1 500 元/亩的租金收入。因此，要巩固好土地承包经营权确权登记颁证工作成果，加快推动农村土地流转，加快发展农业适度规模经营。同时，要积极培育新型农业经营主体，健全利益联结机制，带动农户增收。

5. **以品牌为保障，提高品牌影响力和竞争力** 品牌是当今全球农产品市场竞争的决定因素。翁源县虽然是全国最大的国兰生产基地，也是国家农产品质量安全县，但目前翁源兰花在全国农产品的区域品牌价值榜仍不高，影响力滞后，区域品牌市场知名度、美誉度和竞争力均亟待提升。翁源县正着力培育农业知名品牌，不断扩大"三品一标"农产品认证范围，注重推动龙头企业做大企业品牌，发展和保护区域公用品牌。注重绿色发展，建立绿色、低碳、循环发展长效机制。借助农产品博览会、展销会等渠道，充分利用电商、"互联网＋"等新兴手段，加强品牌市场营销。

6. **以示范创建为载体，形成政策叠加效应** 翁源县有效整合了全国休闲农业与乡村旅游示范县、省级现代农业产业园、省级特色小镇、省级新农村连片示范建设工程等载体资源，积极落实相关扶持政策，取得了兰花产业发展的政策叠加效应。地方提供了大量配套扶持政策，如广东省出台了《广东省全面推进拆旧复垦促进美丽乡村建设工作方案（试行）》《广东省自然资源厅 广东省农业农村厅关于印发贯彻落实省委省政府工作部署实施乡村振兴战略若干用地政策措施（试行）的通知》等，以此促进农村产业多模式融合发展。

启示

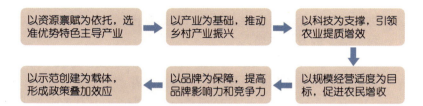

以资源禀赋为依托，选准优势特色主导产业 → 以产业为基础，推动乡村产业振兴 → 以科技为支撑，引领农业提质增效

↓

以示范创建为载体，形成政策叠加效应 ← 以品牌为保障，提高品牌影响力和竞争力 ← 以规模经营适度为目标，促进农民增收

重庆梁平：粮油农业产业园

> **导语：**习近平总书记多次强调："民为国基，谷为民安。解决好十几亿人口的吃饭问题，始终是关系国计民生的一个重大问题，中国人的饭碗要牢牢端在自己手上，我们的饭碗应该主要装中国粮。"中共中央政治局委员、重庆市委书记陈敏尔于 2019 年 3 月 19 日视察梁平时指出，梁平自古就有"万石耕春"的美誉。要发挥粮油生产的独特优势，担当起保护农田的时代责任，高度重视粮食生产，为全市粮食安全作贡献。
>
> 　　作为国家商品粮基地县、全国粮食生产大县、全国水稻高产示范县，梁平在粮食生产方面具有独特优势，正在努力打造"重庆第一、西部领先、全国一流"的绿色高质高效国家现代农业产业园，为"重庆粮食产销平衡区"作出贡献，积极探索西南丘陵山区粮油全产业链发展路径，推动"藏粮于地、藏粮于技"落实落地。

一、主体简介

　　梁平地理优越、生态良好、资源富集、一马平川、碧田万顷，自古就是"巴蜀粮仓"，素有"梁山熟、川东足"之美誉。梁平粮油农业产业园区主要涉及新盛、龙门、明达、礼让、仁贤、聚奎、屏锦、回龙、荫平、云龙、和林、金带、安胜、星桥、袁驿、碧山、虎城、龙胜、七星、竹山 20 个乡镇 211 个行政村（社区），涉及乡村人口 38.72 万人。

　　以优质水稻、油菜为主导产业，梁平区构建起以适度规模经营农户为基础、农民合作社为纽带、龙头企业为引领、社会化服务组织为支撑的新型农业经营体系。各类新型经营主体达到 1 464 家，其中参与主导产业生产经营的企业 39 家、合作社 177 家、社会化服务组织达到 321 个、家庭农场 216 家，农户参加农民合作社比重达 52%，适度规模经营比重 61%。梁平区积极推进农业生产全程社会化服务，引导发展"全程托管""机农合一""全程机械化＋综合农事服务"等专业性综合化新主体、新业态、新模式。在水稻服务方面实施了统一供种、统一育秧、统一机插、统一配方施肥、统一病虫害防治、统一收割等"六个统一"。2018 年，实施水稻全程社会化服务 18.44 万亩，有力促进了小农生产和现代农业发展有机衔接。

二、主要模式

1. 模式概括 粮油农业产业园区深入贯彻党的十九大精神，以习近平新时代中国特色社会主义思想为指导，践行新发展理念，围绕实施乡村振兴战略，按照高质量发展要求，以推进农业供给侧结构性改革为主线，立足梁平"川东粮仓"优势，围绕水稻、油菜两大主导产业，聚力建设规模化种植基地为依托、产业化龙头企业带动、现代生产要素聚集，"生产＋加工＋科技"的现代粮油产业集群，促进农业生产、加工、物流、研发、示范、服务等相互融合和全产业链开发，推动农民利益共享机制创新，高起点、高标准打造丘陵地区现代农业建设样板，基本构建起"制种、育秧、生产、加工、仓储、物流、销售、休闲旅游"全链条发展格局。

2. 发展策略

（1）**品种优质化**。大力推广以神龙优228、宜香优2115为代表的国家二级、三级优质米和抗性强的品种，水稻良种覆盖率达99.8%。因地制宜推广以渝油28、庆油3号为代表的"双低"油菜杂交良种，油菜良种覆盖率达100%。

（2）**育秧设施化**。拥有现代化设施育秧中心，采用自动升降太阳网、挡风板和移动喷灌、温湿度自动远程监控、秧盘远距离传输等现代农业技术，带动了水稻农机化的快速发展，达到节本增效、促农增收的目的。

（3）**种植规模化**。梁平是国家级水稻绿色高质高效创建示范区，也是重庆市油菜万亩高产创建示范区。2018年，产业园水稻绿色高质高效创建面积3.5万亩，示范带动面积43万亩；其中，1000亩以上集中连片的水稻种植基地3个，500～1000亩集中连片的水稻种植基地10个，100～500亩规模水稻种植示范推广基地23个。

（4）**加工集群化**。现有中粮集团、大北农集团、双胞胎集团、梁平瑞丰米业、梁平米之源米业、瑞予米业、胜文大米、昌鑫植物油等粮油产业化龙头企业39家，其中国家级龙头企业2家、市级龙头企业14家，年粮油及附产物加工能力达70万吨，粮油产业加工转化率85%。2018年，梁平瑞丰米业有限公司与中粮集团合作，出口非洲大米6500吨，成为重庆第一个大米出口区县，实现了重庆大米首次出口。

（5）**仓储流通一体化**。农产品仓储、流通体系日渐完善。已建成10万吨国家粮食储备库、3300平方米梁平电商物流共同配送分拨中心、农村电商公共服务中心、亿联天华互联网孵化基地。

（6）**营销品牌化**。建立起有机水稻生产基地1000余亩，绿色优质水稻生产基地 25 万亩，创建无公害农产品 208 个、绿色农产品 31 个、有机农产品 5 个、重庆名牌农产品 9 个。"高梁山""冷沙""蟠龙"等高端大米产品已打入北上广深等全国一线城市，并出口非洲。2018 年，首届"三峡杯"重庆十大好吃大米评选活动中，"高梁山有机米""冷沙米""蟠龙大米"获得了第一、第三、第五名的佳绩。

（7）农文旅融合化。建成万石耕春、百里竹海、双桂田园、滑石古寨等休闲农业景点，举办了以晒秋为主题的中国农民丰收节，承接了"2018第九届环中国国际公路自行车比赛山水田园·美丽梁平"等旅游节庆活动，同时开展了农民歌会、草把龙等非遗展演及田园丰收集市、"金秋田园·大地颂歌"摄影展等活动，唱响梁平稻田丰收主旋律。2018 年，产业园休闲农业与乡村旅游接待游客 200 万人次，旅游综合收入 4 亿元。

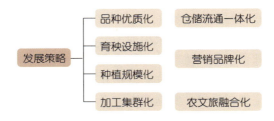

重庆市首届中国农民丰收节主会场

3. 主要做法

（1）狠抓主导产业，建设粮油产业兴旺引领区。推进粮油产业供给侧结构性改革，建设优质高效示范基地。围绕做优做强梁平水稻主导产业，加强与技术合作单位的科研合作，大力推进全区粮油品质改良，主要粮食作物实现新一轮品种更新换代。推广适应市场需求、稳产性好、适应性强的优质抗病良种。实施高标准农田建设，推广秸秆还田技术，畜禽粪便沼肥化利用，发展冬闲田绿肥，推广果园绿肥，推广配方肥、增施有机肥，提升耕地质量。结合梁平区乡村振兴战略行动计划的实施，大力推进面向"三农"需求的网状基础设施建设，坚持统筹规划、城乡一体、抓住薄弱、重点突破，加快推动乡村交通、水利、信息、能源等基础设施提档升级，构建城乡互联互通、安全高效的基础设施网络体系。研究制定梁平优质水稻标准生产体系，包括梁平优质有机水稻种植规程、梁平优质水稻分级标准等。在 ISO 9000 质量管理体系、HACCP 食品安全管理体系等质量管理体系的框架下，推动梁平优质水稻加工标准体系建设。以水稻种植基地为重点，全面实施"一推三改"综合技术，水稻全程机械化技术和化肥农药"双减"行动，实施测土配方施肥、秸秆还田、紫云英绿肥还田、有机肥替代，以减少化肥施用量；实施病虫害专业化机防或无人机飞防和生物农药绿色防控，以减少化学农药使用量，做到"全环节"绿色高质高效技术集成。

（2）强化要素集聚，建设现代技术装备集成区。持续推进粮油产业全程机械化，提高种植、加工等环节机械化水平，提升农机社会化服务能力。深入推进"互联网＋农业"，扩大农业物联网示范应用，推进梁平粮油全产业链大数据建设。以龙头企业为载体，开展与中国农业科学院水稻研究所、重庆市农业科学院、西南大学等科研院所的合作；建立重庆市农业科学院梁平分院、西南大学水稻油菜科研教学基地、西南大学专家科研工作站、粮油协同创新中心，作为园区的农业科技支撑。围绕品种选育、病虫害防治、产品加工、自动机械等关键环节进行研发，不断增强科技实力。构建集产、学、研、加、销于一体的农业科技集成服务体系，畅通农业科技成果转化通道。重点开展关键技术攻关和适用技术集成与推广应用，引导扶持农业产业化龙头企业加强农业科技研发、物联网、"互联网＋"、大数据的创新应用，加大对新型农业经营主体和农民的培训力度，大力推广先进实用、节本增效技术和农业标准化生产技术。创新"EPC＋招商引资＋运营"农业投融资模式，积极推出项目贷、一二三产业融合贷款等金融产品，推动建立产业投资基金，扩大融资规模。出台专门的人才培养与高端人才引进政策，吸引和留住先进农业科技人才，强化科技支撑内源动力。继续实施"人才兴粮工程",激发人才创新创造活力。加强粮食职业技能培训,举办职业技能竞赛活动,培育"粮工巧匠",提升粮食行业职工的技能水平。

(3) 延伸产业链条,建设一二三产业融合发展区。以绿色产品、绿色工厂、绿色园区为重点,建立绿色粮油产业供应链,从节能减排行动中寻找新的经济增长点。积极发展优质高档米、专用米、发芽糙米、改性糙米、留胚米、免淘米、营养强化米及各类米制主食品等,鼓励生产和消费免抛光大米。加强产业园优质粮食收储、检验分级、运输通道、物流配送、信息等基础设施建设,支持企业建立"产、购、储、加、销"等环节的全程现代物流体系和营销网络,延长产业链条,增强企业的盈利能力。创新现代营销模式。推进实施"互联网+粮食"行动,发展"网上粮店",推广"网订店取""网订店送"等零售新业态、新模式,促进线上线下融合发展。建立"梁平大米"微信公众号,将其建成集品牌推广、供求信息发布、行情资讯、培训课件点播、病虫害监控与预警等功能于一体的粮油公共信息服务平台。成立梁平水稻产业全程社会化服务公司,为新型经营主体和农民提供投入品供应、病虫害防治、标准化生产管理技术指导、远程专家咨询服务、加工处理、保护价收购、农业保险、投融资等服务。围绕产业园水稻油菜主导产业,通过挖掘园区内产业价值、休闲价值、文化价值,实现产业链、供应链、价值链重构和演化升级。按照差异化发展理念,拓展粮油加工产业功能。支持加工企业挖掘传统食品文化内涵,充分发挥"老字号"品牌效应,构建产业园"示范镇+示范园区+示范村(点)"三级休闲农业和乡村旅游示范体系,带动全区休闲农业和乡村旅游健康发展。重点建设农耕文化体验园、数谷农场创意农业体验园、"万石耕春"农业观光园和彩稻空间观光园。

(4) 引导规模经营,建设创业创新孵化区。推动产业园农村土地承包经营权流转,使水稻和油菜产业逐步向规模化、智能化、集约化、标准化的现代农业方向发展。在用地规模经营方面,建立农村土地流转中心,遵循依法、自愿、有偿的原则,探索土地流转新机制,创新土地流转流程,在坚持稳定和健全农村土地承包经营制度的前提下,积极稳妥地推动土地流转,以龙头企业带动引导新型经营主体发展产业适度规模经营。培育多元化农业经营主体,加强协同合作,组建大型企业集团、农业产业化联合体、农民合作社联合社等,促进新型农业经营主体向规范化、企业化、集群化发展。采用"龙头企业+合作社+基地+农户""龙头企业+自建基地+农户""龙头企业+家庭农场+农户""龙头企业+科研院所+基地+农户""合作社+基地+农户"等多种适度规模经营模式,结合园区主导产业和不同的经营主体，推行"小单元、大集群"经营方式，探索不同区域、不同产业、不同品种适度规模经营标准。引导专业大户、家庭农场、农村经纪人、返乡农民工等创业主体向企业化方向发展。引导农村微型企业集聚发展，建设一批小企业创业基地、微型企业孵化园、微型企业特色村、创业孵化基地、科技孵化器等载体，鼓励大中型企业带动产业链上的小微企业抱团发展。

（5）**注重质量安全，建设高质量发展示范区。**按照"质量兴农、绿色兴农"的重大部署，采用种养结合循环生态农业发展模式，加快推进梁平优质粮油有机和绿色食品基地认证，促进梁平优质粮油品质全面提升，推动产业园农业由稳产增产导向转向提质提效导向。实施园区农产品品牌战略，提升"梁平大米"现有品牌知名度，推进"梁平大米"区域公用品牌建设。积极推行农产品质量安全追溯管理，制定和完善农产品质量安全追溯管理制度，建立健全产地环境管理、生产过程管控、产品准入准出等制度。按照"源头无隐患、投入无违禁、管理无盲区、出口无障碍"的目标要求，规范产业园生产、加工和流通秩序，加强生产投入品的监管，保证投入品质量安全；完善产业园内农产品质量安全检验设施；在生产基地设立疫情监测点，加强产地环境和疫情数据的收集，在批发市场设立疫情检疫检查点；强化农产品质量安全监管机构建设，强化机构专业人员配备，提高监管服务人员的整体素质。

三、利益联结机制

1. **股份合作利益联结机制** 积极推进农村产权制度改革，构建由相关利益群体参与的股份合作机制，采取宽定成员、简设股权、因化股份等形式，推动农村资产股份化、土地股权化、资源变股权、资金变股金、农民变股东。结成联股、联利的共同体，让农民分享产业增值收益，实现产业增效与农民增收的"双赢"。

2. **订单农业利益共享机制** 支持引导入园企业、合作社与农民订立具有法律效力的统购统销订单合同，由龙头企业、合作社为农户提供种苗、农资等生产资料和生产技术服务；农户按照龙头企业、合作社的标准进行生产，保证农产品质量达标。农产品收获时，由龙头企业、合作社收

股份合作社股权证发放暨第一次分红大会

购农产品。在市场价低于保护价时，以保护价进行收购；市场价高于保护价时，以市场价收购。降低农户前期生产投入，解决销售难题，保证预期收益。

3. 小农户就业创业引导与服务机制　一是小农户就业引导机制。鼓励企业积极聘用流转土地农民在产业园内从事生产劳动，成为产业工人，赚取相应的劳动报酬，从而获得比较稳定的收入。二是小农户创业引导机制。鼓励外出农民工、高校毕业生、退役军人、城市各类人才返乡下乡及创新创业，通过搭建创新创业服务平台、创设粮油产业创业引导基金等方式，加强对返乡人员创新创业工作的组织引导，解决创业用地、金融信贷等难题，为农民就近转移就业开辟新渠道。三是小农户专业技能培训服务机制。创设"政府＋运管方＋企业"的"三位一体"服务体系，并通过制度保障其效能的发挥。"三位一体"服务体系致力于"农民技能定向培训"和"创业精准指导"两个方面：通过政府投入、运管组织、企业主导的"农民技能定向培训"，保障农民具备进入园内企业工作的技能；"创业精准指导"作为企业帮助个体经营农户的主要方式，在政府通过运管主体适度投入和支持下开展，使"个体农户分享以品牌为纽带的全产业链收益"的带动模式得以持续可行。

4. 风险保障机制　一是市场价格风险保障机制。探索多途径、多形式的农业产业化发展的风险保障机制，提高双方抵御风险的能力，增强契约稳定性。二是创新农业保险体系，建立农业保险防灾减灾体系。按照扩面、增品、提标的要求，完善农业保险政策。三是农业信贷担保费率补助和以奖代补机制。产业园建立农业信贷担保费率补助和以奖代补机制，担保金额稳定在 1.5 亿元以上。制定担保机构业务考核的具体办法，加快做大担保规模。

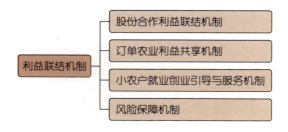

四、主要成效

2018 年，产业园总产值 33 亿元，水稻种植面积 29.04 万亩、产量 15.43 万吨、产值 3.8 亿元；油菜种植面积 5.5 万亩、产量 0.7 万吨、产值 0.43 亿元；加工大米 27.6 万吨、产值 10.6 亿元；菜籽年加工 1 万吨、产值 1.3 亿元。围绕主导产业开展的休闲旅游接待游客 200 万人次，旅游综合收入 4 亿元。产业园主导产业综合总产值 20.13 亿元，占产业园总产值的 61%。向社会供应商品粮 11.3 万吨。产业园农村常住居民人均可支配收入持续稳定增长，2018 年达到 19 777 元，高于全区平均水平（14 983 元）32%。

通过土地流转，给园区农民带来 500～800 元/亩土地租金收入。通过土地流转而衍生出的农业企业和合作社的规模化生产经营活动需要雇用大量的劳动力，流转出土地的农民可就近就业，增加工资性收入。通过举办旅游节庆、非遗演出、摄影展等文旅节庆活动，有效带动当地农产品、文化旅游产品销售，同时增加了餐饮住宿收入。通过以土地等生产要素入股、财政投资股权化等"三变"改革，采用"保底＋分红"模式，使农民分享集体经济组织红利、分享企业红利、分享财政资金股权红利。2017—2018 年共投入资金 6 400 余万元，开展农业项目财政补助资金股权化改革试点，财政补助资金 50% 由村级集体经济组织与流转土地农户持股，年底企业最低按持股额的 5% 进行收益分红。

五、启示

1. 市场主导，政策引导　充分发挥市场在资源配置中的决定性作用，突出企业主体地位，更好发挥政府在政策引导、宏观调控、公共服务等方面的作用，营造公平竞争的市场环境。统筹兼顾，强化政府规划引领、机制创新、政策支持和配套服务，充分发挥市场主体在产业发展、投资建设、产品营销等方面的主导作用，形成多种有效建设模式。

2. **以农为本，协调推进**　统筹粮油流通与种植、数量与质量的关系，拓展产业链，大力发展粮油初加工、精深加工和副产物综合利用，提高加工转化率和附加值。提升价值链，挖掘农业观光、乡村旅游等多种功能，推进一二三产业融合发展，坚决防止产业园非农异化。

3. **多方参与，农民受益**　倡导开门办园，城乡统筹一体发展，发挥农业产业化龙头企业带动作用，注重吸引多元主体、全社会力量参与产业园建设。坚持为农、惠农，带动农民发展生产和就业增收，健全完善利益联结机制，让农民分享产业园发展成果。

4. **科技创新，绿色发展**　积极推进产学研合作，发挥科研院校智力资源的重要作用，加强粮油全产业链环节核心技术的研发创新；改变传统制种生产方式，推广有机肥替代化肥技术、绿色防控技术及全程机械化制种技术，优化产地环境，从源头上确保优质绿色种子供给。构建绿水、低碳、循环发展长效机制，率先实现"一控两减三基本"，推动粮油加工业建立循环经济产业体系。

重庆江津：国家现代农业产业园

导语："小小花椒树，致富大产业"。重庆市江津区作为全国著名的花椒之乡，依托"江津花椒"品牌优势，将几江、龙华、慈云、李市、白沙、永兴6个镇（街道）共27个村（居）规划为国家现代农业产业园，以花椒产业为主导，以建设规模化种植基地为基础，依托农业产业化龙头企业带动，建基地、强加工、重融合，将区域内人才、资金、信息、装备等现代生产要素高度集聚，推进全产业链发展，创新农民利益联结机制，实现产业融合、园村一体发展，集中打造乡村产业振兴样板区和引领区，为农业农村现代化和乡村全面振兴提供有力支撑。产业园示范引领和辐射带动能力明显增强，带动全区种植53万亩，22万户62万农民从事花椒产业，椒农人均增收5 000多元。江津花椒深加工项目先后两次被科技部列入"863"计划。园内农村居民人均可支配收入达到24 336元，较全区平均水平高33.36%。

一、主体简介

产业园位于江津腹心地带，毗邻江津城区，紧靠长江黄金水道，地处重庆二环与三环之间，距重庆主城仅40分钟车程，离江北国际机场、保税港区和物流中心1小时车程，到江津城区15分钟。产业园涵盖龙华镇、慈云镇等6个镇（街道）27个村（居），面积296.71平方千米。产业园按照"一中心、一线、五基地、多要素"的空间布局，统筹科研、生产、加工、物流、示范、服务、文旅等功能，形成"核心驱动、轴线联动、基地带动、要素流动"的发展格局。产业园内有各类经营主体455家，吸引参与主导产业生产经营企业52家，其中国家级龙头企业1家、市级龙头企业9家、区级龙头企业42家；从事主导产业生产经营合作社96家、家庭农场113家，农户参加农民专业合作社比重达60%。花椒种植基地达到19.50万亩，年鲜花椒产量10.13万吨。先后开发了保鲜花椒、鲜花椒油、花椒籽油、花椒精油四大系列20多个新品种，花椒年加工量近8.43万吨，加工转化率83.26%，花椒产业总产值49.82亿元。江津花椒获"农产品地理标志"和"地理标志证明商标"，"一种花椒矮化丰产方法"获国家知识产权局发明专利，"九叶表花椒产业化开发关键技术研发应用"

获重庆市人民政府科学技术奖。凭借"江津花椒"产业优势，江津区先后获评为全国农村一二三产业融合发展先导区、中国特色农产品优势区，成为唯——个以花椒为特色产业的农产品优势区。

二、主要模式

1. 模式概括　按照"公司＋基地＋农民合作社＋农户＋科研机构＋加工＋市场"的发展模式，聚集花椒产业科技、人才、资金，大力开展基地建设、科技研发、创业创新、市场服务，促进农民增产增收，促进农业农村高质量发展。

发展模式

公司 ＋ 基地 ＋ 农民合作社 ＋ 农户 ＋ 科研机构 ＋ 加工 ＋ 市场

2. 发展策略　一是坚持规划建园。在规模化发展标准化基地的同时，按照"一中心、一线、五基地、多要素"的空间布局，高标准高起点建设产业园。二是坚持融合强园。依托花椒主导产业，加快一二三产业相互渗透、交叉重组、融合发展，不断延伸产业链、提升价值链、打造供应链，提升质量效益和竞争力。三是坚持绿色兴园。把绿色发展理念贯穿于产业园建设全过程，全面推行绿色生产生活方式，增加绿色优质产品供给，建设天蓝地净水绿的美丽园区。四是坚持创新活园。推进政策创新管理创新、科技创新、产品创新，强化"产、学、研、协"走市场化发展路子，创新联农带农利益联结机制，激发产业园发展建设活力。

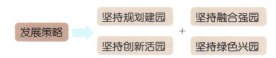

发展策略 ➡ 坚持规划建园　坚持融合强园 ＋ 坚持创新活园　坚持绿色兴园

3. 主要做法

（1）培育品种，建设基地。一是试验示范选育品种。产业园通过重庆骄王农业开发有限公司建设全国最大的花椒基因库 2 个、品比园 1 个、500 亩母本园 1 个、示范园 6 个（共 2 000 亩），开展花椒品种选育和高产栽培技术的试验示范，成功选育了九叶青这一适合江津生长的品种。二是开发绿色花椒标准化生产技术。经过一系列的试验、示范，结合生产调查，对比分析，产业园已形成了一套较为可行的绿色花椒标准化生产技术。该技术以花椒短尖矮化修枝整形、生物病虫防治和花椒测土配方施肥为核心，即根据地形、土质、密度等情况修剪合理的树体形态；根据病虫发生发展规律采用相应的防治措施，施用生物农药和矿物源农药将其危害控制在最低限度，严格限制化学、农药的施用，杜绝施用毒性大、残留期长的化学农药；根据花椒生长发育不同时期对养分的需求做到合理施肥，确保生长正常，稳产高产。该技术能有效地提高产量和品质，单产增加30%左右，并能确保花椒品质符合国家 AA 级绿色食品卫生标准。三是推进绿色花椒生产基地建设。采用绿色花椒标准化生产技术，初步建成绿色花椒基地 5 万亩，获得了很好的效果。例如，慈云镇刁家社区宇隆花椒示范片，椒苗移栽后 1 年，每株即可试挂果 5 斤，3 年平均亩产鲜椒达 617千克；4～8 年丰产期亩产最高可达 1 400 千克，按 9 元/千克计算，每亩纯利万元左右。在发展新基地同时，积极探索对老基地的花椒通过嫁接、整形修剪、重剪等方法，使其更新复壮，提高产量。2018 年，产业园花椒种植基地达到 19.50 万亩，占产业园农用地面积的 62%；年鲜花椒产量 10.13 万吨，花椒产业总产值 49.82 亿元，占产业园总产值的77.09%；农业部产业化办公室在发给"首届中国花椒产业发展高峰论坛"组委会的贺信中，称赞江津花椒"规模之大、带动农民之多、综合效益之好、产业链之长，居全国首位"。

(2) 培育业主，实施花椒产业化经营。产业园牢固树立扶持龙头企业就是扶持农业产业的思想，在规划、用地、融资、服务、保护等方面创造良好的环境，吸引各类新型经营主体参与花椒开发；支持业主以承包、租赁、入股等形式从农民手中流转土地集中建立花椒基地，实行规模化集约经营。目前，产业园拥有国家级农业产业化龙头企业 1 家，市级龙头企业8 家，区级龙头企业 22 家，花椒农民专业合作社 42 个，家庭农场 51 个，产业园种植面积 20 亩以上的大户有 120 多家。产业园拥有花椒规模化加工企业 36 家，先后开发了保鲜花椒、鲜花椒油、花椒籽油、花椒精油四大系列 20 多个新品种，大大拓宽了消费领域，带动了二三产业的发展。由龙头企业牵头，花椒种植大户参与，实行"公司＋基地＋农民合作社＋农户"的运作模式，优化了科技、市场、企业、农民等方面的资源组合，使花椒产业从第一产业延伸到二三产业，全方位地提高了产业的经济效益，提高了花椒产业的抗风险能力。

(3) 培育龙头企业，深度开发花椒产品。依托重庆骄王农业开发有限公司、重庆凯扬农业开发有限公司，产业园进行了花椒产品的研发。2002年 10 月，骄王花椒深加工项目被科技部列入"863"计划，公司已获得包括超临界二氧化碳法提取花椒精生产工艺、微囊花椒粉生产工艺、α-亚麻酸粉生产工艺、鲜青花椒油产品生产工艺等在内的 6 项国家专利。凯扬农业开发有限公司现已建成现代化园林式花椒品比园、精深加工厂，与西南大学食品科学学院合作成立了凯扬农业科技研究院，建有保鲜花椒、鲜花椒油、微囊花椒粉、花椒籽油、鲜花椒调味液、花椒精等 8 条生产线，研发高级食用调味品、功能性保健食品、日用化工和生物医药的香精香料及添加剂等花椒系列产品四大系列 20 多个品种，年生产能力 13 400 吨，生产各种花椒产品 4 000 吨。保鲜花椒、微囊花椒粉、花椒籽油和花椒精通过科技成果鉴定，填补了国内同类产品空白，并被评为"重庆市重点新产品""重庆市高新技术产品"。保鲜花椒、干花椒、微囊花椒粉、花椒精已通过国家绿色食品认证。

（4）培育品牌，开拓国内国际市场。产业园积极依托全区农产品"1＋8＋N"（"一江津彩"区域公共品牌、8 类富硒产品品牌、N 个自有品牌）区域公用品牌建设体系，加快花椒品牌认证工作，全面提升江津花椒产业的知名度和美誉度。全区拥有花椒相关的区域公用品牌 1 个、重庆名牌农产品 5 个、绿色食品 6 个、认证富硒农产品 3 个。2004 年，江津被命名为"中国花椒之乡"；2008 年，江津花椒获批"农产品地理标志"；2011 年，江津花椒获批"地理标志证明商标"；2016 年，选育的早熟九叶青花椒新品种获重庆市林业局林木良种认定；2017 年、2018 年江津花椒产品分别荣获第十五届、十六届中国国际农产品交易会金奖。2018 年，凭借"江津花椒"产业优势先后被评为全国农村一二三产业融合发展先导区、中国特色农产品优势区，成为唯一一个以花椒为特色产业的农产品优势区。同时，花椒系列产品还获得了"中国绿色食品博览会金奖""中国川菜调味品十大知名品牌""中国川菜调味品金奖""中国国际农产品畅销产品""中国西部农产品交易会最受消费者喜爱新产品""重庆市消费者最喜爱产品"等。"骄王"牌商标获"重庆市著名商标"称号。举办了花椒艺术节、花椒贸洽会、花椒产业发展研讨会、江津花椒品牌推介会、花椒产业发展高峰论坛。为扩大江津花椒的影响力，组织龙头企业积极参加国际、国内的大型展示展销活动，使产业园花椒产品走向国际市场，产品出口美国、日本、韩国、澳大利亚和东南亚，被海外华人誉为"上等香料""人间极品"。浙江大学中国品牌研究中心评估产业园花椒产业品牌价值达 18.2 亿元。

（5）培育发展动能，推进科技创新。近年来，产业园各经营主体先后与以中国农业大学、中国科学院地球化学研究所、重庆市农业科学院、重庆市林业科学院、西南大学、重庆日用化学工业研究所等合作，在定植、除草、施肥、用药、修剪、采收、加工等环节，逐渐形成和发展出一整套技术，并在全区推广应用。通过在种植环节推行丰产栽培新技术，提高花椒产量、提高鲜花椒产出利用率、延长花椒寿命；在采摘环节，利用带枝采收烘烤等新技术，提高花椒产品质量；在加工环节，推动振动分离技术、信息化技术、全自动生产线等现代农业产业技术，提高花椒产业自动化、智能化水平，已成功研发出高级食用调味品、功能性保健食品、日用化工和生物医药的香精香料及添加剂等花椒系列产品。

（6）培育绿色理念，推进高质量发展。产业园牢固树立"绿水青山就是金山银山"理念，认真做好"构筑绿色屏障""发展绿色产业""建设绿色家园"3篇大文章，筑牢长江上游生态屏障，建设山清水秀美丽江津。一是推进种养循环。根据产业基地承载能力控制养殖规模，大力推行"畜禽-沼-椒（果）"、椒下养殖等循环种养模式，增加产业园内土地的综合利用率。分片规划了浩丰畜禽养殖、江小白肉牛养殖、泰乐利肉牛养殖、畅驰生猪养殖等。培育在花椒林下养殖"花椒鸡"的种养模式，花椒林下的杂草、蚜虫、花椒凤蝶和花椒籽等为鸡提供了营养价值丰富的饲料，鸡的排泄物为花椒树提供上好的有机肥；既节约了种养成本，同时还改善了农业生态环境，形成了资源利用的良性循环。二是推进立体种植。椒下套种能从空间层次上提高对土地的利用率，增加产出。产业园结合全区花椒优势产业，在全区范围内大力推广"椒-菜""椒-菌""椒-药（材）"等立体复合种植模式，目前种植基地超过1万多亩。产业园初步实现绿色循环与"零排放"现代循环农业，成功打造优质绿色的农产品和林田一体的生态环境。三是推广花椒副产物资源化利用。结合花椒带枝烘烤工艺，探索花椒枝杆热解生产活性炭，实现农业废弃物综合利用。加强对花椒籽药用及抑菌作用研究，将花椒籽作为食用菌培育基质、有机肥及椒目利用，提高花椒籽的资源利用率。四是大力发展畜禽粪污资源化利用。在实现农业企业畜禽粪污资源化利用的同时，结合农村改厨、改厕、改圈和庭院美化、绿化、净化等人居环境改造措施，将人、畜、禽排泄物入池发酵，沼液、沼渣用作基地肥料，实现"产气、积肥"同步、"种植、养殖"并举、"经

主要做法

培育品种，建设基地

培育业主，实施花椒产业化经营

培育龙头企业，深度开发花椒产品

培育品牌，开拓国内国际市场

培育发展动能，推进科技创新

培育绿色理念，推进高质量发展

济、生态"双赢，畜禽粪便（或秸秆）综合处理率已达到 81.6%。五是严控药肥施用量。按照化肥"精、调、改、替"、农药"控、替、精、统"的技术路径，推广测土配方施肥、秸秆还田、增施有机肥等技术，推进专业化统防统治，抓好绿色防控技术推广。全面推广益螨治害螨、黄板诱蚜、诱粉虱、太阳能杀虫灯等绿色防控技术。保证一般农药使用安全间隔期，坚决杜绝使用高毒高残留农药。

三、利益联结机制

产业园积极探索创新农民持续增收新机制、新途径，着力构建紧密利益联结共享机制，已形成以下 3 种机制：

1. **小农户土地入股分红模式**　在完成农村承包地确权登记颁证的基础上，鼓励小农户以土地承包经营权作价入股企业、农民专业合作社，探索建立企业、农民专业合作社与小农户的紧密利益联结机制。在引导农民以土地经营权入股的同时，还可吸纳部分农民就地就近就业。

2. **产业收益分成模式**　龙头企业从土地股份合作社或农民手中流转土地，统一土地整治、种苗定植后，再按面积和耕作半径适度划分成单元格，交由农民专业合作社、家庭农场或小农户生产管理。龙头企业统一技术指导、统一农资供应、统一产品回收、统一品牌打造、统一市场销售，按收益比例提成，承担市场风险。农户固定得到生产管理工资和收益提成。

3. **农业产业化联合体模式**　江津区花椒产业化联合体是重庆市首个农业产业化联合体，坚持市场主导、农民自愿、民主合作、兴农富农的原则，以重庆凯扬农业公司等牵头龙头企业为发起人及核心，下联若干个农民专业合作社及家庭农场，发挥各类经营主体的独特优势，有效配置各类资源要素，采取"农业企业＋合作社＋家庭农场"的运行模式，建立组织联盟，形成利益共同体。龙头企业承担种苗农资供应、统一制定生产规划和生产标准、农产品加工营销、品牌建设等任务，农民专业合作社收购农产品，家庭农场按要求进行标准化生产。

四、主要成效

1. **经济效益显著**　2018 年，花椒产业总产值 43.59 亿元，占产业园总产值 64.62 亿的 67.5%，主导作用明显。带动江津花椒产业发展，种植面积 52 万亩，面积、产量和产值均居全国首位。

2. **社会效益明显**　2018 年，产业园吸纳本地人口就业 1 000 余人，累计解决农村劳动力就近务工 5.4 万余人，直接带动周边农民 2 万余人增收致富。2018 年，产业园农民年人均可支配收入为 2.43 万元，高于全区平均水平 33.36%，带动农民增收效果明显。通过产业带动，实现产业园内全部脱贫，对口支援了 5 个贫困村。通过农业技术输出，辐射带动了云、贵、川、桂以及鄂西、湘西等地区产业发展，实现近百万农民群众脱贫致富。

3. 生态效益良好 产业园通过实施良种、良法、良肥配套技术，基本建立起"资源-产品-利用-生产"的循环机制，实施了多项绿色生产技术，发展了多种种养循环模式。通过养殖业与花椒、柑橘产业配套发展，经过"畜（禽）-沼-果（椒）"循环，减少化肥施用。产业园新增植被面积 0.5 万亩，森林覆盖率提高了 5%。截至 2018 年，产业园畜禽废弃物综合利用率达到 81.6%，农业高效节水灌溉面积累计达到 5 万亩，化肥、农药施用量实现负增长、利用率达到 38%，农作物病虫害专业化统防统治覆盖率达到 40%。

五、启示

1. 产业园建设要牵住产业振兴这个牛鼻子 产业振兴是乡村振兴的关键，产业园建设要把标准化基地建设、精深加工、市场服务、科技创新、质量监管、公共服务作为重点，促进花椒产业提质增效、增产增收。

2. 产业园建设要把科技创新作为第一生产力 产业园应依托科研院校、科研平台和"双创"载体，培育一批技术水平高、成长潜力大的农业高新技术企业，形成带动性强、特色鲜明的农业高新技术企业集群。围绕产业园绿色花椒主导产业，突出"高""新"特征，强化高新技术在农业中的应用，使产业链向中高端延伸，促进产业园实现标准化生产、区域化布局、品牌化经营和高值化发展。

3. 产业园建设要注重一二三产业深度融合 绿色花椒作为产业园主导产业，产量较大、产值较高。产业园应借助江津花椒品牌优势，加大农产品加工、仓储物流、营销体系建设，建立具有金融支撑功能的现代花椒交易市场，推进富硒农业与休闲旅游、健康养老等产业深度融合，建设"产加销、研学旅"全产业链，打造三生同步、三产融合、三位一体的邻郊休闲富硒康养生态园。

4. 产业园建设离不开农业龙头企业 "火车跑得快，全靠车头带"。江津花椒产业主体多，涉及 61 万椒农 22 万农户，产业园选择了国家级农业产业化龙头企业——重庆凯扬农业开发有限公司、市级农业产业化龙头企业重庆骄王农业开发有限公司等企业作为"火车头"。这些企业具有生产、加工、科研、销售等平台优势，建设规模为重庆同类企业之最。产业园将积极扶持这些农业产业化龙头企业，使其能在种苗生产、标准化种植、精深加工等重点环节起示范带动作用，全面推进江津花椒的转型升级。

5. **产业园建设需要注重小农户与现代农业的有机衔接**　建设产业化联合体是实现小农户与现代农业有机衔接不错的选择。联合体可以优先聘用转出土地的农民就业，吸收外出务工农户土地入股，提供技能培训、外派服务和社会保障等，从而建立长期稳定的增产增收机制；通过利益联结机制，将小农户联合起来，抱团发展，联合发展，实现小农户与现代农业的有机衔接。

重庆潼南：国家现代农业产业园

导语： 潼南区位于重庆市西北部，地处成渝经济区中心地带、成渝城市群核心板块，是重庆向西开放的重要通道，是成渝重要交通枢纽。潼南区围绕"科学发展、富民兴潼"总任务，始终把"三农"工作作为重中之重，大力发展现代农业，多举措促进农民增收，农业农村发展取得巨大成就，已建成优质粮油、蔬菜、柠檬、生猪、特色经果、生态渔业、中药材"七大"现代农业产业体系。潼南区地处北纬30度，年均气温17.9℃，具有偏酸性的土壤和便利的灌溉条件，是世界三大顶级柠檬产地之一，连续两年成功举办潼南国际柠檬节，创立并发布中国首个"柠檬指数"。潼南柠檬已纳入生态原产地保护，获得地理标志认证，已形成种植规模化、加工集群化、科技集成化、营销品牌化的全产业链发展格局。潼南区具有优越的自然地理及生态环境条件，具备悠久的柠檬种植历史和丰富的种植经验，柠檬产业发展水平区域领先，绿色发展成效突出。潼南区以创建国家现代农业产业园为契机，立足当地资源禀赋，加快推进柠檬产业发展，加快农业转型升级，优化园区产业结构，围绕"大产业、大加工、大科技"，形成以柠檬为主导产业的"全链条、全循环、高质量、高效益"的产业化集群发展新格局，着力一二三产业融合推动，力创现代农业发展样板，促进全区乡村产业振兴。

一、主体简介

潼南国家现代农业产业园于2017年9月获批创建。产业园涉及小渡镇、塘坝镇、太安镇、柏梓镇、崇龛镇、双江镇6个镇111个行政村（社区），面积480平方千米。产业园围绕柠檬"大产业、大加工、大科技"的创建思路，形成以柠檬为主导产业的"全链条、全循环、高质量、高效益"的产业化集群发展新格局，着力一二三产业融合推动，坚持开门办园、"有边界，无围墙"，以"两基地、三中心、四体系、大集群"为重点（两基地：柠檬标准化基地、智慧柠檬示范基地；三中心：柠檬脱毒种苗繁育中心、柠檬工程技术中心、柠檬交易中心；四体系：标准化生产体系、冷链物流体系、品牌营销体系、科技支撑体系；大集群：柠檬加工集群），扎实推进产业园建设。2018年，产业园柠檬种植面积达到20.2万亩，加工物料 20 万吨。园区已形成种植规模化、加工集群化、科技集成化、营销品牌化的柠檬全产业链发展格局，带动全区柠檬种植 32 万亩，为全区农业农村经济持续健康发展注入新动能、新活力，为全国现代农业发展提供示范。到 2025 年，全区柠檬种植基地面积将达到 50 万亩，年产量达到 100 万吨；培植亿元级加工企业 5 家，建成全国柠檬工程技术中心、全国最大的柠檬物流中心、国家柠檬重要出口基地，年总产值达到 100 亿元以上，将进一步促进全区乡村产业振兴。

二、主要模式

1. 模式概括　产业园采用"大产业、大加工、大科技"、"全链条、全循环、高质量、高效益"产业化集群发展、一二三产业融合三大模式。

2. 发展策略　立足当地资源禀赋，加快推进柠檬产业发展，加快农业转型升级，优化园区产业结构，围绕"大产业、大加工、大科技"，形成以柠檬为主导产业的"全链条、全循环、高质量、高效益"的产业化集群发展新格局，实现农业产业链、价值链、企业链和空间链协同发展。完善"园区＋龙头企业（科研团队）＋合作社＋基地＋农户"的融合模式，推进柠檬产业做大做强、做精做优，推进农业内部融合和拓展农业多功能，打造"柠檬全产业链＋技术集成"创新发展模式。着力一二三产业融合推动，力创现代农业发展样板，助推产业振兴。

3. 主要做法

（1）做优一产。以提升品种、品质、品牌为路径，强化生产全过程管理。制定《潼南区柠檬标准园种植及管理技术规程》，按技术规程新建柠檬基地和提档升级老基地。全面提升基地建设标准化水平，建成一批规模集约水平高、辐射带动力强、农业多功能融合的现代柠檬产业化示范基地。建成柠檬脱毒种苗繁育中心，为种植基地提供优良脱毒种苗，从源头保证产业安全。截至 2018 年，园内新建标准化柠檬基地 5.2 万亩、提档升级老基地 8 万亩，柠檬标准化种植面积达到 20.2 万亩，建成柠檬标准园 102 个。园区禁止使用高毒、高残留农药，实施绿色防控、统防统治社会化服务，推广生物有机肥和"猪-沼-果"等生态循环农业模式。全面开展农业投入品废弃物回收，制订《柠檬质量安全实施方案》，建设可追溯平台，构建农产品质量安全三级监管体系，园内农产品抽检合格率达到100%。出台农产品"三品一标"申报认证支持政策，园内绿色、有机、地标农产品认证比例达到 90%，较创建前增长 46.5%。

（2）**标准化种植**。一是园地选择。按照技术规程，柠檬园地选择土壤微酸性或中性的沙壤土，质地良好，疏松肥沃，有机质含量 1.0% 以上，土层厚在 80 厘米以上，地下水位在 1 米以下，生态环境良好，远离工矿区和公路、铁路干线，避开污染源，园址及周边无柑橘检疫性有害生物。园地坡度在 20° 以下。水源、交通条件好，现有或规划新建的农村通车道路能到果园。二是整地改土。依据土壤质地和地形地势不同而采用不同的整（改）土方式，以增加有效活土层体积，满足柠檬根系生长发育对水、肥、气、热的要求，为优质丰产创造良好的基础条件。改土同时回填秸秆、绿肥、厩肥、杂草、谷壳、沼肥、饼肥等有机物，禁止使用生活垃圾、污泥和含有害物质的工业垃圾，以及成分不明确、含有安全隐患成分的肥料等。三是苗木选择。选择适应潼南生态气候条件、抗病抗逆性强、适销对路的优良品种，同一果园要求品种一致，纯度达到 99% 以上，苗木采用品种纯正的无病毒容器苗，苗木检疫合格，无危险病虫害。四是园区基础设施达到园内水、电、路配套，做到涝能排、旱能灌。园区有完善的道路系统，设置有主干道、支道和生产作业道，主干道与当地干线公路相通，支道连接主干道通向小区，生产作业道贯穿果园。果园田间灌溉采用滴灌、固定管道浇灌、移动机组灌溉 3 种形式。排水系统主要采用明沟，结合田间道路，按就近排泄的原则布置排水沟线路。各级排水明沟原则上沿低洼积水线布设，并尽量利用天然河沟。田间排水沟、背沟等相互垂直连接。当地形坡度大时，背沟等末级沟沿地形等高线布设。园区生产用电按电力安全要求，电源到田头，设施规范，便于机械作业。配套建设生产资料库房、简易果品预存仓库等设施，在园区醒目的位置按照标准园建设要求树立标牌。五是苗木栽植。按照经审批的果园初步设计方案和图纸，使用经纬仪或水准仪，测量放线定植。为改变传统的种植模式，节约生产成本，增加果农收入，推行全程机械化深松耕，改良土壤的团泥结构，增加土壤的通气性和透气性，促进果树的生长发育，达到提高产量、增进品质的目的。柠檬种植株行距选用 3 米×5 米、2.8 米×5 米，亩栽 45～48 株。六是田间管理。每三年进行一次机械化深松熟化土壤，同时沿深松处一次性施入有机肥。行间间作白三叶、黄豆等豆科作物。施肥以有机肥为主，合理施用无机肥。

（3）绿色化发展。产业园建立绿色、低碳、循环发展长效机制，按照"减量化、资源化、再利用"的循环经济理念，大力推动农业清洁生产模式，以节肥、节药、节水、节能、增效为主要内容，实现"一控两减三基本"，发展绿色柠檬产业。一是大力开展测土配方施肥技术。开展"以奖代补、直接补贴"等方式，鼓励和推动使用配方肥、缓控释肥，实施水肥一体化，提高肥料利用率，实现化肥施用量负增长。二是实施病虫害绿色防控技术。以农业防治为基础，物理、生物防治为重点，有效控制病虫害。应用太阳能杀虫灯、黏虫色板、人工捕捉和树干涂白等生物物理防控方法，将虫害降至经济阈值以下。推广使用生物农药，推行病虫害统防统治社会化服务，优质果率提高 10％以上，亩均收入提高 15％以上。三是大力开展耕地保护与质量提升技术。实施秸秆还田、增施有机肥、绿肥压青还田等技术，有效替代部分化学肥料，减少化肥施用，提高耕地质量。四是加快推进高效节水农业建设，全面推进设施节水、农艺节水、机制节水、科技节水，推广渠道防渗、管道输水、喷灌、精量灌溉、集雨节灌和水肥一体化等先进的节水灌溉技术，提高水资源利用率和使用效益。五是大力推广"猪-沼-果""猪-肥-果""柠间菜""柠间药""柠下花卉""柠下养土鸡"等"林下立体种养"生态循环农业模式，把养殖与种植结合起来，发展生态循环农业，促进畜禽粪污综合利用，提高土地利用率和生产效率。六是开展农业投入品固体废弃物回收利用，减少白色污染，实现了田园清洁。农村废弃物资源化利用率进一步提高，垃圾收集率达到 95％以上。七是积极运用现代化服务技术与手段，提高"互联网＋"农业在农业转型升级中的重要作用，建立农业生产、产品销售等数据自动采集、统计分析、决策运用系统。以大数据支撑农业监测预警，对当前农业领域存在的气象灾害、病虫害预测与防治、农产品质量安全、产品供需平衡等情况进行预测和干预，实现决策的科学化、智能化、精准化。

4. 做强二产　以加工引领产业发展，建加工园区，集聚加工龙头，促使加工能力进一步提升，加工转化率较创建前提升 30％。与高校和科研单位深度合作，建立科研平台，深度开发精深加工产品，产品市场竞争力进一步增强，附加值提升 6～20 倍。

（1）**集群化发展精深加工**。综合运用土地、财税、金融等政策，集聚加工龙头。专门划定 2.8 平方千米建设食品加工园，统筹布局加工、物流、研发、服务等功能板块，重点实施柠檬精深加工及副产物综合利用、电子商务、冷链物流等项目，形成产业集聚效应。已入园柠檬精深加工企业有 3 家。其中，重庆汇达柠檬科技集团有限公司于 2007 年入驻加工园，注册资金 5.58 亿元，是一家集柠檬种植、研发、加工、销售于一体的集团公司。公司累计完成投资 13 亿多元，建成了柠檬种植、深加工、市场营销、科技研发全产业链。公司年精深加工能力 10 万吨，是中国柠檬产业领军品牌和中国柠檬产业领军企业。引进的柠檬精深加工企业——檬泰生物科技有限公司于 2019 年底建成投产后，柠檬精深加工能力可达 10 万吨/年。园区柠檬精深加工能力共计达到 30 万吨/年，生产与加工、产地初加工与精深加工匹配度更加合理。

（2）**提升设备工艺水平**。加工企业不断加强生产线提升改造，提升工艺水平。一是引进柠檬自动化清洗、磨油、压榨、无菌灌装机等设备，建成了年产 NFC 果汁饮料 3 000 吨的数字化车间，该生产线年产值达 9 000 万元以上。二是购置柠檬皮渣前处理设备、烘干设备、冷却设备、包装设备，建成年产果粕 2 000 吨的果胶级果粕生产线，年产值达 1 400 万元。该生产线解决了柠檬榨汁后皮渣的综合利用，果粕也可作为果胶生产的原产料，大幅度提高了柠檬的综合利用价值。三是采用制浆、煮制、烘干、包装等工艺，配备破碎机、熬煮设备、烘干设备、自动包装设备等建成年产量 1 000 吨、产值 1 000 万元以上柠檬果糕生产线。四是引进柠檬破壁粉碎机、柠檬三维混合机、粉末自动化包装机等建成破壁柠檬粉生产线，年生产量达到 1 000 吨以上。五是对原有的 PET 瓶饮料生产线进行改建，引进新型吹瓶机、灌装设备，增加易拉罐生产线，建成了多品种饮料生产线，柠檬饮料年加工量达到 1.2 万吨。

（3）**强化科技研发**。一是与中国农业科学院柑桔研究所、中国科学院重庆绿色智能研究院、重庆市农业科学院、华中农业大学、西南大学等科研机构和高校密切合作，建立了柠檬产业研究院、博士后科研工作站、重庆市高新技术创新中心。2018 年，科研经费投入 3 900 万元，比 2017 年增加 500 万元，同比增长 14.7%。利用柠檬叶、柠檬花、柠檬皮为主原料，集成天然植物萃取技术、纳米技术、分子蒸馏等先进工艺技术，研发生产了柠檬精油、柠檬面膜、柠檬护肤霜、柠檬洁面膏、柠檬香体乳、柠檬防晒霜、柠檬水凝霜、柠檬柔肤水、柠檬沐浴露、柠檬 BB 霜、柠檬 CC 霜、柠檬手工皂、柠檬洁面皂等柠檬系列日化用品。采用超低温、高真空、超滤、超临界、反渗透、离子交换、分子蒸馏、微生物发酵、酶解等高新技术综合运用，研发提取柠檬果皮、花叶、果籽中柠檬果胶、柠檬多酚、柠檬黄酮、柠檬苦素、膳食纤维素、柠檬酵素等功效营养成分，生产保健品、药品及所需的原料等。二是立足柠檬全产业链，开展柠檬优良种质资源引种选育、品种评价筛选、优质高产栽培、病虫害绿色生态防控、现代农机农艺融合新装备、精深加工技术及营销模式等领域的研究，投资 6 000 余万元建设柠檬工程技术中心，建设世界柠檬基因库，启动柠檬苦素、柠檬籽油、柠檬膳食纤维、柠檬果胶研发，建成全国知名的柠檬产业科研创新高地。

5. 做宽三产　大力发展"互联网＋"，拓展销售渠道，提升营销能力，充分开发农业生态、休闲、科普等多种功能和多重价值，促进农业与旅游深度融合，延长价值链，促进产业综合效益提升。

（1）**发展农村电商**。大力发展"互联网＋现代农业"，注重线上线下联动。一是线上搭建"中国柠檬交易网""汇达柠檬电商城"、阿里巴巴线上营销中心以及淘宝、京东等网络销售平台，新建了本地电商平台"潼汇网"，园内电商配送点达到 36 个，发展本地柠檬电商 10 家，销售渠道进一步拓宽，线上销售能力进一步提升。二是线下建成全国七大营销中心、近百家直营店。潼南柠檬出口俄罗斯、德国等 31 个国家和地区。三是打造柠檬行业国际领先的电子服务平台，投资 13 500 万元建设集电子交易、行情资讯、资源搜索、终端采购等于一体的国际柠檬交易中心，进一步提升潼南柠檬在国内、国际市场占有份额。

（2）**发展旅游观光农业**。一是农业与旅游融合。以农业为载体，以观光旅游为依托，围绕柠檬、油菜、玫瑰主题展现一系列场景和氛围，为游客提供娱乐和独特体验。自产业园创建以来，园内新建成"柏梓柠檬小镇""移动果园""蔬菜博览园"等乡村旅游基地，正在建设"枳海桑田"等休闲农业和乡村旅游基地。对"桑葚基地""油菜花""玫瑰花"景区提档升级。"重庆·潼南国际柠檬节"在距离柏梓镇柠檬种植园不远处的柠檬广场开幕，柠檬广场及紧邻的万亩柠檬基地内都设置了观光步道、观景台等，已成为外来游客和附近村民休闲玩耍的好去处。旅游与柠檬产业的融合，为柠檬产业的发展提供了新的思路。二是农事体验与旅游的结合，以农业庄园、家庭农场、农家乐为平台，为游客提供尽量多的直接参与农事的机会，从旁观到参与，让游客获得休闲的乐趣和采摘、耕种等农事体验。三是农业文化与旅游的结合，创建自然和人造相结合的旅游资源。依托本地的农业资源，通过独特的创意和规划，集种植、观赏、游乐于一体，以现代科技和文化为表现，传播现代农业信息，如潼南太安灌坝村的现代农业观光园。四是农村产品与旅游的结合。以农村"土特产"为依托，深入开发农产品，并在旅游区或周边提供集购物、餐饮、休闲娱乐等于一体的商业服务。五是农村民俗与旅游的结合。借助地域性文化与区域民俗，开展文化节、美食节等特色活动，丰富旅游内涵。例如，双江民俗文化节、太安鱼美食文化节等。

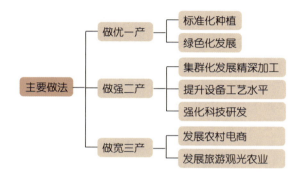

三、利益联结机制

1. 深化农村改革 园内推行土地承包经营权入股"保底＋分红"、财政资金股权化改革、农村集体产权制度改革 3 种利益联结模式，率先实施产业种植和价格收益保险，积极探索土地流转履约保证保险试点。2018年，园内土地承包经营权入股"保底＋分红"面积达到 8.38 万亩，比创建前增加 4.6 万亩；投入财政资金 1 300 万元实行股权化改革，比 2017年增加 565.5 万元，9 个村级集体组织 13 113 户农户参与分红，其中 355户贫困户分红 46.7 万元；农村集体产权制度改革涉及面积 0.7 万亩，1 389 户农户户均增收 488 元。

2. 推行合作发展 实行"公司＋专业合作社（协会）＋农户（基地）"等模式，建成专业合作社 323 个，土地适度规模经营占比达到 88％。

3. 助力脱贫攻坚 建立龙头企业与贫困户"一对一"结对帮扶机制，选派市、区两级科技特派员开展种养殖实用技术培训 1.2 万人次，增强贫困群众自我发展能力，带动脱贫 3 000 余人。

四、主要成效

1. 产业发展水平进一步提升 园内以柠檬产业为主导，已形成种植规模化、加工集群化、科技集成化、营销品牌化的柠檬全产业链发展格局。已建成 20.2 万亩集中连片的柠檬产业带，2018 年产量 24.5 万吨，加工量 20 万吨，初加工转化率达到 81％以上，比 2017 年提升 11％。农产品加工产值与农业总产值比达到 3.1：1。加入合作社联营的农户数占园内农户数的 31％，较创建前增长 15％，带动农民作用显著。全区柠檬种植面积由 2017 年的 30 万亩增长到 32 万亩。开发出绿色食品、美容产品、生物医药及保健品四大类 300 余种精深加工产品。旅游观光农业有了进一步发展，自 2018 年以来，园内举办了"国际柠檬节""油菜花节"等多个节会，共接待游客 253.5 万人次，乡村游综合收入达到 12.5 亿元。在 2018 "中国·重庆潼南国际柠檬节"上，产业园与国内外客商签订合作协议 60 项，签约总金额 86.7 亿元。农业与旅游深度融合，产业综合效益进一步提升。

2. 技术装备水平区域领先　坚持大数据智能化赋能现代农业，园区大力发展智慧农业，建成旭田植物工厂、智慧柠檬园等一批智慧农业示范基地。充分应用物联网技术，实行远程监控、在线诊断。推广农作物耕种收储全程机械化，全面使用无人机飞防作业，农业机械化水平高。建成柠檬自动分选、深加工生产线，实现柠檬鲜果快速、准确、无损智能化分选和无残留精深加工。与中国农业科学院柑桔研究所、中国科学院重庆绿色智能研究院、重庆市农业科学院、华中农业大学、西南大学等科研机构和高校密切合作，建立了柠檬产业研究院、博士后科研工作站、重庆市高新技术创新中心。自主研发柠檬精深加工技术 300 余项，拥有国家发明专利 20 余项，制定技术标准 3 项，农业科技贡献率达到 70％，较创建前增长 10.5％。

3. 绿色发展成效突出　园内禁止使用高毒、高残留农药，实施绿色防控、统防统治社会化服务，推广生物有机肥和"猪-沼-果""稻-虾(蟹)""柠下鸡"等生态循环农业模式，农药、化肥利用率分别提高了 4.5 和 3.5 个百分点，减量明显。全面开展农业投入品废弃物回收，农村废弃物、畜禽粪污综合利用率达到 81％，同比增长 2.5％；制订了《柠檬质量安全实施方案》，建立起从栽种、田间管理、农业投入品使用到采摘、运输、上市销售、购买全过程可追溯体系（平台网络），设置 20 余个监测点，构建了农产品质量安全三级监管体系，园内农产品抽检合格率达到 100％。

五、启示

1. 以加工引领产业融合发展　一个小小的柠檬，即摘即卖不过几块钱，加工成冻干片后价值却能提升 6 倍，加工成面膜、酵素等后价值能提升几十倍，一年为当地带来十亿元的产值。通过发展柠檬精深加工，柠檬从鲜食发展到饮料、酒类、果胶、面膜等，经济效益成倍增长。加工可有效缓解鲜果集中上市价格低的问题，还全部消化了残次果，提高了产品附加值，增加了收益，从而增强了农民种植柠檬的积极性，促进了一产规模化发展。一产规模化发展为休闲农业与乡村旅游发展提供了载体，促进了社会化服务等新业态形成。二产开发出更多的商品，促进了农产品电商发展，同时提供了更丰富的旅游商品，促进了乡村旅游业的发展。

2. **以科技提升产业发展水平**　农业要发展，科技须先行。长期以来，潼南柠檬产业结构有待优化，科技转化率有待提高，全产业链各环节科研发展不够均衡，高质量发展受到限制，柠檬产业急需提档升级。要依靠科技提高产品附加值，延长产业链，研发高端产品，提升收益。自创建以来，产业园围绕"大科技"，加大柠檬全产业链研发经费投入，实现新技术、新设备、新工艺、新产品的快速问世，力争实现 100％ 技术转化率。通过柠檬新技术渗透示范，按照"产业链＋技术集成"创新发展模式，形成柠檬产业"种、加、销、研、学、旅"的全链条发展。通过科技赋能，改变了潼南柠檬产业结构不丰富、科技转化率不高、农民增收不显著、高质量发展受到限制的局面；新的柠檬精深加工生产线、新的柠檬加工产品和加工产业集群逐渐成形，向深度和广度不断拓展，形成了种植规模化、加工集群化、科技集成化、营销品牌化的全产业链发展格局。实践表明，产业园发展"大科技"，通过科技赋能，创新工艺设备，将有助于进一步挖掘农副产品市场发展潜力，促进一二三产业融合发展，开辟新的经济增长点。有力的科技支撑能极大地促进产业园做大做强。

四川东坡：国家现代农业产业园

导语： 东坡区古称眉州，又称齐通，位于眉山市的中部。东坡区以"东坡泡菜"为特色产业统筹推进乡村振兴战略，围绕"建全国最优园区、产全球最好泡菜"目标，以产城融合、科技创新、绿色发展、利益联结为载体，纵深推进现代农业产业园建设，园区创建任务全面完成，成效显著。东坡区在创建国家现代农业产业园期间，把科技摆到了重中之重的位置，投入资金支持重大科技专项研发、创新服务平台建设、创新团队引进等一系列鼓励农业产业做大做强的措施，有针对性地全方位助力产业园泡菜产业发展。在科技助力下，2018年产业园年加工泡菜原料170万吨，年产值165亿元，占全国泡菜市场1/3的份额。乘着国家现代农业产业园建设东风，"十年磨一剑"的东坡泡菜成功实现"蝶变"，拥有了国家级泡菜质量检测中心、泡菜产业技术研究院、中国泡菜博物馆及经商务部审核颁发的中国泡菜行业标准。

在主导产业强势发展的同时，东坡区还探索出"市场牵龙头、龙头带基地、基地联农户"多方共赢的牢固利益联结机制。统计数据显示，截至2019年，2.6万名农民在产业园内就近务工，实现工资性收入10亿元，扶持培育1 100名农民成为新型农业经营主体带头人，培育农民专业合作社420个、家庭农场487个、专业大户1 870户。2018年，园内农民人均可支配收入达24 370元，比全区农民人均可支配收入高出33个百分点。

一、主体简介

东坡现代农业产业园以泡菜为主导产业，围绕"建基地、搞加工、创品牌"，坚持三产融合发展，全力推进国家现代农业产业园建设，拥有六个"全国唯一"：全国唯一的泡菜城、全国唯一的国家级泡菜质量检测中心、全国唯一的泡菜产业技术研究院、全国唯一的中国泡菜博物馆、全国唯一的泡菜行业国家AAAA级旅游景区、全国唯一经商务部审核颁发的中国泡菜行业标准，使"东坡泡菜"走向世界、香飘全球。

二、主要模式和成效

1. 筑牢产业基础，"小菜园"连成"大基地"

（1）**坚持整合项目，统一打造**。按照"整合项目、集中打造、连片推进"的思路，整合各类项目资金 9.5 亿元投入基地建设，建成高标准泡菜原料基地面积 16 万亩、万亩泡菜原料基地 12 个。产业园全域获得无公害和绿色认证，全国最大、结构最优、效益最好的泡菜"第一车间"基本形成，带动 12 万农户种植泡菜原料 45 万亩，实现种植收入 4.9 亿元。

（2）**坚持集中流转，规模种植**。引导吉香居、翠鲜等龙头企业和专业合作社自建基地。制订《关于加快农村土地承包经营权流转的实施意见》，成立土地流转服务公司，加强土地流转审查备案，健全完善土地流转机制，培育新型农业经营主体，提升农村土地流转质量和规模化经营水平。园内规模化流转经营土地 16.6 万亩，培育家庭农场、专业合作社、种植大户等新型经营主体 890 家。

（3）**坚持绿色生产，健康发展**。全面推广"园区负总责、乡镇有机构、监管到村组、检测全覆盖"的工作机制，深入实施化肥农药使用零增长行动，大力推广化肥减量增效技术，建成全国第一个国家级泡菜质量监督检验中心，严格控制农产品农药残留，园内农产品抽检合格率达 100%。

（4）**坚持订单生产，助农增收**。通过"公司＋基地＋农户""公司＋专业合作社＋农户"等模式，积极发展订单农业，鼓励泡菜企业与种植户、蔬菜专业合作社等签订最低保护价收购协议，按企业需求发展生产。2018年，订单签约率达90%，实现了农民进基地、进园区、进工厂就业和田间务工相结合。

2. 壮大产业龙头，"小泡菜"做成"大产业"　一是突出招大引强，企业集群发展。围绕做大做强泡菜产业，实现产业集群发展，引进各类泡菜企业64家入驻产业园，其中国家级农业产业化龙头企业4家、省级农业产业化龙头企业14家。2018年，产业园加工泡菜176万吨，实现工业产值171亿元，创造了"中国泡菜看四川、四川泡菜看东坡"的产业发展奇迹。二是突出转型升级，品牌价值凸显。通过品牌奖补政策、举办中国泡菜博览会等措施，调动业主积极性，促进品牌宣传推广。"东坡泡菜"已拥有全国驰名商标7个，连续3年荣登中国品牌价值榜，品牌价值达114亿元。三是突出科技创新，机制良性联动。"产业建研究院、行业建联盟、企业建中心"的产业技术体系日趋完善，园内企业依托中国泡菜研究院新建成联合实验室3个、中试示范线2条。成立泡菜专利联盟，荣获四川省科技进步一等奖1项，新增国家发明专利受理31项。科技成果转化率90%以上，转化经济效益1.2亿元。2019年，产业园科研经费投入同比增长18%，农业科技贡献率达66%，让"小泡菜"也拥有了"大科技"。

3. 延伸产业链条，"小泡菜"展现"大文化"　一是泡菜文化声名远播。通过中国泡菜品牌大赛、泡菜经济文化高峰论坛、寻找东坡泡菜文化遗产传承人、泡菜艺术歌舞展演、建设全国第一个泡菜博物馆等方式，促进泡菜文化与东坡文化的有机融合。强化泡菜文化的传播，发表《中国泡菜眉山宣言》，中央电视台、凤凰卫视、人民日报、大公报等媒体多次专题报道。二是成功创建AAAA级景区。以泡菜博物馆、泡菜风情街、泡菜广场、企业观光生产线、万亩绿色蔬菜基地、水天花月湿地公园为核心，穿点成线，积极发展休闲农业和乡村旅游，建成新村聚居点650个、新农村综合体10个、农业旅游观光点19个、休闲农家乐104家。成功创建全国第一个泡菜行业AAAA级景区。2018年，接待旅游观光游客300万人次，旅游收入3.6亿元。三是电子商务迅速兴起。围绕"互联网＋东坡泡菜"，组建"盛华管理电商平台"，川南、惠通、邓仕、恒星、虎将等24家企业先后进军电商市场。成功与京东、阿里巴巴等知名电商携手搭建线上销售平台，年均电商销售额达20亿元。

4. 激活产业体制，政府转型"大服务"　一是强化体制创新。成立市泡菜产业推进办公室、中国泡菜城管委会、区泡菜产业推进中心、区泡菜食品商会，形成多层级泡菜产业管理体系，为促进泡菜产业健康发展提供了坚强的组织保障。二是强化政策创新。区财政每年投入1亿元以上，对基地建设、生产加工、科研创新、市场培育等环节全方位扶持。成立岷江国有资产投资公司，多渠道累计筹集社会资金37.9亿元，配套完善了园内公共基础设施。三是强化管理创新。将产业园和泡菜产业发展纳入全市经济社会发展重点目标，实行专项考核。每年举办高水平、高规格的泡菜展销会。建立重点项目"挂牌作战"制度，对干部实行激励考核约束。

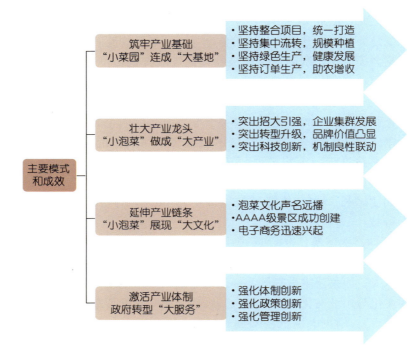

三、启示

1. **政府主导，规范发展**　东坡区泡菜加工业在迅速发展过程中，曾经出现盲目发展、产品烂市，标准不一、质量不高，投资过大、收效甚微等问题，通过政府这支"有形"的手加以调控、规范，才得到推进解决。自2005年开始，在四川省农业农村厅大力支持下，市委、市政府不遗余力、全区强力推动产业发展，通过政府引导与市场化运作有机结合，有效解决了产业发展的瓶颈。

2. **持之以恒，久久为功**　历届市委、市政府与区委、区政府不改初心、持之以恒、久久为功，泡菜产业才能成为经济发展的支柱产业、助农增收的优势产业。经过"十年磨一剑"发展，截至2018年，产业园加工泡菜 176 万吨，实现工业产值 171 亿元，占总产值的 76%。

3. **联农带农，融合发展**　通过规模化种植基地建设、产业化龙头企业带动、现代生产要素聚集展示和一二三产业融合发展，能够更加有效带动小农户参与产业发展、分享产业增值收益，以泡菜产业振兴为农业农村现代化建设和乡村振兴贡献力量。

贵州水城：国家现代农业产业园

> **导语：** 水城位于贵州西部，是典型的喀斯特地貌区，生态环境脆弱，山高坡陡、耕地破碎、土地贫瘠，山地占97%，坡度25度以上耕地占47%。近年来，该区以国家现代农业产业园为平台，保障要素供给、完善基础设施、集聚经营主体，推动猕猴桃产业规模化、规范化、集约化发展；以"三变"改革为动力，通过股权的纽带作用，让沉睡的资源活起来，让零散的资金聚起来，把分散的农户组织起来，走出了一条贫困山区发展现代山地特色高效农业的新路子。

一、主体简介

水城国家现代农业产业园的前身是猕猴桃产业示范园区，是贵州省现代高效农业示范园区之一；在贵州省农业园区绩效考评中，连续五年位列全省第一。2017年，水城以此为依托，积极申报创建国家现代农业产业园，并于2018年12月30日成功获批，成为贵州省首批国家现代农业产业园。水城国家现代农业产业园涉及5个乡镇（米箩镇、猴场乡、蟠龙镇、阿戛镇、双水街道），总规划面积675.47平方千米。该园区以"三

贵州省水城国家现代农业产业园

变"改革为引领，坚持"生态产业化、产业生态化"发展理念，按照"一带、一园、三区"（一带：百里猕猴桃观光带；一园：科技文化示范园；三区：加工物流与品牌展销区、喀斯特现代生态农业生产区、生态涵养区）推进产业园建设，辐射带动水城种植猕猴桃10万余亩，成为山地农业的先行区、现代农业的示范园。2018年，产业园实现总产值38.2亿元，总销售收入32.4亿元，带动农民就业1.92万人，实现农民人均纯收入12 504元。

二、主要模式

1. **模式概括** 产业园发展坚持以农为根、以民为本，采取"公司＋合作社（村集体）＋基地＋农户"的组织模式，通过不断强化组织要素，完善利益联结，聚合生产资源，着力打造"龙头（公司）带动、龙身（合作社）舞动、龙尾（农民）联动"的融合发展模式，全力推进产业园内企业强强联合，在技术管理、产品开发、品牌推广、市场运作等方面互联互通，实现"产、加、销""企、社、农"一体化发展。

2. **发展策略** "质量兴农、品牌强农"，产业园始终把品牌建设放在首要位置，按照统一品种、统一标准、统一包装、统一品牌、统一价格、统一销售的"六统一"发展模式，坚持生态优先、绿色发展原则，从源头、过程再到终端进行全面提升改造，确保生产出绿色、有机、生态的优质猕猴桃，确保打造出区域领先、国内知名的"凉都弥你红"旗舰产业。

3. **主要做法**

（1）**龙头连体强实力**。产业园依托水城区猕猴桃产业协会，引导园区内润永恒、长丰、宏兴等21家龙头企业共同出资组建六盘水凉都猕猴桃股份有限公司。公司坚持"生态产业化、产业生态化"的理念，以规模化、标准化、品牌化为建设路径，立足国家现代农业产业园规划范围，大力推广连片种植模式，按照"六统一"要求推进，在源头、过程、终端进行全面提升改造。特别在标准化建设方面，发布了《六盘水市猕猴桃生产技术标准体系》等10项地方标准，对农户进行技术指导和标准培训，企业、合作社将标准与农户利益分配挂钩，政府依照标准开展监督检查的系统工作，切实提高了猕猴桃标准化水平。通过提升标准化水平，产业园顺利通过ISO 9001认证，并先后获"国家级出口食品农产品（猕猴桃）质量安全示范区""国家有机产品认证示范创建区""贵州省农产品地理标志示范样板""贵州省农业（猕猴桃）标准化示范基地""生态原产地产品保护创建基地"等殊荣。目前，产业园已有45家种植基地纳入省农产品质量安全追溯系统，实现了全程可追溯体系建设。

（2）村企连心搭平台。在产业园核心区的米箩镇，贵州润永恒农业发展有限公司公司与米箩镇俄戛村建立村企合作联动机制。在产业推进过程中，公司投入资金，配合俄戛村开展"四在农家·美丽乡村"建设、环境整治、基础设施建设等，俄戛村村"两委"除了积极组织发动群众参与产业基地建设、协调处理产业园区矛盾纠纷外，还在力所能及的范围内主动协助公司向上级部门争取政策和项目支持，助力公司发展壮大。几年来，企业与村级组织坚持互助互惠，急对方所急、解对方所难，与村"两委"和当地群众建立了良好的信任关系和稳固的合作关系，快速推进了产业基地建设，搭建了长远合作的发展平台。

在村企合作过程中，水城政府充分发挥监督和引导的作用，督促企业按照国家相关规定合法经营；对企业财务进行审计，掌握经营状况，维护农民利益；要求企业及时兑现土地流转费或利润分成，按约定标准支付劳动报酬；按相关项目要求做好产业开发，确保项目达标验收，促进猕猴桃产业快速发展；同时也鼓励企业在建设园区基础设施时积极结合乡村建设开展工作，切实开展"为农"服务。米箩镇政府还专门出台《米箩镇驻镇企业用工指导意见（试行）》，对企业用工及劳动力基本要求、劳务工资标准等提出了指导性意见。

贵州润永恒农业发展有限公司与俄戛村开展合作以来，企业结合产业建设，先后投入近千万元帮助村"两委"修建连通产业基地与村寨的硬化公路，有效解决基础设施滞后问题；急村民之所急，想村民之所想，帮助村民接通自来水，建设2处村民休闲娱乐小广场等，实现产业发展与美丽乡村建设同步协同推进。

（3）"三变"连股添收益。按照"三变"改革，创新实践"入股保底金＋固定分红＋务工工资＋管理地块30％股权"发展模式。农民以土地经营权入股公司，并按照土地承载的所有产业扶持资金的全区均价2 000元/亩分配额为股金入股，农民变成猕猴桃生产园区股东享受30％分红，同时还能获得务工工资。

第一种方式。在未产生效益的前5年，为保证农民生产生活不受影响，给予每亩保底分红600元。在基地产生效益以后（即第6年开始），农户按照30％的比例参与公司分红，公司按照69％的比例参与分红，村集体按照1％的比例参与分红。为了让农民直观明白红利金额，可将百分值直接测算为定额，如米箩猕猴桃第6～10年平均利润测算值为4 400元/亩/年，30％股份即为1 300元/亩/年，或土地流转金1 300元/亩/年的收入。若分成达不到600元/亩/年保底标准，公司负责全额补足。

第二种方式。在基地未产生效益以前（前5年），公司每年按照约定的标准（即 600 元/亩/年）对农户支付土地流转费；在基地产生效益后即第 6 年（含第 6 年）开始，公司支付农户保底分红资金 1 300 元/亩/年；第 11 年起（含第 11 年）公司支付农户保底分红资金 2 000 元/亩/年；第 16 年起（含第 16 年）公司支付农户保底分红资金 2 500 元/亩/年（保底分红资金到此封顶）。该两种土地流转模式在整个基地建设过程中供农户自由选择。在基地建设及管理的过程中，公司要优先聘用当地农户参与基地建设，并按约定标准另行付劳动报酬，实实在在体现农民参与基地建设的零风险。另外，基地建成后公司还采取反包模式，在公司负责提供所需资金、物资、技术指导和务工工资的基础上，对地块超出亩产 1 吨、商品果率 80% 以上的部分，农户按照销售收益 30% 比例参与分红，管理越好，分红越多。

（4）基地连户促就业。公司坚持"打造一片产业、致富一方群众、实现互利共赢"的理念，采取"公司＋基地＋农户"模式，由公司投入资金统一将农户入股土地建成高标准产业基地，并优先吸纳本村农户就近在基地务工。公司通过向基地务工农户提供统一培训和技术指导，在当地培养了一批猕猴桃种植技术人才；不仅有效降低了公司技术人才用工成本，更为当地农户提供了大量就业岗位。2018 年，产业园内提供常年务工岗位及临时性岗位 20 000 余个。

（5）责利连体促双赢。2012 年，润永恒公司入驻米箩镇俄戛村时，主要采取流转土地方式种植猕猴桃，没有建立利益联结机制，赚钱或亏本对农户都没有影响，农户以"局外人"的身份干活；公司虽投入了大量人力、物力、财力，但基地仍未得到较好管理，杂草丛生、苗木成活率极低，亏损达 800 多万元。公司经逐步探索，建立起农户利益共享与责任共担的合作发展机制。在产业基地管理实践中，改变过去"大锅饭"式的经营管理模式，探索将基地集中分片划包给懂技术、会管理的农户进行责任经营，并积极引入技术管理股，将农户所管理地块效益的 30% 作为分红股权，包片管理农户每年每亩地可获得 1.3 万元分红。通过基地分包和技术管理股的引入，将产业预期收益与包片管护责任紧密挂钩，从根本上改变了产业经营中农户"局外人"的身份，有效解决了参与基地管护的农户

主要做法

| 龙头连体强实力 | "三变"连股添收益 |
| 村企连心搭平台 | 基地连户促就业 |

责利连体促双赢

出工不出力的问题，进而大幅提升了基地苗木成活率、挂果率和果品质量，促使公司经营效益和农户实际收益实现双赢。

三、利益联结机制

公司以促进农户分享产业增值收益为导向，以"三变"改革为驱动，以股份合作为纽带，采取土地入股、资金入股、资产入股、技术入股、扶贫资金量化股份给贫困户入股等方式，创新实践"入股保底金＋固定分红＋务工工资＋管理地块 30％股权"的主体融合共赢模式，打造企业、农户、村集体等多方利益共同体。

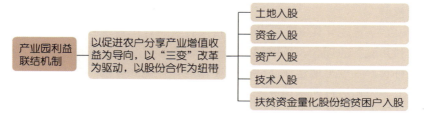

公司通过"三变"改革，盘活了产业园内资产资源，促进了 3.14 万亩村集体土地、15.29 万亩承包地实现资源变资产；促使 1.14 亿各级财政资金、580 万村集体资金、3.2 亿元社会资金实现资金变股金；使得 2.93 万户 11.43 万人实现农户变股东。公司的运作模式大幅提升了农户经济收入，带动入股股东人均增收 1.9 万元以上（连续 3 年收入增速 12％以上）。其中，米箩镇俄戛村 875 户入股农户在猕猴桃盛果期可实现亩均收益达 1.3 万元以上（包括亩均 600 元固定分红和 1 900 元收益分红）。

四、主要成效

产业园已成为带动农民持续增收、贫困户有效脱贫及实施喀斯特山区生态修复的样板区和试验田。目前，产业园主体已带动全市种植猕猴桃

20.8 万亩，提高了全市植被覆盖率，减少了深耕程序，一定程度上降低了石漠化地区水土流失率；同时，产业园采取股份连心、基地联户等方式进行经营发展，有效盘活了农村分散资源，带动附近农户实现就近就业，促使农村资源成产业、贫困农户成股东（或工人）、外出人员返乡。2018年，产业园产值达 30 余亿，雇用常年务工农户 5 000 余人（月工资收入 2 000～4 000 元不等）、季节性就业农户 1.42 万人（月收入在 1 500 元左右）。实现了社会、经济、生态三赢。

五、启示

近几年，产业园发展得到全方位提升，主导产业不断壮大、规划布局不断优化、建设水平不断提升、绿色发展成效突出、联农带农成效显著。这些成绩的取得，主要得益于"三变"的驱进、产业发展的带动、联农带农机制的创新和多方协同发展的保障。

1. **"三变"改革是根本动力** "三变"使企业和农民形成共生共荣的利益机制，真正盘活了农村经济，实现双赢。水城立足实际，通过"三变"机制创新，把分散的土地集约起来，选准猕猴桃产业，发展特色农业、规模农业、优质农业，为农业提质增效与农民持续增收营造了良好有序的制度环境。随着产业的发展和经济条件的改善，"三变"改革现已拓展到城乡公共服务、公共资源、公共民生，以及产业发展、精准扶贫、乡村旅游等领域，真正让"三变"改革惠及千家万户。

"三变"改革成为产业园内农民增收致富的"黄金腰带"。"三变"改革的关键在"变"，核心是"股"，基本逻辑就是把农民手里的资源通过入股的方式盘活，进入市场主体产生效益，通过分红促进农民稳定增收。2018 年，产业园带动农民就业 1.92 万人；农民人均纯收入 12 504 元，比全县平均水平高出 33％。"三变"改革打通了工商资本进入产业园的通道。通过股份合作这个纽带，坚持依法依规、市场运作、合作共赢，推动市民下乡、能人回乡、企业兴乡，鼓励和引导城市工商资本、人才资源、管理技术等向产业园流动。在依法保护集体所有权和农户承包权的前提下，通过"三变"改革，产业园参与农村产业发展、垃圾污水治理、房屋改造提升、景区景点建设等，让农民收入有提高、工商资本有收益、农村环境有改善。"三变"改革解决了产业园各主体间利益联结，实现产业连片发展，壮大了产业规模，促进了农民增收，奠定了产业园建设基础。"三变"改革促进了产业园猕猴桃产业的发展壮大，深化了产业园"务农、为农、强农、兴农"的内涵。

2. **产业升级是核心要义** 产业发展在不同阶段都会面临不同问题，

深刻把握国家政策，以国内外市场为导向、以提高经济效益为中心，在关键节点促进产业升级对产业发展具有长足意义。早年，水城政府根据农业发展困境，审时度势，开展新一轮农业产业结构调整和农业产业化建设，充分利用地方自然资源优势，推动发展猕猴桃产业；积极制定猕猴桃产业发展规划，统筹各资源要素，引导资金投入，促进土地合理流转，把农民利益和猕猴桃产业发展有机结合起来，调动一切积极因素，按照区域化布局、专业化生产、一体化经营、社会化服务、企业化管理的产业发展思路，高标准、高起点发展水城红心猕猴桃产业，初步建立了产业带。在猕猴桃产业发展到一定阶段后，以创建国家现代农业产业园为契机，积极推动产业提档升级，围绕"生产＋加工＋科技＋营销"各环节，不断完善产业链条，优化组织模式，加强市场竞争力，促进现代要素有效配置，为农民增收富裕、乡村振兴发展提供持续长久的内在动力。

3. 利益联结是关键环节 多年的实践表明，以政府为引导、村集体为单位，"龙头企业＋村集体（合作社）＋基地＋农户"为核心的组织方式，是一种紧密的利益联结机制，实现了组织结构的最优化、组织功能的最强化、组织作用的最大化。"五连模式"正是以"龙头企业＋村集体（合作社）＋基地＋农户"为基础的模式创新。

龙头企业具有打通市场、拉长产业链、用活金融工具的优势，对产业带动作用显著。合作社的优势在于了解村情民情，能够把分散的群众及能人有效组织起来。合作社一头连着公司、一头连着农民，一头连着政府、一头连着市场，一头承接村集体和农民资源、一头承接政策资金，能很好地发挥多主体粘连能力，也能切实代表农民利益，为集体经济发展注入动力。农民是整个产业发展最核心、最重要的主体，持有土地、劳力等生产要素；企业和合作社不为农民考虑，没有农民支持，就不能获得长足发展。农户、企业、合作社通过发挥各自特长，建立紧密、稳定的合作机制，共享利益，才能实现产业园高质量发展。

4. 多方协同是重要保障 产业园创建依赖于不同领域的高质量主体，政府、企业、村集体、农户、协会、科研、金融等各类主体共同参与、协同工作的体制机制为产业园的高效运作提供了重要保障。产业园建立了"领导小组＋产业园管委会＋平台公司＋工作专班＋产业协会＋农户"的工作机制，市、县分别成立了由党委书记任第一组长、市（县）长任组长的产业园创建工作领导小组，成立了水城东部农业产业园区管委会，全面负责产业园创建工作；组建了六盘水市农业投资开发有限公司、水城区宏兴绿色农业投资有限公司，负责融资、品牌营销等工作。在创建期间，政府下发《水城县国家现代农业产业园创建工作责任清单》，将产业园创建任务细化为具体项目，分解落实到政府各职能部门具体落实，做到建设工作齐抓共管。通过明确责任、创新体制机制，各职能部门分工协作，对接村集体、农户、企业、科研院所、金融机构等主体，积极协调用地、融资、资金、技术等要素配置，全方位为产业园主导产业发展提供保障和支持。

第二章　科技产业园区发展案例分析

北京通州：国际种业科技园区

> **导语：**自党的十八大以来，为贯彻落实习近平总书记"下决心把民族种业搞上去"的重要指示和汪洋副总理建设"国家种子硅谷"的明确要求，按照国家和北京市现代种业改革发展部署，在通州区于家务回族乡布局建设的北京通州国际种业科技园区已初具规模，基本具备承载现代种业创新服务、国内外种业企业聚集、现代种业创新成果转化、种业资源及创新成果交流交易等功能。为全国种业改革创新发挥了一定的示范作用，为培育区域发展新动能、促进农民增收、保障区域生态系统发挥了积极作用。

一、主体简介

2011 年 7 月 13 日，通州国际种业科技园区由科技部及北京市正式挂牌成立。园区已被认定为"国家级农业科技园区""国家现代农作物种业示范区核心基地""中关村首个农业特色园区"。园区总体规划面积 5 万亩，按功能布局分为"一核二区"。其中，定位于综合服务配套的核心区，规划面积 276 亩，总建设规模约 22 万平方米，一期 8 万平方米的研发中心已开工建设；展示示范区与科研创新区，已聚集企业及科研单位 60 余家，各类农作物新品种、新技术的综合展示面积近 4 万亩。园区紧扣"创新驱动，集聚发展"的战略目标，以推动农业科技创新为核心，以打造北京"种业之都"为主要任务，围绕实现科研创新、企业孵化、展示推介、交易结算及公共服务五大功能，初步发展成为一个基础配套设施较为完善、优势科技资源相对集中、优质产业培育初见成效、示范推广效应逐渐显著的现代化种业园区，是"北京城市副中心"建设的重要农业科技板块。

二、主要模式

1. 模式概况　园区采取"政府搭台，企业运营"的管理运营模式。园区管委会作为通州区政府派出机构，负责制定规划、确定目标、提供优惠政策，进行土地流转及基础设施建设，营造创新、创业和招商引资的良好环境。园区管委会引进社会资本组建园区平台企业——北京通州国际种业科技有限公司，采取独立运营，以市场化方式为入园企业提供技术研发和服务、成果转化、物业管理和劳务派遣等方面的社会化服务。

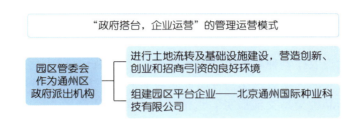

2. 发展策略　园区不断探索以"创新驱动，集聚发展"的战略目标和工业化的发展理念推进园区建设发展。

3. 主要做法　通过 8 年的发展与总结，园区发展的主要做法如下：

（1）打造农业综合性科技服务平台。

一是搭建物联网集成与应用服务云平台。该平台将国家农业产业化重点龙头企业——东昇集团 30 年农业领域从业经验数字化，结合农场生产运营实际，开发出适用于规模农场的智能生产管理系统。用数据管理生产，运用数据链的建设带动产业链、供应链、质量链、价值链的完善；为中国农业向产业化、信息化、数字化、精准化发展赋能。

平台通过对种子种苗、投入品、水肥、植保、用工、产量等信息的收集和分析，可实现农场生产标准化、管理可视化、作业智能化、过程透明化，实现真正的质量可追溯，帮助农场提高产品的产量和品质，减少用工成本和投入品的使用，提升农场的经济效益，保证农产品的质量安全，帮助企业塑造品牌。

二是建设现代农作物高通量育种研发服务平台。该平台是国内设备最先进、装备最齐全的高通量分子检测平台之一。平台实验室配备有世界一流的高通量基因型检测相关设备 400 多台（套），具备快速样品采集、高效 DNA 提取、高通量 SNP/SSR 分子标记检测、高密度 DNA 芯片检测、全基因组测序等条件与能力。运营团队由曾在跨国种业公司工作多年的高级科学家领军，由多位博士、硕士为骨干组建而成。平台全心致力于为种企和院所高校提供动植物分子育种技术综合解决方案。平台开展的服务有植物 DNA 提取、分子标记开发、作物抗病基因等前景标记检测、育种材料聚类分析、品种身份鉴定、种子纯度鉴定、转基因成分鉴定、多基因聚合等。平台也致力于与院所高校合作，为各类科研项目提供技术支持，包括各物种基因组的二代三代测序、GBS Panel 开发和检测、基因组研究等方面。目前，该平台已投入运营并完成番茄 SSR/SNP 指纹图谱库、番茄杂交种子纯度鉴定、玉米品种纯度鉴定和真实性鉴定技术体系等工作，并联合中国农业科学院、中国农业大学、北京市农林科学院、中农发种业集团、北京屯玉种业有限责任公司、北京华农伟业种子科技有限公司等 10 家育种单位，于 2019 年启动了我国首个以应用为目标的农作物预测育种系统构建项目。

三是建设农作物种质资源交流共享平台。该平台是园区与中国农业科学院合作建立的国家级农作物种质资源共享平台，为种业企业提供种质资源储藏及新品种交易交流服务，形成了农作物种质资源共享交流技术体系，探索出种质资源的协议共享机制模式，为种质资源基因挖掘和规模化开发利用提供全过程服务。

四是搭建作物品种权展示交易平台。2014 年 5 月，园区正式挂牌建设北京国际种业品种权交易创新基地。园区联合中国农业科学院积极落实科技部国家科技支撑计划项目和北京市科技计划项目，打造具有社会公信力的种业科技成果产权交易平台。目前，已实现了种业成果交易结算、种业科技成果评价和成果产权交易综合服务功能。

打造农业综合性科技服务平台

| 搭建物联网集成与应用服务云平台 | 建设现代农作物高通量育种研发服务平台 | 建设农作物种质资源交流共享平台 | 搭建作物品种权展示交易平台 |

（2）聚集现代种业高端要素。

一是实现农业科技聚集。园区已成功聚集了法国利马格兰、北京德农、北京联创、黑龙江垦丰、蒙草等国内外高端育种研发企业 60 余家，培育澳佳生态、方园平安等 7 家企业上市。此外，中国农业科学研究院、中国农业大学、中国水产科学研究院、北京市农林科学院等多家科研院校也入驻园区，为园区的发展提供了强有力的科技支撑。

二是实现高端人才聚集。园区聘请戴景瑞、方智远等多名专家院士组建了专家顾问团队，并成立专家院士服务中心，帮助北京德农、神舟绿鹏、金色农华、玉米中心等 5 家企业建立了博士后工作站、院士专家工作站，吸引了一批技术过硬、经验丰富的科技特派员深入企业一线，为企业提供技术咨询、问题解决等服务。通过落实国家"千人计划"、北京市"海聚工程"和"高聚工程"等人才引进政策，园区已成功引进国内外高端种业科技人才 151 名，其中博士后 16 人、博士 35 人、硕士 100 人，为种业企业科技创新能力的提升奠定了坚实的人才基础。

（3）立足种业新品种展示交易。

一是举办北京现代种业博览会。自 2011 年起，园区已成功举办 8 届以蔬菜为主的北京现代种业博览会。通过开展种业论坛、项目签约、展馆交流、合作洽谈及制种示范基地观摩等系列活动，累计展示农作物新品种 23 000 余个，展示农机装备及智能化精密仪器共计 3 000 余台，吸引国内外知名育种企业、科研院所、农业院校近 2 000 余家参展。

二是宣传推广种业新品种。园区通过组织企业参展、开展各类交流活动，加强对企业新品种的宣传和推广。协助北京市农林科学院蔬菜中心完成"京葫 36"西葫芦新品种的认定及植物新品种保护认定工作；据统计，该品种在我国山东、山西、河北等省份推广面积已达 50 万亩。神舟绿鹏培育出的太空果品、太空花卉已在广东、云南、陕西、甘肃等多个省份示范推广，航蕉 1 号推广面积已达 15 万亩。由"1＋5"联合体推出的京科 968 品种，2016 年推广面积达 3 600 万亩，成为全国第三大玉米品种。

（4）产业带动和辐射发展。

一是带动区域产业发展。随着园区的发展，围绕种业形成的科技研发、交易结算、会展交流、科普教育、休闲观光等新型产业已在于家务地区出现聚集趋势。随着城市副中心功能定位的不断明确，于家务乡总体规划定位为建设科技农业特色小镇，下一步将把种业科技园区作为经济社会发展的品牌，全面发展以种业为核心的多种经济新业态。

二是推动首都科技农业发展。园区充分利用北京在科技、市场、信息、人才等方面丰富的农业科研优势资源，不断提升自身建设水平和服务能力，现已成为首都农业科技发展的新名片，全面支撑和推动北京"种业之都"发展。目前，北京市委农村工作委员会、农业农村局正在规划以通州种业科技园区为核心建设全国种业科技创新中心。

三是实现京津冀同频联动。为充分发挥北京城市副中心在京津冀协同发展的桥头堡作用，园区先后与河北大厂县、山东东阿县、西藏尼木县及宁夏石嘴山市签订框架合作协议，从农作物育种、规模化生产及市场开发等方面支持和帮助各地区开展农业科技产业，进一步推动了京津冀地区及东西部农业产业的区域合作，实现了以园区为纽带各地区农业科技产业的协同创新，促进了种业领域交流合作与资源共享，从而加快全国现代种业科技的快速发展。

（5）创新驱动，构建多元化服务体系。

一是创新管理机制。园区采取"政府搭台，企业运营"的管理模式，不断探索和创新，实现了以工业化的理念、园区化的模式、项目化的方法推进园区建设。园区管委会作为区政府派出机构，负责制定规划、确定目标、提供优惠政策；园区管委会采取业务外包的形式将园区开发建设委托给北京通州国际种业科技有限公司完成，该公司采取独立运营、自负盈亏的方式全面负责园区的开发，并负责为入园企业及科研院校提供社会化服务。

二是率先实现土地经营权规范有序流转。为确保于家务乡农村土地承包经营权健康、有序流转，园区采取"四统一、两服务"的工作模式，加快推进土地流转工作。"四统一"指土地流转工作始终坚持统一的程序、统一的规划、统一的管理和统一的标准。"两服务"指土地流转工作必须要服务于种业产业发展，服务于提高农民收入。这种工作模式真正实现了土地所有权、承包权、经营权"三权"分置。

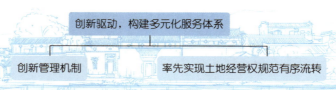

三、利益联结机制

1. 带动农民多渠道增收 园区创新农村集体经济组织的生产要素分配方式，将土地、企业等经营性资产以股份方式量化给农民，使农民变为"股民"，保障农民集体资产经营的股金收益，农民家庭收入结构由过去单一的农业种植收入逐步向薪金、股金、租金"三金"收入的转变。探索园区内的财政补助经营性资产转化为村集体产业投资公司持有的股权，让农民长期受益。

園区 • 将土地、企业等经营性资产以股份方式量化给农民，使农民变为"股民"

→ 农民 • 家庭收入结构由过去单一的农业种植收入逐步向薪金、股金、租金"三金"收入的转变

2. 探索多种联农带农方式 园区积极创新联农带农激励机制，发展合作制、股份制、订单农业等多种利益联结方式。积极推动园区企业以品种、技术、资本等方式与周边村集体、合作社等开展多种形式的产业发展合作；积极推动园区资源向当地农民创业倾斜，为本地农民创业提供资金、技术、培训等扶持，提高农民创业质量；在帮助小农户节本增效、对接市场、抵御风险、拓展增收空间等方面，采取了有针对性的措施，促进小农户和现代农业发展有机衔接，使小农户与农业企业、合作社共同发展。

3. 密切电商平台利益联结 支持入园企业利用电子商务平台，加强农产品品牌建设和营销对接，与合作社、农户和新型经营主体签订稳定的订单供应协议，或以加盟、入股等形式成为经营配送联合体会员，形成"入园企业上接销售平台下联生产基地"的联动发展格局，建立"利益均沾、风险共担"的经营体系，形成区域性的产销一体化格局。

四、主要成效

园区作为于家务乡产业发展的重要载体，经过近8年的建设发展，已与乡域经济、社会、生态建设融为一体，为培育区域发展新动能、促进农民增收、保障区域生态系统发挥了积极作用。

1. 经济效益 园区2018年实现税收2 200万，同比增长2.3%。园区拉动农民收入持续增长，人均纯收入从2012年的1万余元增长到2017年的2.5万元。

2. 社会效益 园区为改善当地社会人才结构、聚集高端要素、服务

种业行业和企业起到了积极作用。园区育种服务平台不断扩大服务范围，目前为全国 29 个省份的 200 余家种业企业和科研单位提供技术服务，2018 年检测通量达 200 万以上。成功孵化神舟绿鹏、花儿朵朵花仙子、北京德农等 8 家国家高新技术育种企业。为当地引进硕士以上各类高层次人才近 200 人、博士以上 80 人。已连续举办 8 届以蔬菜为主的北京现代种业博览会，采取田间示范展示和展馆交流洽谈相结合的模式，累计展示农作物新品种 20 000 余个，展示农机装备 3 000 余台（套）。建立园区以来共接待参观调研活动近 1 000 次，其中国家级和省部委领导调研 180 余次、国际交流活动 26 次、科普培训等活动 700 次。

3. 生态改善效益　　通过园区建设，区域内基础设施水平显著提升，水系净化、优化效果明显，绿地系统大幅度增加，农业清洁生产全面落实。完成沟路林渠等基础设施投资 1.8 亿元，完成道路硬化 46 万平方米，沟渠河道治理近 3 万米，景观绿化 16 万平方米。

五、启示

加快科技创新、构建高精尖经济结构是近期北京市委、市政府作出的重大决策。农业领域的高精尖也应该是全市高精尖经济结构的重要组成；而种业位于农业产业链的最上游，是国家战略性、基础性产业，是决定现代农业发展的核心要素。北京的种业不论是科技创新能力，还是产业竞争力，都处于全国前列。因此，进一步加快种业科技创新和体制创新，提升产业竞争力是北京全国科技创新中心建设和高精尖经济结构构建的重要方面。

综合来看，北京通州区国际种业园区的建设发展符合党的十九大和中央农村工作会议提出乡村振兴战略实施要求，符合首都核心功能定位，可作为全国科技创新中心的农业板块重点打造。园区下一步将继续按照首都高端引领型产业承载区建设，重点加快科技成果转化，推进生产性服务业、战略性新兴产业和高端制造业创新发展，对接首都自主创新中心区科技型企业和高校院所需求，加快布局涉农、涉种领域技术开发、科技成果转化、生产性服务和高端制造等高精尖产业，努力成为行业优势科技资源聚集中心、优质产业孵化中心、优秀人才创新创业中心，打造具有全球影响力的种业自主创新战略新高地，形成"国家种子硅谷"，有力支撑北京全国科技创新中心建设。

北京：宏福国际农业科技有限公司

导语： 宏福国际农业科技有限公司（以下简称宏福农业）致力于构建高产、高效、低耗、优质和安全的现代化农业产业园区，是城市周边农业产业园区的成功典型案例。宏福农业通过3年的生产实践，建立了标准化的智能温室生产体系、科学的采后处理体系及完善的销售体系，实现了优质生鲜产品"宏福柿"的周年供应，真正实现了工厂化农业，为中国农业的产业结构调整起到了示范和引领作用，同时对乡村产业发展、农民增收、食品安全、环境污染和农业技术创新等问题具有指导意义。

一、主体简介

北京宏福国际农业科技有限公司成立于2015年7月，是一家专注于智能温室番茄生产的专业种植商，在北京、大庆等地已投资建成15万平方米的智能温室并顺利投产。其大型园区坐落于大兴区庞各庄镇，北至东赵路、南至北曹各庄北村界、西至曹各庄路、东至乡村路。园区占地1 276亩，已建成50 000平方米现代化智能温室及6 000平方米技术操作区。2017年10月，被确认为第九批国家农业标准化示范区；并于2018年10月被大兴区政府确认为大兴区农业高新技术产业园区。大庆园区位于黑龙江省大庆市林甸县长青林场，项目占地约5 000亩，计划建设现代智能温室270公顷，已建成12.5万平方米（其中，种植区10万平方米）的现代智能温室。2018年8月，大庆宏福智能温室种植基地被评为"黑龙江省十大标准化蔬菜生产基地"；同年12月，被确认纳入第三批国家级星创天地项目名单；2019年1月，被黑龙江省农业农村厅、发改委等多部门联合评定为黑龙江省级重点龙头企业。

宏福农业以"只为更好生活"为理念，以推动中国农业产业升级、实现乡村振兴为己任，目前已成长为中国智能温室农业的引领者。

二、主要模式

1. 模式概括 标准生产＋科学采后＋自有销售＋合理价格。

2. 主要理念 宏福农业产业化的主要理念是，以标准化的生产体系生产出优质农产品，经过科学的采后处理和物流，以合理的价格通过自有销售渠道送至消费者手中。

3. 主要做法

（1）建立标准化的生产体系。宏福农业技术团队积极学习吸收国外先进生产技术，将其进行本土化改良，形成了一套适合华北地区智能温室番茄种植的标准化生产体系。荷兰拥有全世界最先进的农业生产及管理体系，如今世界上大多先进的农业企业使用的生产硬件及服务软件皆产自荷兰。支撑荷兰现代温室生产的理念核心为：创造适合植物生长的最佳环境，这也是指导宏福农业生产团队的行事准则。这种对植物生长环境的创造不是通过简单的主观臆想就能达到的，而是通过对生产所在地区的气候环境进行分析，结合温室设备及成熟的技术指导所形成的。因此，宏福农业技术及管理团队对荷兰的先进农业企业进行了深度的实地考察及访问。在了解荷兰的温室设备运作原理之后，引进满足国内种植需求的温室设备；同时，邀请国内外知名农业生产专家共同摸索及探讨。在项目初期，宏福农业聘请荷兰专家进行作物田间管理，但发现由于荷兰气候与国内气候的较大差异，荷兰专家技能并不能得到充分发挥。但在这一过程中，由国内农业院校的应届生组成本土团队，快速地完成了对荷兰技术及种植经验的消化吸收，并具备了独立进行温室生产的能力。

随着生产规模的扩大，宏福农业对于可复制的高效生产体系的需求也越发凸显。在随后的发展中，宏福农业技术及管理团队通过对农业生产中各个细节不断地研究探索，制定出一套契合自己的生产标准，为公司的农业标准化打下了坚实基础。

生产标准围绕番茄育苗技术、栽培技术、苗期技术、病虫害防治、采收规范及温室员工管理规范等包含智能温室番茄栽培的各个方面。将生产工人按工种不同分为盘头、落蔓、疏花疏果、打老叶、采收 5 个工种，具有很强的实践性和可操作性，大大提高了工人的办事效率。此外，通过物联网技术，实时监测温度、湿度、光照强度、CO_2 等数据，实时动态掌握温室生产环境各条件参数，专业种植团队通过数据分析，结合植株生长需求及气候条件，制订合理的环境控制及灌溉方案，人为调控创建植物生长的最佳环境，保障了农产品的品质。

在随后的标准化体系建设中，宏福农业对现有的管理制度、技术规范等进行梳理完善，同时梳理相关的指导标准、政策文件、法律法规文件。

公司制订了"北京宏福国际农业科技有限公司国家番茄智能化栽培标准化示范区项目工作计划",建立以技术标准为主体、管理标准和工作标准与之相配套的国家番茄智能化栽培标准体系,包括通用基础标准(17项)、技术标准(49项)、经营管理标准体系(20项)、工作标准体系(28项)在内共计114项标准。其中,企业自主制定标准共计62项,并于2018年7月1日批准发布了标准体系。

(2) 注重培训。宏福农业在技术团队的建设上和技术人员的培训上,投入了大量的人力、物力。聘请具有专业番茄种植技术且经验丰富的荷兰种植专家为示范区技术总监,招聘有专业知识的农业高等院校毕业生组建技术团队。荷兰种植专家定期为种植经理和种植助理进行田间技术与番茄种植理论指导,并组织公司技术骨干远赴荷兰、加拿大接受专业的技术培训。

积极参加国家标准化工作委员会、北京市质量技术监督局举办的农业综合标准化培训班,并组织标准化工作小组深入学习研讨培训班教材《农业现代化与标准化》《农业综合标准化》《农业标准化示范区信息平台操作方法及注意事项》《构建高标准农业建设标准体系规范高标准农田建设活动》《农业标准制修订中的常见问题及解决方案》《国家农业标准化示范区建设的创新与发展》《农业标准化示范区经验交流材料汇编》等,提高标准制修订人员的标准化知识水平。

公司邀请北京市标准化研究院专家为公司全体参与标准制定的管理层员工就标准化项目的背景、开展流程、标准体系建立、持续改进过程等进行了详细的讲解;科学解读了《农业标准化示范区建设与农业标准体系构建》,有效提高了标准化制修订人员的工作效率、解答在实际工作中遇到的诸多困惑,制修订人员充分掌握了标准制修订相关知识。公司邀请标准化专家针对企业标准的编制进行了专项知识培训,对企业标准制定的流程、原则进行了科学的讲解,同时提升了标准制修订人员对标准文本编制的技巧。此外,积极参加各种标准化活动。

(3) 标准化实施。为了使标准化生产工作顺利开展,宏福自行投入700余万元对原有的50 000平方米现代标准化智能温室进行改进升级,其中包括供暖设备升级、侧保温系统加装、更换智能管控系统、升级管理销售软件等,力求在智能温室各个环节实现硬件、软件与番茄种植之间的完美配合,符合生产标准。

标准发布后,公司技术部、销售部、包装部、物流部、人力资源部、财务部及办公室等部门对本部门相关人员开展培训,重点对已经发布的标准化文本内容进行宣讲、贯彻、落实。示范区严格按照标准化制定的模式进行管理,并向技术部发放生产记录,内容涵盖采购、播种、育苗、施肥、植保、采摘等各个环节。督促其他相关部门切实落实并严格按照标准化规定执行，为全员贯彻标准化理念打下坚实基础。在示范区技术区、水肥车间、仓储区域、包装车间外张贴标准，加强社会公众监督，提高全体员工标准化意识，落实标准化工作内容，提高执行力。

（4）建立完善的采后物流体系。农产品作为商品，品质恒定是其中一项重要的特性，生鲜产品保鲜尤为重要，是影响农产品品质的关键因素。建立完善的仓储物流保鲜体系，提高物流配送速度，是保证产品品质、保证农业产品品牌服务形象的重要环节。

宏福农业生产出的番茄，要通过冷藏、分拣、包装及冷链物流，最终到达消费者手中。因此，保证了番茄的新鲜度。简单来讲，冷藏工艺延长了商品的保鲜期；分拣作业剔除了残次品，进而减少商品腐烂的风险；包装设计降低了损果率；冷链物流则保证将合格的商品送达到消费者市场。

（5）制定科学完善的价格体系。市场产品良莠不齐，消费者缺少辨别产品好坏的知识和标准。市场也缺少对同类但不同等级的产品执行不同价格的完善机制，极易出现"谷"贱伤农的情况，打击生产者种植好产品的积极性。

宏福农业在严格核算生产成本后通过向市场推出具有品质稳定、规格一致、口感恒定等商品品性的番茄，好品质产品应该有好价格，促进市场建立科学完善的价格体系。

（6）建立自有销售体系。传统的农产品销售模式中，从生产者到消费者中间要经过三四道渠道商，利润层层减少，严重打击了种植者积极性。宏福农业通过建设自有销售团队，减少中间商加价的环节，让生产者获得相应的利润。

（7）周年供应。在实际经营过程中，宏福农业发现要实现农产品商品化，实现产品的真正盈利，维持销售网络和购买人群的稳定，必须保证优质农产品的周年供应。因此，宏福农业通过大兴园区与大庆园区地理互补

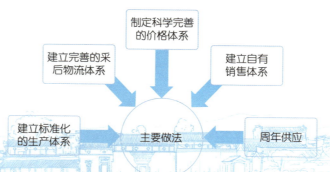

优势综合生产，借助标准化的生产体系生产出周年供应、品质四季如一的优质农业生鲜商品。目前，宏福农业柿系列产品已进驻全国中高端商超1 077家，赢得了广大消费者的喜爱。

三、利益联结机制

公司本着"扎根农村、服务农民"的宗旨，积极吸纳周边农户。大庆园区在与东方红驻村工作队的多次沟通之下，双方签订了脱贫帮扶合作备忘录，密切配合推进"扶贫车间"建设，面向贫困村招聘产业工人，提高贫困人口用工比例，优先采购东方红村出产的绿色农产品等。目前，招收的正式工人以农业技术产业工人为主，全部按照国家法定底薪加提成的工资制度，工人人均月工资在3 500元左右。大兴园区也积极吸纳周边农户进入公司从事生产作业和包装作业，共吸纳一线生产工人26人、包装一线工人17人。周边农户年收入达6万～7万元，人均收入大幅提高。

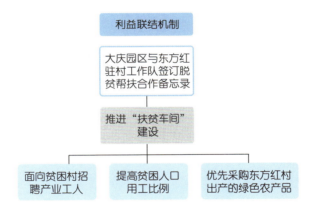

四、主要成效

1. **经济效益** 宏福农业技术团队通过标准化的生产体系实现了小番茄产量突破每平方米20千克，大番茄产量突破每平方米42千克。自有品牌"宏福柿"销售网络已覆盖北京、上海、广州、深圳、武汉、香港等全国各大城市，中高端超市进店数超1 000家，日销售额达3万元。

2. **生态效益** 宏福农业完全脱离中国传统农业温室模式，严格按照国际标准建造农业种植温室；生产过程中利用生物防治技术，在无菌环境下生产；种植过程中减少或不使用农药，使用熊蜂授粉，保证产品绿色安全；采用农业废弃物循环利用技术，即将果蔬残体经过微生物分解等无害化处理返还田间，减少或杜绝对大气、水体的污染。

温室设计采用雨水循环收集体系和滴灌技术，园区内能源以电、天然气等清洁燃料为主，后期通过太阳能建设光伏基地，充分利用可再生能源供应园区所需能耗。用高科技回归健康原生农业。

在保证其产品质量的情况下，其产量是传统农业栽培产量的8～10倍。以番茄为例，可以实现年亩产8万～10万斤。项目具有显著的生态效益。

3. 社会效益

（1）提高市民餐桌的蔬菜品质。严选全球顶级食品品种入棚，利用生物防治技术，在无菌环境下生产，种植过程中较少使用农药，使用熊蜂授粉，生产出的番茄维生素含量极高，口感绝佳，产品已进入国内1 000多家中高端超市，是广受消费者青睐的生鲜产品。

（2）增加就业机会。通过本项目的实施，可以直接和间接带来大量的就业机会，有利于社会环境的稳定。高科技无公害绿色农业和观光旅游业都是劳动密集型产业，就业者需要的专门技术较易掌握，有利于解决剩余劳动力的就业问题，为当地提供大量的就业机会。

（3）助力现代农业示范推广。通过现代农业旅游，对来访者普及智能温室种植、温室环境如何采用智能计算机系统控制打造植株生长创造最佳环境。让更多的人了解现代农业的发展趋势，了解食品安全标准化，了解如何生产出真正的安全食品。宏福农业将现代科技农业生产产业定位为现代温室工厂化生产产业，项目的成功实施产生了巨大的经济效益和社会效益，为推动我国农业升级转型提供示范推广效应，为现代农业插上了科技的翅膀。

五、启示

1. **制定标准的生产体系** 现代农业应区别于传统农业的落后的生产方式，应发挥现代农业的设备优势，因地制宜地制定标准生产体系，合理划分工种，提高劳动效率，并通过标准化生产出高产、优质、安全的农产品。

2. **产前、产中、产后融合建设集成创新** 农业产业化不再是单纯的种植农产品，要具有经营意识，要将农产品生产、包装、物流、销售等方面结合在一起，集成创新。

3. **实现优质农产品的周年供应** 为了实现农产品的商品化和盈利，维持销售网络和购买人群的稳定，必须保证优质农产品的周年供应。宏福农业采用多个园区多地理位置的方式实现了农产品的周年生产。此外，周年供应还可以通过扩大生产规模，选取更加合适的地理位置，合理安排茬口来实现。

启示

上海青浦：重固数字农业产业园

导语：改革开放四十年成果辉煌，但农业仍然是最大短板，"三农"问题是党中央、国务院社会各界关心的重点。但是，农业生产力和效益低下，有补贴、难盈利的现状，人们对健康高品质农产品的需求与农业现状的矛盾日益突出。同时，对于上海来说，迫切需要高品质、高标准、高集约化的现代农业项目来带动上海农业产业升级，实现农业综合生产能力的提升，为城市居民提供安全、健康、营养的高品质农产品。因此，在上海市青浦区重固镇构建数字农业产业园项目具有深远意义。

一、主体简介

重固数字农业产业园位于上海市青浦区重固镇，是由上海赋民农业科技股份有限公司出资建设、管理、运营的现代农业产业园区。园区规划面积5 000亩，分两期建设完成：一期用地面积约1 456亩，二期用地面积约3 544亩；其中1 356亩数字农业产业园板块东近徐山路、西临油墩港、北临沪常高速，建设温室用地857亩。

目前，园区已建成的数字农业产业园示范区100亩，投入资金1.2亿元，入驻企业7家，其中高新技术企业1家、农业研究院1家、特色种植专业合作社5家。以上企业覆盖了现代农业的先进技术研发、中试、高新技术推广示范、农产品生产、流通等关键环节，重点突出现代农业高新技术的研发和应用。示范区已具备较强的科技示范作用，实现了叶类和果类蔬菜生产从播种、育苗、移栽、运移、生长、采收等全自动化种植全过程；同时，还具备农业科技创新服务平台，帮助入驻企业进行科技创新、成果孵化和创业服务。现场已建设自动化设备、物联网平台、农业生产智能管理系统等开放给入驻企业使用、测试和连接。示范区还建设有现代化的农残检测室、自动化组培实验室，供入驻企业或其他形式经营主体研发和生产使用。

二、主要模式

1. **模式概况** 重固数字农业产业园采用以高效农业生产为核心、覆盖农业生产全产业链的产业聚集模式。园区以高科技数字农业为目标，以农业高新技术企业为引领，以农业研究机构为技术支撑，以农业企业和专业合作社（家庭农场）为生产主体，聚焦农业高新技术研发、应用，涵盖高品质农产品生产、加工、流通等相关产业，是集研发、种植、加工、流通于一体的高科技现代农业园区。

2. **发展策略**　重固数字农业产业园以实现高科技、高集约化、高品质，信息化、智能化、自动化、标准化的"三高四化"高效农产品生产体系为核心理念，以覆盖农业生产全产业链的产业聚集的发展模式，建设成为产业特色鲜明、要素高度聚集、设施装备先进、生产方式绿色、经济效益显著、辐射带动有力的国家现代农业产业园。以优质、安全、绿色农产品生产为前提，用标准化生产体系，推行绿色生产方式，从加强产地环境保护和源头治理入手，深入实施化肥农药零增长行动。解决农业生产中靠天吃饭、掠夺性种植的现状，解决农产品中农药残留、重金属残留的安全问题，大大提高了农业资源的利用率、农产品单位面积产量、农产品质量和农产品的附加值，又能有效地保护农业生态环境，能够解决农业发展、资源及环境三大基本问题。同时，在农业产业化中通过合理的分工协作形成利益共同体，使得产前、产中、产后各环节的产业化主体都获得最大的效益，在此基础上实现区域化布局、专业化生产、一体化经营，提高农业的整体竞争力，提高农业的经济效益。通过规模化生产，重固数字农业产业园打破一家一户的分散经营，突破规模优势，走农业区域化布局、一体化经营、合作化生产的路子，不断凝聚农业产业化，并促进产业升级。另外，不断强化科技创新和服务能力建设，为涉农企业、专业合作社、家庭

发展策略

以实现"三高四化"高效农产品生产体系为核心理念
- 高科技 ── 信息化
- 高集约化 ── 智能化
- 高集约化 ── 自动化
- 高品质 ── 标准化

以覆盖农业生产全产业链的产业聚集的发展模式

在科技引领、创新驱动、产业融合、转型发展上实现提档升级
- 整体提高产业园科技创新水平
- 增强产业园示范引领、辐射带动的能力

农场、产业基地搭建平台。在科技引领、创新驱动、产业融合、转型发展上实现提档升级，整体提高产业园科技创新水平，增强产业园示范引领、辐射带动的能力。

3. 主要做法

（1）**大力开展农业科技研发**。已入驻企业中，上海摩天农业科学研究院拥有研发人员 30 人，其中硕士研究生以上学历人员占 90％；已于植物营养、植物病理、分子生物学、微生物、农业计算机、工程设计、机械工程等方面形成了一整套的研究体系，并取得了多项研究成果，其中包括蔬菜自动生长流水线、农业专家系统、自动播种流水线系统、果菜立体生长，同时于蔬菜种植、采收、运输机器人等方面取得了突破性进展。研究院通过对智能设备系统的开发与运用，如机器人选苗系统、分拣包装系统、自动种植采收系统及自动流水线系统等，大大提高了生产效率，降低了劳动强度，实现生产标准化。园区各企业以摩天农业科学研究院为技术依托，进行各项现代农业技术的研发和实施。

目前，园区已具有多项主要核心技术。例如，拥有的植物多层立体栽培技术、自动播种技术、植物自动生长系统生产技术、温室工程设计、数字农业智能控制技术和建造技术等达到国内领先水平；自主研发了液态有机肥，解决了蔬菜中农药残留、重金属残留、化肥残留等蔬菜安全问题，提高了产品品质；开发了病虫害主动防御系统，从根源上避免植物病虫害发生，确保产品的安全性。

多层立体种植   自动播种流水线

另外，园区研发的赋民云种植系统综合了计算机、互联网、机械与自动控制、设施园艺、植物营养、植物病理、分子生物、微生物、新材料等多个学科，形成了一整套云种植技术体系。云种植系统、云追溯系统和网络云指挥系统共同构成云种植体系，使蔬菜生产从种子到果实、从温室到餐桌的全过程可控制和可追溯。赋民云种植系统主要包括：CDS 云数据系统、AES 农业专家系统、IPS 智能生产系统和 OATS 在线式农产品质量溯源系统。

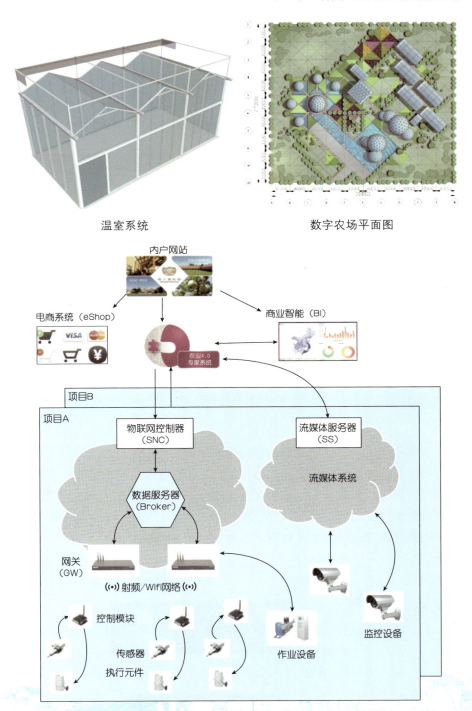

温室系统   数字农场平面图

病虫害主动防御系统

CDS 云数据系统包括农业数据中心、数据挖掘系统和商业智能系统；可根据农业数据中心的数据，指导生产、智能预警和经营分析；CDS 云数据系统通过对温室内温湿度、光照等环境信息的采集和分析，结合农作物生长周期，对农作物生长周期和轮作情况进行数据分析并呈现结论，为企业和农场生产管理提供指导；通过采集阶段时间内的生产和经营数据，以及挖掘网络相关农作物市场数据，进行经营质量评估分析，并生成市场报告及改进建议。

CDS 云数据系统

AES 农业专家系统包括现场数据采集系统、专家管理执行系统和分布式智能网关系统。由智能设备感知层、实现层实时采集的棚室及育苗播种植物生长现场温湿度、光照、EC 值、CO_2 浓度等传感器数据，经赋民智能网管推送给云后台。当赋民云种植系统处于全自动无人值守工作模式时，会根据 AES 农业专家系统数据，完成天窗、侧窗、卷帘等全自动工作，以及智能实现植物生产环境调节和水、肥料的精准供应。

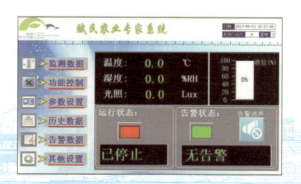

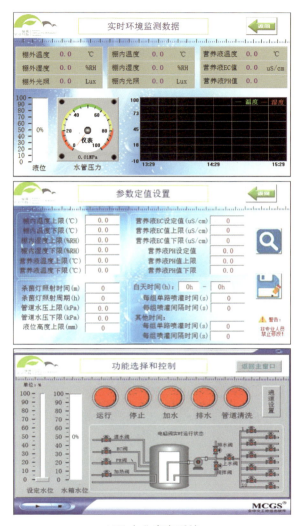

AES 农业专家系统

　　IPS 智能生产系统主要包括生产计划系统、种植执行系统、生产管理系统。根据销售订单或者计划订单，IPS 智能生产系统规划种植计划，经工艺员确认后生成各工序工单，并下发给各生产设备；其中，各工序需要的生产资料由 BOM 清单自动生产形成可追溯记录。

　　OATS 在线式农产品质量溯源系统使赋民云种植系统可支持农产品追溯，可实时跟踪每个环节，率先提供从一粒种子到客户餐桌的全闭环完美溯源。

生产计划系统

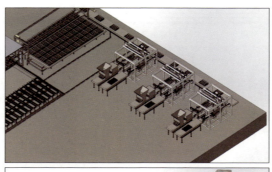

种植执行系统

生产管理系统

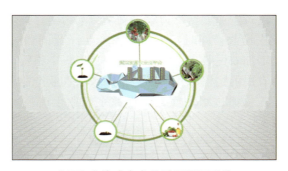

OATS 在线式农产品质量溯源系统

（2）加速创新技术的推广。重固数字农业产业园已投入使用和大量产业化推广的创新技术有计算机农业专家系统、赋民云种植系统、叶类蔬菜自动生长流水线系统、果类蔬菜自动生长流水线系统、活体蔬菜自动生长流水线系统、蔬菜自动育苗系统、水肥生产和供应系统等。将这些技术进行综合整合，实现了人工控制数字农场内作物的生长环境，解决了传统农业受季节、土壤、地域等自然条件限制的问题，实现了有计划的生产安全、高营养的优质蔬菜的目标。

（3）*构建现代农业产业园体系，加速聚集农业产业企业*。重点培育"以高科技农业企业、农业研究院为产业化技术龙头的优势，带动农业企业、专业合作社（家庭农场）和种养大户发展高科技农业"的模式。扶持并鼓励高科技农业企业、农业研究院带动专业合作社，建立产业园和示范基地，着力打造高品质、安全、营养、健康的特色农产品牌，为持续建设产业园奠定品牌优势。目前，已经加入的农业高新技术企业1家、农业研究院1家、农业企业及合作社（家庭农场）7家。负责农产品生产的企业都是当地或周边地区知名的种植大户、特色产业的带头人；其中，骨干农业企业均是上海市高新技术企业，也是农产品创新流通、带动发展的牵头人。

三、利益联结机制

在重固数字农业产业园中，农业研究机构和高新技术企业研发先进的数字农业生产技术，并加快农业科技成果的推广转化，提高农业综合生产力，带动农户、农企、农民共同富裕；园区的农产品生产企业为园区的流通企业提供高品质的农产品和休闲体验消费的免费场所；园区的农产品流通企业在盈利中提出部分经营利润投入农业高新技术的研发和推广。三者相辅相成，相互促进，共同发展。其中，通过数字农业的推广应用，凸显赋民品牌效应，提高农业生产的科技含量，拉动整个园区经济发展，带动农企、农户共同进行农业创新，为农村剩余劳动力转移提供空间，促进农业增产增效、农民增收。同时，重固数字农业产业园通过农业规模化经营，可以稳定及增加农民收入。一是土地从村里集中租赁，定期将租金发放给农民，保障农民的稳定收入；二是重固数字农业产业园优先雇用当地农民作为产业工人，通过培训使其掌握数字农业生产技术，提高生产效率，增加农民收入。

四、主要成效

1. 经济效益　一是提高了产量。通过采用立体种植技术和病虫害主动防御系统提高了单位面积土地利用率，进而提高了单位面积农产品产量。以西葫芦为例，传统土培方式亩平均产量为5 000千克，有机种植方式亩平均产量为2 000千克，利用数字农业种植方式亩平均产量为15 000～25 000千克，亩平均产量是传统种植的3～5倍，是有机种植的7.5倍以上，经济效益显著。二是节约了成本。赋民数字农业技术在运用过程中，提高了自动化程度，减少了劳动力的投入；生产过程中水、肥料等资源得到循环利用，杜绝浪费，节约生产成本。3 种种植模式生产成本分析见表 2-1。

表 2-1 3 种种植模式生产成本分析

种植方式	传统土培方式	有机种植方式	数字农业种植方式
每产 1 千克果蔬平均用水量（千克）	400	200	20
果蔬平均年产量（千克/亩）	5 000	2 000	15 000～25 000
每位工人每年生产果蔬（千克）	10 000	5 000	100 000

2. 社会效益 一是增加就业岗位。通过将数字农业技术与休闲农业、人文资源相结合，大力发展乡村旅游，培育知名品牌，通过技术培训使农民成为农业产业工人，促进第一产业与第三产业的融合，增加区域内的就业岗位，丰富农民的收入来源，将农民的收入提高 3～5 倍。二是对未来农业发展模式的探索。通过提升农业生产的规模化、标准化、产业化水平，拓展提升农业复合功能，打破传统农业对季节、土壤、天气的依赖，为农业的发展提供一种新的模式。三是运用数字农业技术，打造现代化新农村。同时，园区使用多立体栽培技术，提高土地利用率，充分利用立体空间；采用集约化的管理模式，建立农业生产的可追溯系统，监控生产过程中的各个环节，保证农产品的安全。数字农业技术在农业上的运用将使农村呈现出新气象，改变农村萧条、沉寂的现象，打造现代化新农村。

3. 生态效益 一是改善环境。数字农业技术解决了由于土壤连作栽培造成的地力衰竭、盐碱化、重金属污染、化肥污染、病虫害严重等问题，缓解土壤压力，保护土地。使用数字农业技术进行农业生产时，要求源头无工业污染、农业面源污染和生活污染等，从源头保护环境，生态环保。二是提高品质。在数字农业技术应用过程中，灌溉用水经过水处理系统净化过滤，高于饮用水的标准；施用肥料为自主研发的液态有机肥，保证了果蔬的品质；病虫害防治采用病虫害主动防御系统，利用物理防治方法、生物防治方法从根源上杜绝病虫害的发生，保证了果蔬产品的安全性。通过运用赋民数字农业技术生产出来的果蔬产品达到金标标准，确保其无化肥残留、无重金属残留、无农药残留，产品中主要营养物质是普通果蔬的 3 倍以上。三是节约资源。通过赋民数字农业技术的运用，能够实现作物在整个生长过程中水、肥料的循环利用，节约水资源，避免肥料浪费；同时，采用立体种植模式，充分利用空间面积，节约土壤资源；通过自动化控制水肥供应，节约劳动力。

五、启示

联合国开发计划署发布的《2013 中国人类发展报告》指出，到 2030 年中国城市化率将超过 70%，中国人均收入水平有望达到高收入国家中上水平，人民对食品安全将更加重视和关心。随着中国现代化城市的发展及城市的急速扩张，中国正急需一种在城市周边发展集约化、不被环境制约、按人类计划生产高品质农产品的新型农业生产模式。

目前，我国农业还处在一个大水、大肥、大农药、掠夺性种植、"靠天吃饭"的阶段，大量的化肥、农药造成了土壤板结、环境污染、农产品严重不安全等一系列问题。城市中工业污染残留的重金属和化学物，以及城市中生活污染残留的抗生素、重金属、有害微生物，通过河流等水体侵入土壤，导致严重的土壤和环境污染。这种粗犷的农业生产方式已不能适应现代农业发展的需要，因此在城市周边急需建设集高科技农业技术研发、中试、推广应用、高品质农产品生产与流通、涵盖高科技农业生产全过程的园区，来示范引领城市周边高科技农业的发展，为城市居民提供安全、营养、健康的农产品，满足人民对高品质生活的需求。

江苏淮阴：国家农业科技园区

导语： 江苏淮阴国家农业科技园区是科技部于 2013 年批准创建的全国第五批 46 个国家农业科技园区之一。根据《国家农业科技园区建设管理办法》和淮安市委、市政府要求，园区建设的总目标是打造农业现代化区域性发展平台，园区的定位为现代农业科技示范区、"四化"同步先行区、农村改革创新试验区和城乡统筹样板区。

自获批创建以来，园区在淮安市和淮阴区两级党委、政府的正确领导下，在市、区各相关部门的关心与支持下，取得了阶段性创建成效。2017 年 11 月，园区以总分排名第一的成绩，顺利通过科技部对第五批国家农业科技园区验收。在科技部发布的《国家农业科技园区创新能力评价报告 2015》《国家农业科技园区创新能力评价报告 2016—2017》中，园区创新能力连续跻身创新引领园区前列，分别位列全国第三和第二位。

在园区建设过程中，江苏省委、省政府的领导先后到园区视察指导，中国农村技术开发中心于 2017 年 3 月到园区进行专题调研，科技部有关领导也对调研报告作了批示。园区还相继被授予国家级农民创业园、国家级农业产业化示范基地、全国青少年农业科普示范基地、国家级星创天地等称号。

一、主体简介

园区瞄准农业现代服务业、农产品精深加工、智慧农业、生物农业、农业装备制造、休闲农业等领域，积极开展招商引资工作。根据国家宏观政策调整和园区企业实际发展情况，园区设立了科技创新专项资金、科技创业引导资金、产学研合作资金和现代农业发展资金，为企业建设研发平台、加速科技成果转化、引进人才、创建高新技术企业、建设品牌等方面给予配套资金支持，为企业发展注入强大动力。园区土地产出率达 279 200 元/公顷，劳动生产率达 214 600 元/人；2017 年，园区生产总值达 98.639 4 亿元（含运南片、工业新区、三树镇），其中涉农高新技术产值 1.863 3 亿元；园区主要企业业务收入 95.015 7 亿元，其中技术性收入 1.257 4 亿元，企业业务收入比 2015 年 63.007 9 亿元、2016 年 89.380 4 亿元分别增长 50.80%、6.31%；实现年利税额 6.308 3 亿元、利润

3.765 7 亿元；第一产业产值 17.95 亿元、第二产业产值 60.61 亿元、第三产业产值 20.07 亿元，分别比 2016 年增长 1.1%、4.9%、18.5%。

二、主要模式

1. 园区科学规划布局 根据科技部的要求，所有国家农业科技园区应按照"核心区、示范区、辐射区"层次布局。自创建以来，园区先后聘请省农业科学院、同济大学、南京大学等知名高校院所专家编制了园区总体规划、运河区域综合发展规划与策划、控制性详细规划、产业发展规划，并将园区各项规划纳入原码头镇总体规划，解决园区规划合法性问题。园区核心区在申报时位于淮阴区原码头镇，规划面积 15 平方千米，后依据区委的"平台带乡镇"发展战略，聘请了省城乡规划院等团队对园区进行拓展规划，拓展后的园区核心区覆盖淮阴区三树镇、马头镇、南陈集镇、高家堰镇，总面积 430.67 平方千米，总人口 27.7 万人，规划年限与城镇规划（2017—2030 年）一致。根据空间发展规划，园区核心区选择京杭大运河与古黄河两河之间作为核心发展轴，总面积 58.06 平方千米，重点打造大运河国家文化公园、农业科技创新集聚区、农高新城示范区、花漾年华田园综合体四大板块，建设大运河国家文化公园（清口枢纽段）、精致农业园、港口物流园、科技创新集聚区、古黄河盐浴休闲文化展示区、农产品精深加工和生物农业区、农高新城综合配套区、花漾年华主题农业公园和林果花卉产业园 9 个功能区，城镇规划建设用地 5.1 平方千米。核心区产业以农业现代服务业为引领，精准发展生物农业第二产业，做长做强园艺第一产业，实现一二三产业融合的发展道路。

园区示范区位于淮阴区除核心区的其他镇（街道），重点发展特优高效种植、特种绿色水产和特色生态休闲"三特"农业主导产业；辐射区直接辐射淮安市剩余所属县（区），间接辐射整个淮河流域。

2. 基础设施建设逐步完善 园区核心区内建成了明远路西延段、古黄河路、经二路、纬四路、新许渡大桥及连接线等工程，形成"三纵三横"道路框架；园区已实现区域供水，向北接渔沟水厂、向南接城南水厂，两水厂之间统筹协调成环；正在规划建设日处理能力 3 万吨的污水处理厂；建成以统调电厂和 500 千伏变电站为主电源、220 千伏电网为骨干、110 千伏及以下配电网为支撑的供电网络；十三五期间核心区内将新增 220 千伏变电站一座，总负荷可完全满足企业用电需求；已有西气东输冀宁联络线，年供气 1.5 亿立方米；正在建设 3 万立方米的 LNG 气库，确保供气量和安全性；利用京杭运河口岸，建成集港口码头、LNG 储运、农产品冷链物流于一体的港口物流园，拥有 1 000 亩物流用地，可直达连云港港和上海港；建成淮安市国家农业科技园物联网远程监控平台，根据园区 18 个园艺果蔬生产基地实际情况，对基地生产状况进行实时远程视频监控、在果园生产基地安装小环境气象站、对有成品包装销售的企业采用农产品二维码溯源系统；农高新城示范区明远西路西延、通吴路、农高路等项目立项已完成，设计正在招标；污水处理厂用地已完成预审；全面启动高标准农田整治和集中居住工作，完成农高新城安置小区一期入户测量，征地及土地流转补偿已完成。

3. 强化科技要素支撑 园区先后与上海交通大学、台湾义守大学、扬州大学、省市农科院等 21 所科研院校建立产学研合作关系；建成园区科技服务超市、桂建芳院士工作站、陈文新院士工作站、皇达兰花组培中心、淮安农林人才综合实验基地、江苏省区域现代农业与环境保护协同创新分中心、江苏省植物生产与加工实践教育中心、江苏省食品质量安全营养功能评价重点实验室等科研平台 15 个，其中省级以上平台 4 个；争创国家级淮安湖泊农业面源污染控制技术国家地方联合工程技术中心；与区市场监管局、省食品药品职业技术学院共同打造农产品质量安全检测中心，建成面积 1 500 平方米实验室，有效促进高校研究力量和园区之间资源整合、成果转化；园区投入 1.8 亿元建成"四新成果"展示基地一期、二期并投入运营，已推广示范各类果蔬新品种、新技术、新模式、新设施等共计 231 项，"四新成果"展示基地目前已集聚各类创新创业主体 18 家，涵盖果蔬种植、花卉种植、灵芝种植、冰草种植等领域，技术输出服务面积达 5 万亩，被科技部评为国家级星创天地；"四新成果"展示基地三期投入 1.2 亿元，计划推广示范各类林果新品种、花卉新品种、渔业新品种、新技术、新模式等 500 余项，其中仅牡丹、芍药意向新品种就达 120 余个，建成后将对园区园艺产业发展和一二三产业融合具有重要意义。

4. 一二三产业快速融合发展 园区通过建设科技特派员创业基地、星创天地等创新创业平台，围绕主导产业，引进科研人才，培育农业科技企业、专业合作社、家庭农场等新型农业经营主体，发展新兴业态，促进一二三产业融合发展。一是营造创新创业环境，出台创业相关激励政策。例如，被列入市"淮上英才"计划和省"双创"人才计划的高层次人才，除上级奖励外，园区还给予 5 万元、10 万元的配套奖励，创业者最高可获得 30 万元创业资金支持。二是搭建创新创业平台。园区建成 2.2 万平方米农业产业技术创新创业中心和 450 亩国家级淮阴现代农业星创天地；已入驻创业企业 18 家、创客团队 10 个、创业服务团队 30 家；新增农民专业合作社 46 家、家庭农场 86 家。三是促进三产快速融合。立足资源禀赋，已建成"鱼趣园""菜趣园""兰趣园"等 12 个休闲观光农业园，培育 AAA 级旅游景区韩侯故里，年接待游客约 40 万人次。2018 年 12 月，园区承办 2018 江苏淮安园艺科技与产业发展高端峰会和江苏淮安第二届蝴蝶兰博览会，全年累计接待游客约 20 万人次。园区一二三产业结构比例日趋合理。淮安皇达花卉有限公司在一产基础上，新建了 1 400 平方米兰花精油萃取工厂和 5 万平方米的兰花科技园，通过休闲观光促进一二三产业快速融合。园区共有 2 家涉农国家高新企业，1 家为省级高新技术企业培育库企业，1 家为市级高新技术企业培育库企业，2019 年又申报了 4 家涉农国家高新企业。

5. 园区平台效应不断提升 园区明确以农业现代服务业为引领，做强做长一产，精准发展二产，坚持一二三产业融合发展的思路，大力发展特优高效种植、特种绿色水产、特色休闲农业，着重发展园艺产业，提高亩均效益，提升涉农二三产业准入门槛。在发展动能上，以科技创新、示范推广、成果转化为抓手，坚持生态环保、产业引领、亩均税收、高新技术 4 条入园标准，建立领导干部挂钩企业制度，提高服务企业发展实效，营商环境不断优化。2018 年新上各类重点项目 29 个，发展成效初步彰显。在项目推进上，坚持每月召开重点工作汇报会，每周召开项目现场推进会，督促纪工委定期开展专项检查，加强效能督查。2018 年共召开项目现场推进会 33 次、月重点工作汇报会 12 次。在平台带动上，按照区委新一轮"平台带乡镇"思路，对优化布局后的周边四镇进行调研，开展农科园土地功能片区改革、三园村城乡建设用地增减挂钩整村推进项目，完成花漾年华田园综合体规划，实施农高新城安置小区一期地块征地及土地流转，推动城乡融合发展，探索苏北乡村振兴的发展道路。

主要模式

园区科学规划布局	基础设施建设逐步完善	强化科技要素支撑	一二三产业快速融合发展	园区平台效应不断提升

三、利益联结机制

整合园区培训资源，充分发挥科技特派员作用，培训职业农民，加快科技成果转化，带动农民增收致富，助力打赢脱贫攻坚战。2018 年，园区核心区农民人均纯收入 20 129 元，比核心区外农民人均纯收入高 3 016 元；新增就业 1 375 人，帮助近 400 户贫困户脱贫。

1. 搭建培训平台 园区建成 5 000 平方米园区公共服务中心，具备职业农民培训、科技服务超市、金融服务等功能；共举办各类农业培训班 10 多期，培训人员 1 500 余人次。

2. 发挥科技特派员作用 园区共有科技特派员 36 人，其中个人科技特派员 23 人、科技特派团 2 个、科技特派员创业链（基地）1 个，实施各类科技开发项目 23 项，参与和组建合作经济组织或专业协会 36 个。南京农业大学"苏淮猪"研究团队在园区建立科技特派员创业链，提供"苏淮猪"育种、繁育到产业化开发全产业链服务。

3. 促进科技成果转化 以产学研合作为主、科技中介推介为辅，2016—2018 年，园区先后引进推广新品种、新技术、新成果 700 多项；2016—2018 年，农业科技成果登记交易 10 多项，登记交易额 1 000 余万元。其中，淮麦系列、淮稻系列在全市推广种植面积 25 万亩，苏创系列、苏梦系列西瓜在全市推广种植面积 12.5 万亩，淮椒系列在全市推广种植面积 10 万亩，"中科 3 号"异育银鲫在全市推广养殖面积 20 万亩，"苏淮猪"在全市扩繁推广 25 万头，年增效益达 8 亿元，带动全市农民增收。

利益联结机制

搭建培训平台	发挥科技特派员作用	促进科技成果转化

四、主要成效

1. 乡村振兴战略落实扎实 园区立足产业优势，依托科技创新，重点打造科技创新、现代园艺、观光旅游相融合的"接二连三"产业。目前，已建成既有科技成果展示，又有现代景观展示的"鱼趣园""菜趣园""兰趣园"，建成世外桃源水蜜桃园（420 亩）、台湾柿子和葡萄园（450 亩）、古道庄园（450 亩）、百香果园（400 亩）和冬枣采摘园（350 亩）等 10 多个具有时令果蔬特色和绿色果蔬观光体验功能的采摘园。园区通过承办 2017 年江苏淮安花卉暨兰科植物科技与产业发展高端峰会、江苏淮安首届蝴蝶兰博览会，邀请了中国科学院植物所、中国花卉协会、中国农业大学等单位的知名专家学者作专题报告，吸引了国内外多家知名花卉企业前来观展，累计接待游客 30 多万人，引爆了园区以兰花为主题的现代园艺休闲观光旅游潮。建成 4.5 万平方米惠民小区、5 万平方米爱心家园、3.5 万平方米龙亭御园、10 万平方米福兴家园、3 万平方米阳光假日和 5.5 万平方米荷芳苑 6 个大型高档商住群；同时，按照千年古镇码头镇建筑风格建成了集餐饮、文化、休闲于一体的"美食一条街""风味小吃一条街"；建成 2 条千年古镇仿古商业步行街；建成"全国最美乡村"泰山村和"江苏最美乡村"码头村。

2. 农业科技成果转化不断加快 园区 2018 年授权发明专利 390 个，其中取得授权的发明专利数 54 个；通过省级以上审定的植物新品种 20 多个，包括淮鲜豆 6 号、淮豆 13、佳华 909（玉米）、天玉 88（玉米）、淮麦 43、淮麦 44、淮麦 920、淮稻 119、苏创 3 号（西瓜）、苏梦 3 号（西瓜）等。江苏天丰种业有限公司与安徽隆平高科种业有限公司、江苏明天种业科技股份有限公司成功签约，转让淮麦 4046、淮 268 2 个麦稻新品系经营权，累计转让金额 884 万元。

围绕农业领域重大需求和区域发展需要、产学研用协同能力提升，园区开展产学研合作项目 100 余项，其中承担省部级及以上重大科技任务 3 项。实施国家重大农技推广服务试点项目，筛选出适合园区蔬菜产业发展需求的蔬菜新品种、新技术，新品种主要包括苏椒 17、淮椒 1108、苏粉 12 番茄、苏蜜 8 号、苏创 3 号、苏创 6 号等，新技术主要包括工厂化育苗和瓜类嫁接育苗技术，示范区丁集镇接受黄瓜嫁接育苗订单 77 万株；形成 2 个技术规程，即《塑料大棚西瓜栽培技术规程》和《塑料大棚辣椒技术规程》。建立一种高效栽培模式即秋淮安红椒—越冬甘蓝—春季西瓜栽培模式，实现年产量 10 000 千克/亩、经济效益 18 000 元/亩。实现了企业、园区、高校科研院所三方共赢，为园区现代农业产业发展与实用新型农业科技成果有效嫁接提供了有益探索。

3. 社会效益和生态效益成果显著 自园区创建以来，应用了一大批节能减排新技术。例如，国峰清源生物质燃气项目，利用秸秆和动物废弃物，采用欧洲先进的 HOST 沼气技术和设备，日产量 30 000 Nm3 天然气，年处理农作物秸秆约 8.1 万吨，年处理畜禽粪便 1.6 万吨；秸秆墙体日光能温室示范项目，既增加了保温效果、降低了湿度，又解决了农村秸秆处理难题；水培、雾培、植物工厂、水肥一体化的技术示范，不仅节约土地资源，还能节水，减少肥料使用；"池塘浮式圆槽生态养殖模式"的应用，使鱼产量提高至传统养殖的 5 倍，还解决了传统水产养殖水资源消耗大、周边水环境易被污染等弊端。这些技术的应用推广，有效地保证了园区生态、绿色发展。核心区马头镇获评"全国特色景观旅游名镇"，核心区码头村被评为"全国生态文化村""江苏省最美乡村""江苏最具魅力休闲乡村"，太山村被评为"国家美丽宜居村庄示范村""江苏省水美乡村"。

主要成效

| 乡村振兴战略落实扎实 | ➤ | 农业科技成果转化不断加快 | 社会效益和生态效益成果显著 |

五、启示

1. 找到了一条正确的产业发展道路 淮安市地处华东地区，土地资源有限。根据江苏省委"1+3"重点功能区战略，淮安市所在的江淮生态经济区要求在生态上做足文章，生态治理要求高。实践发现，在园区发展畜禽产业受限于生态治理，水产产业受限于养殖面积和减量增效，并且畜禽、水产产业与农户的利益链接不够紧密、参与度不高、示范带动效应有限；而稻麦产业附加值低。所以，在产业发展上确定了以农业现代服务业为引领，重点发展农产品物流、农产品贸易、农业文化旅游、农业科技服务。精准发展二产，重点发展农产品精深加工、生物农业、现代农机装备制造。做强做长一产，重点发展园艺（果、菜、花、药）和特种水产产业的发展思路，全面提高了园区的劳动生产率、土地产出率和绿色发展水平。

2. 建立了一个招商引资的有效平台 以蝴蝶兰为突破口，每年通过举办蝴蝶兰博览会、园艺暨花卉产业发展和科技创新峰会，吸引国内外知名园艺企业和专家学者到园区考察交流，展示园区良好营商环境，促进企业及科研平台在园区落户发展。

3. 探索了一套高效的项目推进机制 年初对全年重点项目进行编排，建设任务按月分解，每周召开项目现场推进会，纪工委定期开展专项检查，确保项目顺利推进，早竣工、早达效。

4. 谋划了一片联动发展的资源空间 核心区核心发展轴 58.06 平方千米，建设 4 大板块 8 个功能区，定位清晰明确，业态丰富、相互关联。每个板块和功能区土地性质清晰，为园区发展提供充足的要素保障。

5. 坚持了一条精准的科技创新之路 每年出台《关于设立支持农业科技创新驱动促进现代农业产业发展政策的意见》，促进高校、科研院所到园区搭建科技研发平台，鼓励企业增强创新主体意识和科研成果转化力度，发展高新技术产业、培育高新技术企业，支持科研人员、留学归国人员、返乡大学生到园区创新创业，营造良好的创新创业氛围。

启示
- 找到了一条正确的产业发展道路
- 建立了一个招商引资的有效平台
- 探索了一套高效的项目推进机制
- 谋划了一片联动发展的资源空间
- 坚持了一条精准的科技创新之路

福建同安：百利控股有限公司

> **导语：** 百利控股有限公司成立于2011年7月，总部位于厦门市同安国家现代农业科技园区。现已发展成为中国南方影响力较大的现代农业企业，旗下涵盖总面积近1 000亩的4个园区基地，是福建省农业产业化省级重点龙头企业、重点农作物种子企业；是一家集新品种研发引进与推广、蔬菜工厂化育苗销售、农资供应与销售、生鲜供应与销售、农机农技推广服务、土壤检测与种苗生理生化检测于一体的综合性农业公司；正在积极打造成为国内第一家专注、专业为农业提供系统化、科学化的蔬菜种植解决方案的服务平台、国内领先的优良种业公司。

一、主体概况

百利控股有限公司（以下简称百利）原名百利种苗有限公司，成立于2011年7月26日，总部位于厦门市同安国家农业科技园区，现已发展成为中国南方影响力较大的现代农业企业。

自百利成立以来，坚持"共享全球资源、嫁接国内市场、服务中国'三农'"的使命，推动农业技术创新，引领蔬菜工厂化育苗产业发展。目前，拥有4个园区基地35万平方米高档智能化温室，总占地近1 000亩。业务领域涵盖新品种研发引进与推广、蔬菜工厂化育苗销售、农资供应与销售、生鲜供应与销售、农机农技推广服务、土壤检测与种苗生理生化检测六大板块，积极打造国内第一家专注、专业为农业提供系统化、科学化的蔬菜种植解决方案服务平台、国内领先的优良种业公司，又是一个现代农业技术推广、应用、服务机构。

曾被评为农业农村部"全国农村创业创新第二批优秀带头人"企业、科技部2015年度"科技创新创业人才"企业、中组部第三批国家"万人计划"科技创业领军人才企业、全国农牧渔业丰收奖三等奖、金砖国家领导人厦门会晤食材供应企业、福建省农业产业化省级重点龙头企业、福建省省级重点农作物种子企业、福建省科技小巨人领军企业等。

二、主要模式

1. 模式概括——"良种＋良法＝良品"运营模式

（1）**良种**。做大、做优、做强蔬菜种苗事业。以厦门百利为基础，先后在厦门同安、漳州诏安、台湾成立3家种苗公司，正在积极推进"广东百利""海南百利"项目建设。构建一点为核心、多点覆盖发展的战略模式，年生产各类蔬菜嫁接苗、实生苗等2.2亿株，辐射福建、浙江、江西、广东、广西、海南、云南等省份。

（2）**良法**。发展设施农业聚焦产业前沿。先后在种子种苗技术攻关、温室自动化、水肥一体化、土壤检测、肥料科研等领域与荷兰瑞克斯旺种子公司、台湾地区农友种苗、日本Berg Earth株式会社、荷兰豪根道集团、以色列耐特菲姆、加拿大A&L实验室公司、日本OAT Agrio株式会社、意大利LIDA公司等国内外企业达成战略合作关系。成立新格林生态科技设施农业公司，主营温室设计与建造、无土栽培、水肥灌溉等。成立艾恩农环境科技实验室公司，组建土壤检测与种苗生理生化检测实验室，瞄准国际土壤学前沿方向，面向国家战略需求，为我国土壤资源合理利用、农业可持续发展和生态环境建设等提供决策依据和技术支撑。

（3）**良品**。积极打造现代都市果蔬品牌。在"良种＋良法"的有机结合下，先后成立百利军营红、历山农蔬菜2家果蔬种植公司，成立百利鲜生生鲜供应链公司，创建同名官方小程序"百利鲜生"并已上线运营，旗

模式概括——"良种＋良法＝良品"运营模式

良种：做大做优做强蔬菜种苗事业

良法：发展设施农业聚焦产业前沿

良品：积极打造现代都市果蔬品牌

下现有明星产品"百利军营红小番茄"——厦门金砖会晤供应品种，另有板栗南瓜、网纹甜瓜、鲜食水果玉米等多个特色优质品种，实现果蔬农产品产、供、销一体化进程。

2. 发展策略　随着公司品牌的沉淀积累，公司提出"共享全球资源，嫁接国内市场、服务中国'三农'"的使命。在公司发展关键期，启动公司企业总部、科技总部——厦门百利现代农业科技园的建设，园区规划总占地面积240亩。截至2019年8月，已完成园区一期项目建设，建成各类现代化温室38座共计71 228平方米，配套水肥一体化与计算机智能控制系统和智能监控系统建设，实现了整个园区的安全生产可追溯。园区以"良种＋良法＝良品"为运营模式，倡导农业产业链上下游的有机融合发展。

在此基础上，园区依托厦门百利现有研发技术水平及基础设施条件，融合、吸收和引进国内外农业领先企业进驻园区开展战略合作和试验示范推广工作，以期借助多元化资源平台，以"种子、种苗"为纽带，嫁接国内农业产业推进发展。在合作的同时，实现农业科技成果的本土转化，并借助公司团队基础，实现农业新技术、新模式和新品种的本土基层推广，共同实现富民强村、乡村振兴的宏伟目标。

3. 主要做法　2016年，公司重点提出借助"三个带动"（科技带动、产业带动、销售带动），实现农户增产增收的构划。通过与厦门市本土金圆集团、夏商集团、永辉超市等资金端企业、销售端企业合作，提出并建立农业金融产业链的设计，以最实际的操作解决农户发展现代农业的资金瓶颈问题及农产品的销路保障，得到农户的积极响应。与此相关的各项举措旨在巩固和拓展市场，以期在积极推行"育、繁、推""产、供、销"一体化发展模式的过程中，提升自身企业的核心竞争力。

（1）科技创新，提升企业知识产权的保护意识。强化企业知识产权保护和管理体系建设，加强企业在文化品牌方面的建设。截至2019年8月，公司团队在生产过程中，针对生产实际和工作需要，通过自主研发获得"一种塑料嫁接夹自动生产线"发明专利1项、"一种蔬菜嫁接苗嫁接愈合室"等实用新型专利11项、"蔬菜嫁接夹"等外观设计专利1项（均已授权）。在蔬菜新品种研发方面，培育适合福建设施栽培的优质、抗病、高产新品种多个，其中11个新品种已提交至农业农村部植物新品种办公室申请pvp保护，另有SP161、SP341 2个辣椒品种完成农业农村部的非主要农作物品种登记，完成企业知识产权管理体系认证（证书编号：18119IP3432ROM）。

（2）精准扶贫，带动农业增效、农民转产增收。直接带动约70个200亩规模的生产基地进行无公害产品种植。通过新技术的规模化推广应用，直接或间接对基地周边产生带动效应，带动周边农户从传统种植模式向现代种植模式的转变。既推动了产业走向绿色、环保，改善蔬菜品质，更为农业增产作出应有的贡献。

公司每年培训农民 3 000 人次、技术人员 300 人次。技术推广、人才的培训，为提高农民效益提供了保障。种苗、技术直接带动农户 10 000 万户（以 3 亩/户计算）。提供优质蔬菜嫁接苗、推广先进栽培技术，辐射推广至厦门及其周边地区 150 000 亩，带动农民增收 10 亿元，每亩带动农民增收 6 600 元。

同时，也为农村剩余劳动力提供就业岗位，为致力于从事农业行业的大学生及有为青年提供更广阔的平台。

（3）积极配合山海协作和精准扶贫工作。

带动典型一：诏安嘉禾百利山海协作项目

2012 年，厦门市同安区与漳州市诏安县达成山海协作共建协议。双方按"共同投资、共同研发、共享成果"原则联合打造的诏安-同安山海协作产业园区，是福建省首批山海协作共建产业园之一。2014 年，在福建省农业厅的牵线搭桥下，并在两地政府的见证下，诏安嘉禾百利种苗有限公司于 2015 年 7 月由厦门百利投资成立。经过多年的发展，嘉禾百利已成为漳州地区最大的蔬菜育苗基地，形成集蔬菜现代工程化育苗、蔬菜新品种示范推广、蔬菜栽培新技术培训于一体的现代化农业综合体。

公司平均每年开展种植户栽培新技术培训交流会、新品种观摩会 24 场以上，并与贫困农户建立利益联结机制，为贫困户免费提供优质种苗，带动东湖片区约 180 户（其中贫困户 38 户）；通过农业技术等的基层推广间接带动周边农户栽培水平的提高，实现规范化、技术化种植，真正做到培训扶贫、技术扶贫，逐步实现从"授人以鱼"到"授人以渔"的转变。

通过高端蔬菜新品种引进与推广，筛选出适合本地的更高产、更优质、生产更稳定的品种。以新品种辣椒为例，每亩产量可提高 30%，每亩收入最多可达 4 万多元。截至 2019 年，种植户每亩大棚蔬菜纯收入约 2.5 万元，切实提高贫困群众在产业开发中的参与度和收益度，带动当地贫困户脱贫致富。

公司与福建众农优选发展有限公司、福建香百富农业发展有限公司连片形成西潭镇东湖产业基地，流转 248 户农户的土地，优先聘用有劳动力的贫困户、计生二女户及村留守妇女等群体，提供 20 个固定就业岗位及 110 个季节性工作岗位。本地员工占公司总人数的 90% 以上，就业群众每月工资在 3 000 元以上，人均年收入可达 4 万多元。

带动典型二："军营红"小番茄种植基地项目

2017 年，厦门百利响应同安区委、区政府的号召，发挥农业龙头企业的带动作用，与军营村合作成立厦门百利"军营红"小种植有限公司，在军营村建立"军营红"小番茄基地。基地采用现代设施农业的种植方式，种植高品质越夏小番茄——"军营红"小番茄。军营村海拔高、气温低、昼夜温差大，利于糖分积累，种出的小番茄口感极佳。"军营红"是高端高附加值茄果类蔬菜，皮薄，糖度高达 10～12 度，酸甜比最佳；产量大，一亩至少产 4 吨，最多可以达到 6 吨。"军营红"小番茄第一批在 8 月底上市，市场价每斤 40 元。顺利投产后，每年给军营村带来 30 万元收益。

该基地占地 48 亩，百利种苗占股 80%、军营村占股 20%。通过土地流转模式租用农民土地，后期用工基本聘用军营村村民，以增加农民收入。目前，基地已经聘请了 6 个村民长期担任管理人员，每月工资 3 500元；季节性用工的工资则是 120～150 元/天。等到基地完全建成，配备的员工会更多。聘请当地村民不仅是为了增加村民的收入，更重要的是把种植小番茄的技术传播出去，吸引更多青年人回乡种植高端高附加值茄果类果蔬，促进军营村的农业现代化和农民增收，带动农业转型。

三、利益联结机制

厦门百利源于种苗、起于种苗，企业发展至今，种苗业务依然作为其主要业务，占有较大比重。结合公司近年来工作情况，与农民主要的合作机制，尤其是种植大户之间，以发展"订单农业"为核心。在种植旺季来临前，种植大户先行向公司业务部门进行种苗的采购与合同签订；公司生产部门根据作物生长周期及合同安排生产，实现园区内种苗的"一客户一订单"批量生产模式。与此同时，作为省级重点农作物种子企业和"育繁推"一体化企业，厦门百利更加注重蔬菜新品种的引进、示范与推广工作，每年引进国内外特优蔬菜新品种 50 个，并经过公司内部产品开发和示范部门的种植，每年以 1～5 个品种的进度逐年开展新品种的基层推广工作；在此过程中，形成新品种栽培技术指南并派发给种植户，每月召开新品种观摩会、种植培训会等 2～3 场，实现农业新技术的有序推进。

1. 农民增收　农民增收的方式是提升农产品价格及降低种植成本，以百利种苗在闽南传统蔬菜种植区同安郭山推广辣椒新品种为例，郭山以种植紫长茄而闻名。推广新品种后，每亩减少成本投入 4 000 元，增收约 20 000 元。提供优质蔬菜嫁接苗、推广先进栽培技术，以年生产 1 亿株嫁接苗为例，辐射厦门及周边地区 50 000 亩，农民平均年增收 6 000 元/亩，实现农民增收 3 亿元。

农民的间接收入方式。通过种植科学化管理、水肥一体化技术的应用，节省人工成本投入；而剩余劳动力可以到就近的工厂就业，公司的运营发展也会提供一些岗位，如嫁接工人、浇水工人。在生产旺季时，嫁接熟练工人每月绩效工资最高可达 5 500 元，其他岗位平均工资也可达 2 500 元。

新旧品种对比分析表

种植品种	传统紫长茄	辣椒新品种
种植成本	12 000元	8 000元
农民收入	25 000元	40 000～50 000元

2. 农业增效　农业增效是农民增收的根本途径。改变了传统的农业生态结构，优化了农业经济的组合，开拓了农业和土地利用的新领域，强化农业自我积累、自我发展的运行机制，增加农产品的商品量和农业附加值，加速传统农业向现代新型农业的转变，是振兴农村经济、优化农业结构的有效措施。通过项目的建设，引导和推动了厦门市农业的结构调整。

四、主要成效

近年来，采用农药杀虫灭菌，99％农药累积在土壤中、残留在食物中、流淌到水里、散发在空气中；采用化肥促长，残留化肥污染了水环境、破坏了土壤结构，使之出现矿化，逐渐失去续耕能力；采用除草剂除草，造成了重金属残留，出现了大量食品安全问题，影响了人们的健康，污染了土地、水源和空气。随着无土栽培模式的应用与推广、无公害农产品生产技术的引进与应用，减少了化肥、农药的使用量，改善了土壤生态环境，使得土壤环境朝着良性循环方向发展。生产出安全、健康、绿色或有机食品，走出了绿色生产、生态和可持续发展的新路，符合人们对食品安全健康、对环境生态可持续的要求，符合国家对现代化农业"高产、高效、高质、安全、健康"的政策要求。

厦门百利在创造出可观的经济效益的同时，也产生了巨大的社会效益，带动了农业产业化升级，加快了农业现代化种植进程。在农民不科学种植管理、却希望增加效益的情况下，厦门百利推广科学种植技术，提高水肥的利用率，利用有限的土地资源和人力资源，创造更高的经济价值，保护生态环境、减少人为对环境的破坏。

五、启示

1. 围绕乡村振兴的国家战略，出企业的一份力　要充分运用现有的设施和基础，以及厦门百利的平台效应，继续为农业增效、农户增收努力。这既是一份社会责任，也是企业持续发展不可或缺的环节。把更多的农户聚集在一起，以"公司＋农户"的模式投入到共同发展、合作共赢的机制中。产品方面不满足于高产、抗病、美味，而要进一步实现绿色、环保、安全；确实提升农业的产值、农户的收益。厦门百利已经准备好一批即将投入市场的新品，能够满足发展的需要。

2. 建设好厦门百利现代农业科技园区，努力打造厦门都市农业新名片　充分发挥厦门百利现代农业科技园的平台效应，以现代企业经营理念，将位于厦门市同安区的涉农企业整合起来。同时，结合竹坝南洋文化的旅游观光优势，把都市农业、观光旅游融合在一起，积极推进竹坝乡村振兴与竹坝小镇建设的三产融合发展。转变农业发展方式，加强农业基础设施与生态建设，提高农业综合生产能力，打造一座属于厦门的、有内涵的特色美丽乡村。建成后的百农科技园将是全国工厂化育苗单体规模最大、设备最先进、功能最完善，集生产、科研、教育、休闲观光于一体的现代农业综合体，打造一张属于厦门市的现代农业休闲观光的新名片。

启示　1.围绕乡村振兴的国家战略，出企业的一份力　2.建设好厦门百利现代农业科技园区，努力打造厦门都市农业新名片

第三章 生态产业园区发展案例分析

山西古交：福福山生态园

> **导语：**福福山生态园全面贯彻落实党的十九大精神，以实现"乡村振兴"为目标，坚持农业农村优先发展主线，走绿色生态的农业现代化道路。按照山西省加快有机旱作农业发展和推进"一村一品一主体"产业扶贫的实施意见，福福山生态源开发实业有限公司通过农业产业化龙头企业带动，聚集了现代农业生产要素，加强了农业发展质量提升、产业结构优化、三产深度融合、农业双创孵化平台构建等重点任务建设，以产业园富硒资源为优势发展富硒小杂粮、道地中药材、特色水果、生态养殖和农产品加工等重点产业，建设成"生产＋加工＋科技"一体化的综合性现代农业产业园。

一、主体简介

福福山生态园位于古交市河口镇吾儿崄村，距离古交市区 13.2 千米，总面积 98 532.4 亩。园区按照政府搭平台，龙头企业与合作社、家庭农场建设运营模式，以古交市福福山生态源开发有限公司、古交市四季青种植养殖专业合作社、古交市福沃农机专业合作社等多家企业、合作社、农户为参与主体，涉及吾儿崄、院家崄、神堂坪、大南坪 4 个行政村，涵盖19 个自然村。园区内山岭连绵、沟壑纵横，集山、谷、林、田、水库、村庄、河流、温泉、民俗、文化等自然资源和人文资源于一体，结合特有的黄土崄梁地貌，将山地景观与农耕梯田合二为一，构成了独特的黄土高原生态底本。

富硒环境是福福山生态园的一大优势，也是园区下一步发展的重中之重。园区周边 10 处土壤采样化验结果显示，硒含量均在 0.2 毫克/千克以

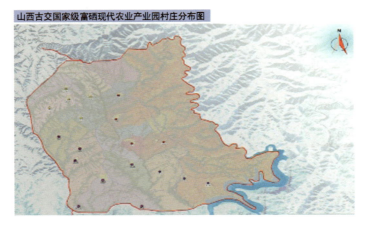

山西古交国家级富硒现代农业产业园村庄分布图

上。同时，园区内天然温泉水也富含硒、钾等多种微量元素。经北京农业科学院专家组认定，古交市福山森林康养基地是迄今发现的北方干旱半干旱地区唯一富硒点，且地属汾河水源保护区，周边 10 千米范围内无任何煤化及重污染企业，具有极高的农业、旅游开发价值。

福福山生态园计划总投资 12.95 亿元，按照"一心六区"进行规划设计，即福福山小镇（综合服务中心）、富硒杂粮种植区、道地草药种植区、山地特色果树苗木区、特色养殖区、农产品加工区和休闲康养度假区，共计 33 个项目。以"三养"（疗养、康养、心养）为核心，本着"富硒、富氧、富人气，养身、养心、养精气，福天、福地、福文化，农业、农村、现代化"的指导思想，做到有山、有水、有硒、有树。

福福山生态园分区规划图

园区首要任务是发展现代农业产业，农产品选择适宜古交气候和气态环境的小杂粮（谷子、糜子、荞麦、燕麦、绿豆）、道地中药材（黄芪、蒲公英、远志）、特色水果（玉露香梨、寒富苹果、猕猴桃、樱桃等）和生态养殖（梅花鹿、走地鸡、富硒鸡蛋、富硒猪肉）等特色农产品，并进行富硒农产品加工、物流等特色产业。在生产和经营中，结合实际，建设旱作农业技术支撑体系，实现标准化种植和养殖；用现代工业的理念发展农业，突出功能农业、高端农业、高效农业、品牌农业、礼品农业、特供农业等开发，充分体现现代农业的多功能性。建立以福福山生态源等企业投入为主体的多元化、多层次、多渠道投入和多方互利共赢发展的利益联结机制。实现企业化管理、市场化运作，发展品牌、优质、品味、高效、安全的现代农业，大幅度提高产业园的经济效益、社会效益和生态效益。

同时，园区发展始终遵循"创新、协调、绿色、开发、共享"五大发展理念，积极深入贯彻落实乡村振兴战略；以国家级田园综合体、国家AAAA级旅游景区、全国生态文明建设示范区、国家级乡村旅游度假区为目标；以"太原福地、峁梁田园"为品牌指导；以乡村为发展平台、以农业为基础、以农民为参与主体、以观光休闲功能为主题；通过"一心六区"的功能分区和项目布局，实现"一产为基础、二产为支撑、三产为特色"的产业融合发展目标，将规划区建设成为林果兴盛、田园风光优美、产业结构和谐、居民生活幸福、配套设施齐全、品牌形象突出的以富硒林果产业为导向、集休闲旅游康养度假于一体的现代农业产业田园综合体。

二、主要模式

产业园各项目充分考虑实际情况，按照"主导产业-休闲旅游-养生康养"循序渐进的发展思路，先易后难，逐步推开，滚动发展。大胆探索公司盈利项目建设的新模式，以清晰的功能定位探索一条优势互补、三产融合的现代农业发展新模式。

1. **农业科技研发与示范功能**　园区定位旱作富硒农业科技前沿，以山西农业科学院、山西农业大学等农业科研所为依托，同时引进中国农业科学院、中国农业大学等中央级科研单位和高等院校，以及优势明显的国内外科研机构和高新农业科技企业，以古交旱作富硒农业工程中心为载体，在园区进行旱作富硒技术集成研发和富硒农业产业示范推广，形成先进适用的现代农业技术组装集成与经营管理模式，从而提高农业的科技含量和附加值，使其成为技术新、产品优、产出高、效益好的现代农业示范的样板，对古交市及太原周边地区的现代农业建设起到重要的先试、先导和示范作用。

2. **高效农业生产功能** 产业园从古交市当地资源条件出发，引进先进的小杂粮、中药材等旱地农业新技术、新品种、新成果，以国内市场需求为导向，实行现代农业与农业产业化相结合，强化农业综合生产能力；突出采用最新品种、先进适用的农业生产技术和精细加工技术生产优质精品，延长富硒农业产业链条，提升农业附加值，保障农产品质量安全，适应和满足国内外日益增长的、多样化农产品消费需要。

3. **现代农业产业园示范推广功能** 现代农业产业园要具有很强的技术集成创新能力。产业园建设通过引进、吸收、消化、再创新现代农业新技术、先进设施和科学管理模式，形成适合古交市环境、具有古交市特色的现代农业技术组装模式与经营管理模式，系统地对引进国内外农业新技术、新品种、新成果进行示范、推广，使其成为技术新、产出高、效益好的现代农业产业园示范的样板，做好对周边区域的农业科技服务，对古交市及其周边地区的产业扶贫起到重要的示范带动作用。

4. **农产品质量安全保障功能** 产业园要积极做好农产品产前、产中、产后的质量安全控制，严格按照有机、绿色和 GAP 等农产品生产质量安全控制技术规范和良好农业规范，生产生态、有机、安全的农副产品，积极构建适合太原市及山西地域和特色的农产品质量安全追溯平台，进行"三品一标"和国际 GAP 认证，以农业物联网和农产品安全追溯体系建设为重点，对农产品生产、加工、仓储、物流、销售、消费进行全过程无缝监控，保障农产品质量安全，形成完善的安全农产品的配套标准体系。

5. **孵化培育农业经营主体功能** 农业企业、合作社、高素质农民是园区重要的生产经营主体，产业园通过加大和完善基础设施建设、出台优惠政策和措施，开展融资扶持、进行创业培训、提供技术服务、建立与高等科研院所合作平台等，为农业企业、合作社、高素质农民创造良好的发展环境，带动和造就更多的农业经营主体进入，促进园区农业经营主体集群发展，践行"资源变资产、资金变股金、农民变股东"的合作发展理念，推动园区农业、农村不断向前稳步发展。

6. **农产品加工物流功能** 产业园要积极推进农业产业化进程，建立完善的农产品加工与仓储物流体系，采用最新富硒小杂粮品种、中药材品种、先进适用的农业生产技术和精细加工技术生产优质精品，以适应和满足国内外日益增长的、多样化农产品的消费需要。建设集物流、仓储、加工、贸易、质检、信息服务等功能于一体的富硒农产品加工物流园区，形成区域性富硒农产品物流中心、加工中心和信息中心。通过利用区位优势，举办富硒功能农业论坛、农业嘉年华等活动，宣传推销优质的富硒水、富硒口服液和富硒农副产品，建设电商平台，鼓励电商创业，实现对国内外市场全方位的销售模式建设，提高产业园的市场竞争力。

7. 休闲观光农业功能　休闲观光农业不仅可为都市居民提供接触自然、从事农业旅游等活动，还可以为居民提供新型休闲的场所与机会；通过参与和体验农业生产活动，减轻工作和生活压力，提高生活品质，达到舒畅身心和强健体魄的目的。产业园按照农业产业有机融合的理念，积极发展休闲观光农业，对旅游资源进行整合，将自然景观、人文景观融为一体、连成一线。既保持农业的自然属性，又增加新型农业设施的现代气息，加上生态化的整体设计和常年进行富硒小杂粮、道地中药材、特色水果等产品的生产与示范，形成融科学性、艺术性、文化性为一体的人地合一的现代休闲观光景点。通过现代生态农业优美的自然景观和生态环境，即浓郁的山西田园风光、现代生产设施与科学技术及安全优质的生态品牌，吸引城市居民休闲观光、旅游度假。

8. 农业科普教育功能　产业园所在地既是一个资源丰富的植物园，也是一个地质结构复杂的地质博览园，加上古交市丰富多彩的文化资源，通过"一产"与"三产"的有机结合，以及园区本身打造的农耕体验的生活平台，挖掘古交市小杂粮文化的内涵，建设旱作农业博物馆，传承中华农耕文明，让城市居民尤其是青少年认识并了解农耕历史、民俗文化和食育科普，感受乡土气息，体验农村生活，锤炼人格品质，使传统的农耕文化与现代城市文明交汇融合，显现产业园的科普教育功能。

9. 养生康养功能　产业园康养产业围绕养生养老这一社会迫切需要而形成的综合性产业，通过将医疗康复、养生保健、休闲旅游、绿色农业等多个领域、多个方面竞争或合作的不同产业高度集中在一起，形成了低成本、高效益的康养产业集群。山西省古交市国家级富硒现代农业产业园抢抓康养市场发展上升机遇，充分论证富硒温泉及其富硒农业产品在康养产业中的功能定位，科学规划，逐步实施，重点打造山西省、全国乃至国际水平的专业化、高水平的富硒康养产业示范点，使之成为古交市调结构、惠民生、促升级的一支重要经济力量。同时，为公司的未来发展开辟了一条新路径。

三、主要成效

福福山生态园集生态效益、社会效益、经济效益于一体，通过农业合作等形式，将项目区蜕变为旅游胜地、消费重地和投资宝地。

1. 生态效益　通过树木、花、草等种植提高了规划区绿化覆盖率，有效保护了田园生态和农村风貌；随着循环农业、绿色生产等技术的引进应用，促进了农业可持续发展与农业环境综合整治；道路交通、村镇建设等基础设施逐步完善，卫生、治安、科技、教育等工作进一步加强，人们的开放意识、市场意识和生态保护意识也逐渐增强。

2. 社会效益

（1）**促进区域农业供给侧改革**。产业园立足古交市的资源优势、区位优势，通过引进国内外新品种和新技术，大力发展具有古交市农业特色和市场竞争力的富硒有机和绿色品牌农产品，名、特、优富硒杂粮、道地中药材、特色水果和富硒畜禽产品等主导产业群，并产生明显的带动作用，引领和促进农业供给侧改革的进程。

（2）**带动周边地区农业科技水平的提高**。新品种和新技术是农业发展的重要动力。产业园一方面大力引进新品种和新技术，在产业园内进行集成创新后在辐射区推广；另一方面，将生物技术、信息技术、工程技术、农业工厂化生产技术等高新技术通过试验示范基地推广应用到农业生产中，并通过产业园内科普教育开展的技术培训推动农业新品种、新技术在古交市普及推广，有效提高当地农业科技的整体水平。

新品种和先进设施栽培技术是农业发展的重要动力。项目瞄准未来农业生产向高效、绿色、有机方向发展的趋势，以山西省内外相关科研院校为技术依托，一方面，大力引进国内外农业蔬菜、中药材等新品种和现代高新技术（如设施农业技术、节水农业技术、养殖技术、农业工程技术、农产品加工技术等），经标准化种植基地试验示范后向周边地区辐射推广；另一方面，项目严格按照农业质量标准要求，制定农业高效栽培技术规程，通过行业协会和龙头企业共同开展的技术培训向周边地区普及推广，推动周边地区高效农业的发展。

（3）促进农村一二三产业融合。在从传统农业向现代农业转变的关键时期，用现代工业和现代科学技术装备农业，用现代科学技术管理农业，突破了农业仅提供初级原料的局限性。按农工贸、产供销一体化的要求，加强产后的储运、加工、销售、通信、金融等各种服务，打破了以初级农产品生产为主的单一格局。为此，产业园引进国内先进工艺设备，开展黄芪、猕猴桃、小杂粮等农产品的精深加工，有效提高农产品附加值和资源综合利用率，有力地带动了农产品加工业的发展。

同时，项目结合古交市农耕和民俗文化、自然景观，结合休闲观光旅游、健康养生度假，打造"富硒、富氧、富人气，养身、养心、养精气，福天、福地、福文化，农业、农村、现代化"的富硒福地和养生天堂，促进古交市转型发展。项目建设有力地促进了古交农村一二三产业的融合。

（4）带动古交市现代农业的发展。采用"园区＋企业＋基地＋农民""产业群＋基地＋专业合作组织＋农民""公司＋联合社＋合作社＋农户"的产业经营模式，吸引企业和农民企业家来园区发展，推广农业高新技术、新品种、新设施，发展中药材产业和红辣椒加工产业，探索古交市现代农业发展模式，提高了农民对现代农业经营理念的认识。通过园区项目的实施，"做给农民看、带着农民干、帮助农民赚"，在农民与市场之间架起了桥梁。园区和周边农户可以得到来自市场需求方面的信息，从而加快了农业科技成果由潜在生产力向现实生产力转化的进程，带动古交市现代农业的发展。

（5）带动劳动力的就业，推动城镇化发展。产业园周边地区有大量的农村剩余劳动力。园区建设加快了农业产业化的发展进程，增加了农民就业，拉动了当地包装、运输、服务、旅游等相关行业的发展，为周边地区农民创造了 1 500 个就业机会，解决农村剩余劳动力就业及古交市脱贫攻坚所面临的问题。同时，通过农业产业化经营间接地产生近万人的就业机会，从而带动周边地区农村劳动力的就业和脱贫。随着项目拓展，辐射区域将进一步扩大到整个山西地区，将大批农村人口从传统繁重的农业劳动中解脱出来，园区农产品加工和出口创汇等产业的发展创造了大量就业机会，引导农民进入第二、第三产业，调整产业结构，增加农民收入。随着生活水平的提高，人们对居住环境提出了更高的要求，项目促进特色小城镇建设，使居民区的建设由松散的居民点向适当集中的小城镇方向发展。

（6）培育一批龙头企业和合作社，有效带动农民脱贫致富。通过孵化和培育龙头企业，实施农业产业一体化经营，可以带动当地农民收入水平的大幅度增长。园区通过孵化龙头企业、扶持当地农民、大学生等群体创新创业，进而带动农业增效、农民增收和乡村振兴。

3. 经济效益

（1）重点打造"三品一标"，提升农产品附加值。结合园区富硒水、富硒土等先天优势，引进有机绿色认证流程，建立农产品源头回溯机制，从性质上提升产品附加值，以精品塑造品牌、以品牌提升价值。

（2）带动增收作用显著。在产业园内推行"521"模式，即"四分配、二保障、一救助"模式，具体为土地流转分配、土地股权金分配、工资分配、绩效分配、养老保障、义务孝善保障、救助老弱。

目前，园区已建成循环道路 60 多千米，410 平方千米大型狩猎场一座；靶场、跑马场等娱乐项目；小型水库 3 座；富硒温泉养生洗浴理疗中心一座；驯养梅花鹿 130 余头；各种经济林 15 593 亩；小杂粮种植 1 500 亩；苗木生产基地 400 亩；育有景观林、经济林、生态林 30 余种 580 余万株树木；完成园区治理绿化和基础设施建设投资 2.8 亿元。随着园区不断发展与建设，园区内富硒温泉水、原始森林、梅花鹿基地、角子崖、神龟入海、吕梁大裂谷、特色窑洞大院、富硒林果采摘、狩猎场、跑马场等优势旅游资源将进一步深度整合与开发，推进项目景点的打造与美丽乡村建设。

四、启示

福福山生态园不仅是落实中央 1 号文件精神和现代农业发展"十三五"规划的重要举措，同时也是夯实全面建成小康社会基础的重要方式。通过"生产＋加工＋科技"，聚集现代生产要素，创新体制机制，在一定的区域范围内强化产业引导带动功能，建设水平比较领先的现代农业发展平台，是新时代古交市推进农业供给侧结构性改革、提升古交市农业发展质量、培育乡村发展新功能、助推农民脱贫致富、加快农业农村现代化建设、落实古交市乡村振兴的重要举措。

山西稷山：城郊万亩板枣休闲观光示范园

> **导语：** 稷山县城郊万亩板枣休闲观光示范园，又名千年板枣观光示范园，园内现存有千年左右的枣树1.7万余株。园区位于山西省运城市稷山县城郊，占地5万亩，覆盖18个村。近年来，稷山县县委、县政府坚持"一产提品质创品牌，二产促升级增效益，三产挖潜力壮规模"的产业发展路径，以"建设全国板枣产业基地和发展板枣文化旅游业"为抓手，挖掘潜力，融入文化，先后开发打造了历史人文景点8处、现代自然景观8处，与稷山县的大佛寺、法王庙、青龙寺、宋金墓等"国保"级文物景点融为一体，形成了集人文历史、自然风光、名优特色于一体的后稷故里现代农业新名片。2017年，被国家林业局评为"国家板枣公园"，是目前省内唯一的林木专类公园。

一、主体简介

稷山县是华夏农耕始祖后稷故里，被国家林业和草原局评为"中国红枣之乡"、全国红枣产业十强县。后稷曾在这里教民稼穑，板枣从这里走向华夏。

稷山县共有7个乡镇和1个社区办，共200个行政村，人口34万，其中农业人口28万，耕地面积57万亩。全县枣树栽植面积15.3万亩，主要分布在稷峰镇、化峪镇、蔡村乡的55个村，总挂果面积8万亩。板枣年产量达到6 500万千克，总产值6.3亿元，枣农人均板枣收入7 875元，枣树核心区人均收入超过10 000元。

1957年，稷山板枣进入国际市场，新中国成立后在全国红枣评比中屡获殊荣，共获国内外各类奖项20多个。1982年，荣获"中国红枣第一名"；1986年，被列为国宴食品，并获全国食品博览会金奖；2004年，被评为"中国十大名枣"。2010年，稷山被中国绿色食品发展中心确定为"全国绿色食品原料标准化生产基地"。2013年，板枣的原产地和主产区——稷峰镇，被评为"中国板枣第一镇"，并获国家工商局"注册商标"，同时获得"稷山板枣"绿色基地认证。2017年元月，国家林业局批复建设山西稷山国家板枣公园；同年6月，稷山板枣生产系统，被农业部列入中国重要农业文化遗产。

二、主要模式

为了做大做强板枣产业、持续叫响板枣品牌，从 2009 年开始，通过积极探索、高端定位、创新规划，以打造一个"集现代生态观光、休闲健身、娱乐餐饮、旅游文化、特色产业、农民增收于一体的一二三产业兼容的综合性园区"为目标，紧扣规模壮大、科学管理、园区打造、文化挖掘、旅游推介、产品提质 6 方面内容，经过近 10 年的坚持不懈，久久为功，稷山板枣的品质越来越优、知名度越来越高。

1. 从"扩大面积"入手，在规模壮大上实现突破 农业产业要实现现代化、园区化发展，规模是"基础中的基础"。稷峰镇提出了"核心区一人一亩枣粮田，人均收入过万元"的发展目标，广泛宣传发动，连片连村壮大规模。全镇板枣栽植面积发展到了现在的 8.5 万亩，覆盖 18 个村 6 万农民，核心区人均年收入超过了 1 万元。

2. 从"技术提升"入手，在科技发展上实现突破 坚持把提质增效作为板枣产业振兴的基础工程，坚持不懈地进行板枣管理技术培训，板枣专家、种植能手田间地头实地教学、手把手指导，切实带动群众全面掌握了科学实用的管理技术，板枣结果率、品质都有了大幅提升。建设运营了 5 个标准化示范园，制定板枣生产统一行业标准并备案，组建林田飞防大队，对枣树病虫害进行统管统治。同时，组建了稷山板枣专业合作社联合社销售有限公司，与北大荒、三颗枣、嗨厨房等国内著名企业签订了合作协议，完成了板枣深加工和枣汁生产的立项。

3. 从"园区打造"入手，在功能完善上实现突破 将板枣产业发展作为乡村振兴的重中之重，以"建设全国板枣基地"为抓手，投入重资进行园区化打造。从 2012 年开始，以陶梁、姚村两个主产区为核心，先后投资 7 000 余万元，建设了占地 5 万亩的板枣公园，完善水、电、林、渠、路"五网"建设；整个园区枣树成林连片，田间水泥路四通八达，形成了一个功能完善、设施齐备的现代化农业园区。

4. 从"人文打造"入手，在园区魅力上实现突破 利用稷山板枣产业人文历史及近年来国际吸引力的提升等特点和优势，着力打造园区。

（1）悠久的栽植历史。稷山板枣栽植历史悠久，距今已有 3 000 多年历史。稷山板枣人文内涵丰富，早在明万历十七年《稷山县志》就有记载，板枣是历朝历代皇廷贡品。立足这一优势，以"讲好板枣故事，唱好板枣品牌"为抓手，深入挖掘、融入文化，开发打造了春秋园、药王食枣园等历史人文景点 8 处，千年枣树保护区、唐枣园等现代自然景观 8 处，与稷山县的大佛寺、法王庙、青龙寺、宋金墓等"国保"级文物景点融为一体。

（2）**浓厚的人文底蕴**。唐开元初年，唐玄宗升稷山人裴耀卿为长安令，后历任刺史、侍郎、侍中、丞相；其将家乡稷山板枣推介朝中，使稷山板枣成为宫廷佳品。元代监察御史姚天福，稷山南阳人，任刑部尚书，力荐忽必烈品尝稷山板枣，颇受皇亲国戚青睐。明代皇帝朱元璋，曾在稷山佛峪口一带屯田练兵，其登基后始终没有忘记稷山盛产的板枣，常食不厌。明代稷山县令薛一印写了一首《万树秋霞》形容稷山板枣。清代大学士纪晓岚，因其岳父马永图曾任稷山知县，多次品尝稷山板枣、赞叹不已，并向乾隆皇帝极力介绍得到肯定，稷山板枣被列为御膳食品，名声大振，传承于世。1961 年冬，稷山县南阳村群众委托教育部下乡锻炼干部，给毛泽东主席敬赠了一箱稷山板枣。毛泽东主席品尝后，又将这箱枣转赠给在福建前线作战的解放军指战员。1985 年 6 月 19 日，时任中共中央总书记的胡耀邦来稷山县视察时曾亲口品尝稷山板枣，也给予赞赏，并欣然题词"开拓前进，努力再翻番"，稷山板枣遂被确定为国宴佳品。

（3）**国外吸引力**。2018 年 6 月，来自德国、日本等 11 个国家的驻华使节到枣园，举行了"走近中国林业，外国使节看三北"活动。为了纪念此次活动，特建成了"三北纪念园"。这是稷山板枣走出国门、走向世界的象征之园。2016 年 6 月 25 日，斯里兰卡驻华大使携其成员，专程来稷山县大佛寺参加"海上丝路"山西稷山中斯友好文化交流活动。当时的启动仪式在板枣公园举行，为纪念此次活动，专门建成了中斯友好园，是中斯友好的象征之园。

5. 从"宣传推介"入手，在三产带动上实现突破　坚持以"持续宣传推介，叫响板枣品牌"为抓手，采取"走出去，引进来"战略，实施了一系列宣传推介活动。

（1）**"走出去"推介**。2018 年，以"稷山板枣中国行"为主题，在北京、广州、成都、厦门等城市分别成立了板枣配送中心，举办了稷山板枣大型推介宣传活动 12 场次。尤其是 2018 年 9 月首届农民丰收年之前，稷山板枣走进央视一台新闻联播及"我有传家宝"录制现场，在全国引起了极大的轰动效应，让"稷山板枣甜透中国"这一响亮口号广为流传、深入人心。

（2）**"引进来"推介**。从 2010 年开始，以国家板枣公园为依托和主阵地，连续 8 届举办了板枣文化节，共迎接各级领导、各地客商、新闻媒体及游客 300 余批 10 万人次。2018 年，园区更是创新筹划，融入枣园骑行、鲜枣采摘、茶艺古筝、瑜伽表演等特色活动，让园区人气值暴涨、创历年新高，板枣乡村旅游业发展迅猛、带动力逐年增强。后稷农耕文化、千年板枣文化曾被中央及地方省市 40 多家媒体记者深度报道,《板枣大丰收 枣农笑开颜》在央视播放 10 余次,《千年板枣蝶变之路》在《山西青年报》刊登后,引起了强烈的社会反响。园区联合优秀媒体制作团队编印完成了《稷山板枣》宣传画册。同时,举办了两届"中国·稷山后稷农耕文化研讨会",稷山板枣品牌形象、知名度、美誉度和市场影响力逐年提升。

　　6. 从"产品提质"入手,在擦亮品牌上实现突破　园区鼓励和扶持"一生情"枣业等龙头企业和专业合作社,积极探索"公司＋合作社＋农户"的运营模式,立足市场需求,按照"一等品原果销售、二等品精细加工、三等品综合利用"的思路,开发研究多元化的板枣产品,逐步提高商品率,打通质量关,走好差异化、专业化、市场化之路。目前,园区的板枣产品远销国内外,市场占有率持续提高。山西一生情枣业有限公司共拥有板枣系列产品 30 余种,在全国 10 多个大中城市设立办事处及配送中心,2018 年荣获市级农业产业化龙头企业。"枣儿谣"农业开发有限公司拥有板枣系列产品 10 多种,以文化宣传为主导,戏剧电影《枣儿谣》主演、国家一级演员贾菊兰为品牌代言。

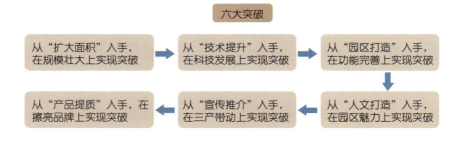

三、利益联结机制

　　园区最核心的姚村、陶梁村等,通过近年来示范园区的带动,在村级发展、农民增收等方面取得了前所未有的发展。

　　姚村是 2018 年省级人居环境示范村,也是市级党建龙虎品牌标杆村。近年来,支村委一班人担当负责、攻坚突破,以党建为龙头引领,从抓"美丽宜居乡村"入手,大刀阔斧实施一系列党建引领工程、"四治六化"工程、文化振兴工程,高标准建成了党员活动室、板枣展厅、文化大礼堂、道德讲堂等干群活动阵地。如今的支村委班子坚强有力,群众业余生活丰富多彩。全村党的建设、人居环境、综合治理、文化引领等各项工作走在了全县、全市前列。

特别是在"改革创新、奋发有为"大讨论中，姚村一班人在提升工作标杆、扩大板枣销售方面，大胆探索，创新作为。《山西农民报》头版刊登过的"稷山县把大讨论办到枣树地"就发生在姚村。目前，像姚村这样的美丽乡村，稷山县共精心打造了35个县级示范村、10个市级示范村。

陶梁村，全村7个居民组1 008户3 600余口人，党员62人。该村利用枣区优势进行互联网销售，通过微信、网店等平台，与圆通、中通、邮政等7家快递公司合作，在村里专设红枣快递发送站点，方便群众互联网销售后发枣。同时，引进外地客商16家，长期驻村收购板枣，枣农每年销售板枣2 200万斤。

四、主要成效

稷山县城郊5万亩优质板枣观光示范园的建立，实现了经济、生态和社会三方面效益同步提升。全园区板枣栽植面积8.5万亩，覆盖全镇31个村6万农民，人均增收7 000余元，核心区人均增收过万元；其中，园区总挂果面积5万亩，年产量4 000余万千克，产值4.2亿元。园区建设使全县森林覆盖率提高到35%，改善了生态环境。园区建设迅速推进了旅游产业发展，形成"一业带百业"的综合社会效益。

五、启示

园区坚持"规模、质量、品牌、效益"统筹兼顾的原则，聘请中国林业科学院进行高端规划、市场运作，才取得了进一步的完善功能、规范运行、规模经营和效益提升，使观光园区成为后稷大地上的现代农业名片，是发展"一县一业"、加快农民收入翻番的可靠支撑。下一步，园区将经过多方努力，将国家板枣公园建成中华名枣生态之园、世界红枣博览之园、游人观光旅游绿色之园、农民脱贫致富增收之园。

广东饶平：东坑农业生态园有限公司

导语： 东坑农业生态园有限公司是一家以茶树种植为主，集茶叶生产、加工、销售及科研于一体的省级重点农业龙头企业；荣获国家市场监督管理总局"凤凰单丛茶"地理标志、农业农村部"无公害产品证书"、"广东省富硒单丛茶标准化示范区"牌照、"潮州市生态茶园"等。其中，"凤凰单丛茶银花香"获广东·东盟农产品交易博览会农产品金奖等。公司树立尊重自然、顺应自然、保护自然的生态文明理念，增强"绿水青山就是金山银山"的意识，发展生态园有机茶叶种植、生产加工，提高实体经济的供给体系质量，以科技兴企为指导，以"天香健"为产品品牌，主要采用"直销＋经销"相结合的销售模式销售潮州单丛茶。公司积极带动周边农户发展，与多家公司、合作社、农户签订带动合作协议。2018年，公司在新塘镇建立了9 900多亩潮州单丛茶生产基地，其中自营基地2 291.9亩，带动农户种植7 650亩，联结带动农户2 150户，农户年均增收9 709.46元。

一、主体简介

广东省潮州市的潮州单丛茶有着几百年的种植历史。自隋唐以来，潮州地区的人们就开始种植茶叶，不仅种植历史悠久，而且种植规模大。茶区境域内山脉纵横交错，山泉长流。山区土壤以红壤、黄壤为主，土壤理化性能好，腐殖度含量高。茶区雨量充沛，气候温暖，日照充足，无霜期长；地形、土壤、气候十分适宜茶树的生长，特别有利于鲜叶中含氮化合物和芳香物质的形成与积累。由于海拔较高，鲜叶的持嫩性增强，其内含物质也相对增多，使茶叶具有了特有的香韵。茶业是潮州地区的主要产业之一，潮州单丛茶以其优质的品质得到了世人的肯定，自身也得到了不断的发展。潮州单丛茶已成为世界名茶，并且形成了具有区域特色的品种体系。

东坑农业生态园有限公司坐落于凤凰山脉东南面的大尖山与东坑山之间，属饶平县新塘镇。大尖山海拔约900米，生态园位于半山腰海拔600米的位置；山顶和山脚是大片的野生灌木林、乔木，茶园常年云雾缠绕，茶树在烂石、砾质、砂质土壤中生长，恰恰吻合《茶经》开篇所述"上者生烂石，中者生砾壤，下者生黄土"的生长要件。东坑生态园得益于得天独厚的地理生态环境和绝佳的气候环境，是孕育山韵与蜜韵的风水宝园，种植的茶叶兼得山韵与蜜韵之精华，非一般茶叶能比。

公司注重自身发展，积极响应党的乡村振兴战略，提高实体经济的供给体系质量，做大做强企业，带动更多的农户增收，带动区域的茶产业，培养一支懂农业、爱农村、爱农民的"三农"工作队伍。

二、主要模式

1. 模式概括　"示范园＋带动"。

2. 发展策略　东坑农业生态园是广东省富硒单丛茶标准化示范区，是国家无公害生产基地；产品也通过无公害产品认证；具有较高的商品优势。示范园种植了蜜兰、鸭屎香、大乌叶、宋种、通天香、八仙、姜母香等香型单丛茶品种，坚持使用生物肥、有机肥，坚持不喷农药。示范园内有原生态的自然生态系统，利用生物链相互制约驱除虫，并安装太阳能杀虫灯、黏虫色板进行除虫；用锄头、长把镰刀、割草机等进行人工除草；杜绝农药残留，实施农产品标准化生产加工和茶叶机械分选茶，开展富硒茶标准化生产示范，确保茶叶产品符合食品安全标准；按照国家无公害产品、生产许可、地理标志产品等的要求，实施产品规范标识上市。

3. 主要做法　公司树立尊重自然、顺应自然、保护自然的生态文明理念，增强"绿水青山就是金山银山"的意识，构建市场导向的绿色技术创新体系，做绿色、健康的茶饮，为大家奉献一口好茶。以科学发展观为统揽，以增加农民收入为核心，以体制机制创新和科技创新为动力，以提高农产品加工转化能力为重点，突破产业瓶颈制约，强化产业升级整合，促进发展方式转变，增强区域带动能力，加速形成更加科学合理的生产力布局，为发展茶的特色农业产业奠定坚实的基础。

公司制定了潮州市 DB 445100/T 16—2018《富硒单丛茶栽培技术规程》、DB 445100/T 17—2018《富硒单丛茶加工技术规程》并把该技术示范带动周边茶农、辐射周边。结合当地生产实际、组织科技人员做好富硒单丛茶苗繁育、茶树嫁接、农业投入品使用、产品分级、包装、储藏和运输生产技术规范的制定，使生态单丛茶生产全过程的标准成熟配套，达到生产各个环节都有标可依。通过各种渠道获取国内先进的农业标准信息，做好企业标准的适用性、科学性、先进性的研究与评估工作，对落后的标准进行及时更新修订，确保产品质量符合标准；积极吸收最新科技成果和先进技术，转化并应用到生产中，不断提高生产力。具体做法：

（1）根据产品实际，公司制定了潮州市 DB 445100/T 16—2018《富硒单丛茶栽培技术规程》、DB 445100/T 17—2018《富硒单丛茶加工技术规程》等，确保产品的提质增值。

（2）每年举办富硒茶单丛茶生产技术培训班 2 次以上，免费发放生产技术规程不少于 1 000 份。

（3）与挂靠农户签订收购合同，要求农户严格按标准生产，使用农药、有机肥等都必须符合富硒单丛茶标准要求。同时，建立监督管理制度，对各项富硒单丛茶生产标准的落实、投入品的使用等进行动态监督。

（4）配置一些检测设备，加强产品的质量安全监测，结合不同生产季节，委托潮州市农产品质量监督检验测试中心或有资质的检测机构对示范园挂靠农户的产品进行监督检测。特别是在收购季节，加强对农户收购产品的检测，严格依照收购协议要求，收购检测合格的产品，确保产品质量安全。

（5）指导茶农建立投入品购买、使用及产品质量情况的生产记录档案，及时做好化肥施用、农药使用、除草、采摘和加工记录。在投入品方面应建立可追溯体系，确保其质量，实现产品的价值化。

（6）通过完善基地基础设施规划建设，利用获得无公害产品认证的有利条件，实行分等分级、商标注册和包装上市。开展产品推介、展示展销，有计划地组织市场营销，培育品牌，提升产品认证档次，争创广东省（农业类）名牌品牌"天香键"，并扩大其知名度和市场竞争力。

三、利益联结机制

通过集约化生产，推广优质、高产基地栽培技术，每年开展 2 次以上相关技术培训，可辐射带动周边地区发展富硒单丛茶生产；并通过订单形式收购富硒茶叶原料鲜叶，新增签农户达到 500 户，其中新增贫困户超过 100 户。新增就业人数 500 人次，季节性用工平均每天在 60 人以上，参与项目的农民每人年均增收 6 000 元以上。带动农户种植茶叶 7 650 亩，

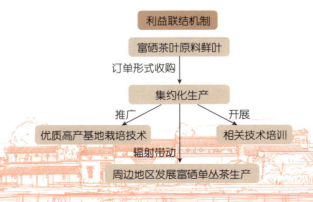

联结带动农户 2 150 户，农民年均增收 9 709.46 元。能有效增加农民收入，带动农民发展农村特色经济，实现脱贫致富。富硒单丛茶产业是社会效益与经济效益显著的阳光产业、福民产业。

四、主要成效

1. 经济效益　富硒单丛茶标准化示范区建设，带动了 1 800 多农户。示范区建成后，将生态茶的年产量由原来的亩产 50 千克、总产 15 万千克提升到亩产 60 千克、总产 18 万千克，增产超过 20%，亩产增值超过 5 000 元，并且富硒单丛茶的质量水平达到食品安全国家标准要求。

另外，在 800 亩富硒单丛茶标准化示范区，使用机械加工和使用生物肥，获得更多经济效益。

（1）机械化加工选茶每千克成本 2 元，人工选茶每千克成本 8 元。以每亩 60 千克干茶计，使用机械加工可节省成本 360 元。

（2）实施富硒单丛茶标准化示范区带动，每亩可多增加产量约 10 千克，每千克以 400 元计，可增收 4 000 元。

2. 社会效益

（1）富硒单丛茶标准化示范区建设带动和完善了基地近万亩茶叶种植和规范化生产，实现以销售配套加工，推动整个产业链的运作。以种植基地为基础，在搞好良种选育的同时，加大良种与配套技术的示范推广力度，通过优质良种的推广和示范区的建设，创建优质品牌。以品牌加信誉，推动产业化经营发展。

（2）推进广东省茶叶生产机械化发展，可大幅度降低劳动强度，提高工效，降低生产成本，从而提高市场竞争力，增加生产者的经济效益，满足消费者价廉质优的要求，促进名优茶的消费和发展。

（3）通过优质种苗和技术示范，较好地推动周边区域优质茶叶的发展，可带动农户发展生态富硒茶叶生产，解决劳力出路；促进山区经济的发展，对农村社会大局的稳定起着重要作用。同时，由于区内推广实施生态示范园区，应用茶园病虫害综合防治及茶园管理新技术，既减少了生产成本，又保护了农业生产环境，为开发生态旅游业创造条件。项目对促进社会主义新农村的建设，促进山区的可持续发展，作出显著贡献。

（4）示范区富硒茶的加工和生产，有利于提高茶叶质量和品位，产品的优质化、品牌化提高了市场竞争力。为社会提供稳定、卫生、优质、健康的富硒茶叶产品，提高茶叶的出口创汇能力。可以打入国际市场参与竞争，进一步扩大潮州单丛茶的销售领域，提高市场知名度。

（5）经济效益的提高带动了农户从事富硒茶叶生产的积极性，使农民增加收入、提高生活质量、促进社会进步。同时，提高生产者的经济效益，满足消费者的价廉质优的要求，从而促进社会和谐发展。

3. 生态效益 实施富硒栽培技术规程，形成环境生态的良性循环，为潮州单丛茶产业可持续发展提供了关键的资源保护和品质提升技术，实现富硒单丛茶的规模化推广种植和标准化的生产示范，按无公害、绿色、有机方式进行品质保证生产，保护了生态环境，促进了广东省生态农业发展，符合国家的农业产业政策。

五、启示

示范区周边农户对于标准化种植与生产的认知和实践时间相对较短，农户的文化素质也参差不齐，推广工作还需要继续进行。争取在示范区的日常管理中把工作做实、做好，不断提高茶农的意识，纠正茶农滥施化肥和农药的错误偏向，不使土壤、水源、空气等生态环境遭受污染，使其相信标准化，真正了解标准化生产对其发展的有利之处，自觉执行标准化。提高茶叶的产品附加值，必须依靠科技。在各个生产环节进行更科学的分析研究。随着产业链不断延伸，要进一步加强管理标准、加工标准，才有利于茶业的产业化发展。

推动本地区茶产业生产、加工、经营和管理过程的标准化，引导农业企业和农户自觉按照标准或规范进行生产。实施生态茶叶的标准化种植，能充分发挥省重点农业龙头企业品牌效应，提高茶叶产品附加值，从而带动广大茶农脱贫奔小康步伐。积极引导更多农户参与茶叶种植和生产加工，促进当地茶叶产业发展，对提高茶园种植管理水平、加快茶叶制作工艺改进和茶叶新品种开发、全面提升茶叶产业规模和产品质量都会起到促进作用，对进一步培育壮大当地主导产业、提高农业科技含量等方面都将产生积极的作用。积极为带动农户提供指导和服务，推动生产向规模化、规范化方向发展，建立健全农民和企业的经营主体之间的利益联结机制，同命运、心连心。

把十九大的精神落到实处，坚持农业农村优先发展，按照产业兴旺、生态宜居的融合发展体制和政策体系，加快推进农业农村现代化。以科学发展观为统领，以增加农民收入为核心，以体制机制创新和科技创新为动力，以提高农产品加工转化能力为重点，突破产业瓶颈制约，强化产业升级整合，促进发展方式转变，增强区域带动能力，加速形成更加科学合理的生产布局。

第四章　加工产业园区发展案例分析

湖南常德：西洞庭食品工业园

导语： 近年来，湖南省常德市西洞庭管理区抓住建设西洞庭食品工业园的机遇，立足传统农业优势，着眼发展现代农业，重塑了西洞庭农业发展新格局，引领西洞庭由传统农场向现代农业示范区的嬗变。2018 年，全年实现地区生产总值 34.35 亿元，一般公共预算收入 3.36 亿元，相比 2017 年分别增长 9%、10.7%；实现工业总产值 81.52 亿元，工业企业实缴税金 7 314.8 万元，工业用电量 5 570.67 万千瓦时，相比 2017 年分别增长 18.22%、50.4%、40.09%；新增规模以上企业 7 家、高新技术企业 3 家、税收过百万企业 6 家，培育税收过千万企业 1 家；城市、乡村居民人均可支配收入分别达到 31 818 元、16 752 元，相比 2017 年分别增长 8.6%、9.2%。

一、主体简介

工业园规划面积 33 平方千米，其中近期规划 16.4 平方千米。从 2009 年启动建设以来，西洞庭食品工业园基本形成了"一心、两轴、三区"的集中区空间布局，并确立了以食品加工、机械制造等产业为主的特色综合型工业集中区总体发展定位。园区已注册建设的企业达 81 家（含 3 家高新技术企业），其中涉农企业近 72 家。在已注册企业中，产值超过亿元的企业有 12 家、超过 5 000 万元的有 18 家、超过 1 000 万元的有 32 家，包括国家级农业产业化龙头企业 1 家、省级 2 家、市级 8 家。由政府授权成立了西洞庭食品工业园投资开发有限公司，作为项目建设和融资平台，负责示范园加工园区基础设施及配套公共服务设施建设。截至 2019 年，已有 6.7 亿的园区基础配套资金。全区建立起"产业基金＋园区"的创新投资模式，园区与常德财鑫集团、上海合金资本、龙头企业汇美农业等合作成立了常德西洞庭科技园区开发有限公司；公司已注册成立常德合金生物科技投资中心，产业基金规模2亿元。

园区生产的各类农产品均已建立起从源头种植-加工-销售全套产业链，可直接将农产品加工转化为商品后进入市场，实现了田间连车间的产业化格局，农产品加工转化率达90%。同时，园区建立了稳定的销售体系，已初步形成较为完整的产业链。

园区坚持用工业化理念推进农业发展，形成了以粮棉油、果蔬、高效水产养殖为主的3个主导产业，全区农产品的加工转化率在96%以上。为实现企业原材料供应的标准化和规模化，着力推进原料基地建设，鼓励企业与种养大户、专业合作社签订收购协议。2016年，园区内农产品加工龙头企业在区内及邻近区县建立面积30多万亩的基地，带动农户近5万户，建成2个种植业标准化示范区和1个健康养殖标准化核心示范区，共发展农民专业合作社47家、家庭农场82家。特色主导产业不断壮大，冬南瓜等果蔬种植面积发展到3万亩，朝鲜蓟种植面积发展到3万亩，成为全国最大的朝鲜蓟生产加工基地。近两年，区财政筹资6 000多万元用于农田基本设施和美丽乡村建设，园区现代农业核心示范片有了较好的发展基础，先后获批为省级和国家级农业科技园。

二、主要模式

1. 模式概况 园区结合当地资源，确定主导产业，发展优质水稻、特色蔬菜、油菜、生态水产等主导产品，抓住农垦改革发展机遇，通过创新规范土地管理，推进农业规模化种植，实现国家把垦区建设成为大型粮

模式概况

确定主导产业，发展优质水稻、特色蔬菜、油菜、生态水产等主导产品

扩大当地产品的品质及外销能力，提高园区内农产品的市场竞争力

新品种、先进适用的生态农业和精细加工技术生产生态、绿色的优质农产品，打造专属品牌

利用现代农业自然形成的田园风光及安全优质的生态产品吸引城市居民观光、旅游，并构建完善的现代农业产业链

食、蔬菜、畜禽等重要农产品生产基地的目标；通过规模化、优质化生产及加工转化农产品，扩大当地产品的品质及外销能力，提高园区内农产品的市场竞争力；用新品种、先进适用的生态农业和精细加工技术生产生态、绿色的优质农产品，打造专属品牌；同时，利用现代农业自然形成的田园风光及安全优质的生态产品吸引城市居民观光、旅游，并构建完善的现代农业产业链，促进农业功能拓展和综合效益提升，加强农业产业服务功能，提升农业社会化服务水平，促进三产融合提升发展。

以特色农业为主的第一产业作为基础保障，以农副产品精深加工为主的第二产业作为发展动力，以乡村旅游、电子商务、物流运输等现代服务业为主的第三产业作为一二产业的延伸拓展，实现农村一二三产业的深度融合、同步发展。通过加大休闲农业与乡村旅游的联合开发，吸引市民下乡消费，以彭家洲村朝鲜蓟旅游观光基地、田园小镇、水稻主题乐园、洋蓟生物科技产业园等建设集生产、加工、销售、观光于一体的一二三产业相互渗透、交叉重组的融合发展区。

2. 发展策略　西洞庭管理区于 2012 年获批为省级工业集中区（食品加工），2012 年获批为国家现代农业示范区，农业部于 2012 年 3 月为西洞庭国家现代农业示范区正式授牌。在此基础上，西洞庭管理区于 2015年成功获批为国家农业科技园；2017 年，获批为国家高新技术产业开发区西洞庭生物科技园，并成为湖南国家现代农业产业园 5 个备选园区之一。

园区经过多年运行，现已出台企业发展、现代农业发展、引进人才、招商引资优惠政策等涉及产业发展各方位的多项相关文件，组建起一套高效的管理服务团队，一个现代全产业链园区管理机制已初步建立。园区充分发挥平湖区优势，优质水稻产业已实现规模化、机械化生产，且便于管理。园区实施"三改三化"。"三改"，即稻-油改为稻-虾、稻-油改为稻-蓟、棉地改为饲料地；"三化"，即玉米秸秆饲料化、油菜秸秆饲料化、水稻秸秆及朝鲜蓟下脚料饲料化。园区以朝鲜蓟为主的特色蔬菜规模化经营程度高，占全国的 70%。朝鲜蓟经济附加值高，农民增收空间大，萃取后残渣可作奶牛饲料添加剂。对洞庭湖区乃至南方地区的农业供给侧改革具有非常显著的示范和推广价值。

3. 主要做法

（1）立足传统优势，做"强"一产。园区把发展传统产业作为推进现代农业发展的基础，切实加强示范引导，积极推动农业结构调整，以朝鲜蓟为重点，带动菜藕、冬南瓜、水稻、柑橘、水产等农产品，逐步做大做强了具有地方特色的优势农业产业。

一是加强标准园区建设。自 2005 年引进试种朝鲜蓟以来，经过研究与总结，园区形成了朝鲜蓟无公害生产、高产栽培技术、营养快育苗技术等一系列规程，并进行集中示范和推广；建设了面积 1 400 公顷的朝鲜蓟标准化示范园，朝鲜蓟平均产量提高到 9 750 千克/公顷。在朝鲜蓟标准化示范园的示范带动下，逐步开发形成了清水塘水产健康养殖、棠叶湖蔬菜（朝鲜蓟）、清水塘蔬菜、毡帽湖蔬菜（朝鲜蓟）、永昌生猪、毡帽湖水产 6 个标准化示范基地，进一步调优了西洞庭农业结构，推动了产业升级。

二是创新农业经营体系。园区大力发展新型农业经营主体，加快农民专业合作社、家庭农场、种养大户发展和高素质农民培育。目前，全区家庭农场达到 82 家，农民专业合作社达 47 家；其中，省级示范社 3 家，种养大户总数达 564 户，认定生产经营型高素质农民 146 个。新型经营主体的发展壮大，促进了规模生产，全区流转土地达到 2 200 公顷。同时，大力发展订单农业，朝鲜蓟、水稻、生猪、油菜等主要农产品实现了订单生产，有力地保障了农业稳定发展。

三是实施特色品牌战略。园区坚持质量为本、品牌引领，以标准化生产为基础，注重"三品"认证管理，积极申报地理标志和名牌农产品，侧重策划包装和宣传推介，强化科技创新和文化创意提升，不断增强农产品市场竞争力，使一批有特色、有内涵、有影响力、有竞争力的当地农产品品牌脱颖而出。目前，全区认定无公害农产品 4 个、绿色食品 4 个，农产品违禁物残留检测合格率达 100%，已有"鑫湘汇""湘雅"等 4 个中国驰名商标和"祝丰""广益"等 13 个省著名商标，形成了具有地方特色的西洞庭农字号名牌集群。

（2）延伸产业链条，做"优"二产。园区利用本地丰富的农产品资源，有效延伸农业产业链条，实行产、加、销一体化发展，让当地农民获得更多的增加值。

一是加强产品研发。与中国农业大学、湖南农业大学、国家植物功能成分利用工程技术研究中心、湖南省餐饮行业协会签约，启动了对一系列朝鲜蓟功能产品和保健品的研发。汇美农业建立了国内第一家朝鲜蓟工程技术研究中心，培养出一批国内技术领先的朝鲜蓟种植研发人员，研发出国内第一种朝鲜蓟保肝、护肝新产品，朝鲜蓟生产出口量保持全国第一。公司现拥有 10 项专利，其中发明专利 3 项、实用新型专利 7 项，成为带动当地产业结构调整、农民致富、财政增收的一大亮点。

二是推动农产品加工。依托当地的特色农产品大力发展农产品加工业，把农产品生产优势转化为经济优势。全区现有汇美农业、广益粮油棉、麒月香食品、伊康食品等规模以上农产品加工企业 13 家，农产品加工转化率达到 96％以上。2018 年，实现农产品加工业销售收入 50 亿元，同比增长 6.7％。例如，汇美农业科技有限公司是一家以果蔬罐头加工、销售为主的国家级农业产业化龙头企业，现有资产 2 亿多元，从业人员 1 000 多人。公司主要将当地的朝鲜蓟、柑橘、冬瓜等农产品加工成水果罐头、蔬菜罐头及冬瓜馅料等，年加工朝鲜蓟罐头成品能力 10 000 吨以上、柑橘罐头 150 000 吨，创产值 5 亿元，创利税 2 000 万元以上。

三是抓好产品营销。以当地特色农产品为基础，积极抓好宣传推介，使当地农产品不仅畅销全国，而且远销欧美等发达国家。例如，汇美农业公司产品远销美国、欧盟、韩国、日本、泰国等国家和国内各个地区，年出口朝鲜蓟罐头 5 000 吨；麒月香食品有限公司主要经营副食、糕点、月饼馅料、蛋制品和月饼的生产加工销售，公司与东莞华美、深圳安琪、徐福记、天福茗茶、中山帝皇等一大批全国著名的食品企业建立了密切的长期战略合作关系；永昌汇一食品有限公司以"争创一流食品企业，打造国际知名品牌"为宗旨，坚持以国内外生猪市场为导向，为肉类消费市场提供高端、营养、健康、方便的猪肉食品。同时，园区还引入先进要素，积极发展电子商务，如荷湘甲鱼、毡帽湖蔬菜等产品都建立了网络销售渠道。

（3）拓展农业功能，做"活"三产。在发展农业产业的同时，特别注重农业生产功能的拓展，全面做"活"三产。全区年接待游客 3 万人次，实现综合收入 1 000 万元，拓展形成了春赏花、夏纳凉、秋采摘、冬健身、全年农家乐的农业产业模式。

一是打造节庆农业。2019 年，举办了第二届中国西洞庭朝鲜蓟养生文化旅游节暨第二届朝鲜蓟生物科技高峰论坛。期间，朝鲜蓟采果比赛、朝鲜蓟茶艺表演、知识抢答、烹饪大赛、彩色乐跑、参观加工现场等各种活动精彩不断，吸引了 5 万游客来西洞庭游玩，让更多人认识西洞庭、爱上西洞庭。同时，节庆活动引起中央电视台 7 台的关注，农田到餐桌栏目组于 2016 年 5 月 10～16 日在西洞庭开展"农田到餐桌，走进西洞庭"专题节目摄制。

二是发展观光农业，将特色农业产业发展与生态乡土景观融合。着力打造以观赏、采摘、体验、养生为主要形式的"西洞庭乡村游"品牌。园区拥有"红、绿、蓝、紫、金"五线合一的生态体系、"柔美、秀丽、宁静、闲适"的水乡风貌、"开阔、简洁、大气"的大地景观概念，将景观与农业相结合，使特色农业产业形成长期效应，突出把当地"水"的景观资源做到极致。

三是开发主题农业，重点是开发毡帽湖村水稻主题乐园。该水稻主题乐园位于毡帽湖村和涂家湖村境内交界处，总面积70公顷，总投资2亿元。水稻主题乐园以"梦里水乡、稻田乐园"为主题，以"水、稻、鱼、情"为关键词，定位为"稻米文化为主题的休闲创意农业综合体、稻田综合种养为特色的现代生态农业示范园区"；新建洋蓟生物科技产业园。项目规划总用地面积214 107平方米（合321亩），建（构）筑物基地面积173 989平方米，建筑面积40 020平方米；主要包括建设植物功能提取车间、保健功能食品GMP生产车间、专家科研楼、药理实验检验检测中心、产品推广中心、农业科技成果展示中心、农业科技培训中心、游客接待中心、生态温室餐厅、农家体验工坊、智能温控科研大棚、简易大棚、种子种苗繁育基地、大田作业试验区、采摘园。项目建成后，预计每年能吸引游客2万人次。

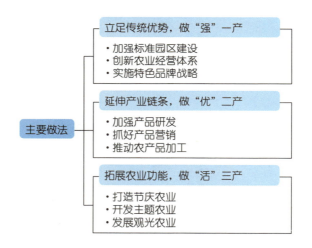

三、利益联结机制

创新农企利益联结机制。充分发挥市场配置资源的决定性作用，发展多种形式的利益联结模式，逐步建立完善适应不同产业、不同发展阶段的农企利益联结机制，让企业与农户实现双赢。

1. **股份合作型**　鼓励企业和农户通过双向入股进行利益联结。农民以土地、劳动力等要素入股企业，参与、监督企业的经营管理；企业以资金、技术、良种等要素入股合作社或农户，采取按股分红和二次利润返还等方式，使农户分享到加工、流通环节的利润。通过该种方式有效建立起农企利益共同体。

2. **订单合同型**　引导企业在平等互利基础上，与农户、农民合作社、家庭农场签订农产品购销合同，合理确定收购价格，形成稳定购销关系；鼓励农产品产销合作，建立技术开发、生产标准和质量追溯体系，设立共同营销基金，打造联合品牌。通过该种方式建立相对稳定的产品供求关系。

3. **服务协作型**　龙头企业利用资产进行抵押贷款，通过合作社发放或直接发放给农户，用于扩大种养规模、增加科技投入。同时，龙头企业发挥技术优势，通过统一种肥（饲料）、统一植保（防疫）、统一管理，为农户提供技术服务。农户发挥种养技能优势，为龙头企业提供优质农畜产品。通过金融和技术协作，使龙头企业与农户建立起比较紧密的利益联结。

4. **流转聘用型**　农户将土地流转给龙头企业，每年获得稳定的土地流转费。龙头企业通过土地流转来扩大生产经营规模，农民在龙头企业从事农业生产劳动，成为产业工人，赚取相应的劳动报酬，从而获得比较稳定的收入。农民通过土地流转和返聘为工的方式，与龙头企业建立紧密的利益联结。

四、主要成效

1. **经济效益**　通过园区建设实现农业的产业化、规模化、市场化运营，实现要素的集中利用及连片开发、市场的统一开拓、品牌的统一建设，实现农民增收、经营主体增效的目标。依托园区和农业产业优势，辐射带动周边约 1 万户农民入社发展 1 万亩朝鲜蓟、1.5 万亩优质稻增产增效。通过采取统一供种、统一提供有机专用肥、统一技术服务与指导、统一植保、统一回收"五统一"措施，为农户产生效益 3 000 万元；通过大力培育扶持龙头企业、合作社、专业大户，建立多种利益联结机制，实行标准化、规模化种植，不仅整合了分散小农户的劳动力、资金、土地等生产要素，农户还可获得免费的技术指导，形成了群体优势，提高了农户组织化程度，从而降低了农户生产及交易成本，节约成本 500 万元；生产基地全面推行了"一控两减三基本"，以质量认证和标准化生产的方式提升品质，确保农产品安全生产和可持续供给，产品品质增加产值 1 000 万元。园区充分发挥朝鲜蓟、优质稻等优质特色产业带动能力，通过功能拓展、延伸产业链条带动农户在采摘、餐饮住宿等方面的增收，共增收 1 500 万元。由于引进、延伸产业链条、与周边产业形成融合发展，以及电商、微商等新业态和新模式迅速崛起，园区实现了产业功能多样化，增加产值 300 万元。生态观光产业年新增接待游客 2 万人次，可以实现年新增旅游收入 500 万元左右；农产品电商平台新增销售收入 500 万元左右，并影响农产品交易，平均增加收益 10% 左右。

2. **社会效益** 园区企业招用本地就业困难农民就业，可新增就业岗位 1 500 个以上，有助于解决当地剩余劳动力的就业问题，并通过规模化、标准化、科技化的新型农业产业经营模式培养和提升农民的职业素养，培育现代农业产业工人，提高农民工作的技术含量和劳动价值，促进农业产业的长效发展。同时，良好的就业形势可以保障农民增收，促进社会稳定。品牌辐射周边，带动区域发展，将"朝鲜蓟""优质稻"特色品牌建设为湖南省名片级品牌，成为区域性的产业转型新洼地。提升优势产业、目标区域的市场吸引力，市场需求激发产业需求，辐射周边区域，促进周边的农业产业化进程，带动周边区域社会经济发展；实现资源要素集聚，增强一二三产业融合。农业数字化、农业机械化、"互联网+"等新一代技术正向农业生产、经营、服务领域渗透，园区按照企业集中、要素集聚、产业集群、经营集约的要求，将生产基地、加工企业、物流配送、市场营销等环节首尾相连、上下衔接、一体推进，实现一二三产业相互带动、相互促进，增强产业融合发展水平。带动贫困户精准脱贫，通过土地流转、龙头企业带动、组建专业合作社等方式，建立贫困村农户与龙头企业、专业合作社利益联结机制，吸纳劳动力转移就业，形成财产性收入、工资性收入、种植经营性收入等稳定增收机制。

3. **生态效益** 实现了农业生产与资源环境承载平衡，切实保护生态环境，避免过度开发。通过采用绿色、有机农产品生产技术，有效提高化肥利用率，加大有机肥施用量，减少农药、化肥施用，对废旧农膜进行回收或再利用，有效防止农业面源污染，改善土壤结构，提高土壤肥力和水体质量，保障现代农业的可持续发展；通过实施畜禽养殖废弃物资源化利用工程、农副资源综合开发工程、清洁化生产等工程，提升牲畜粪便及农作物秸秆处理再利用等技术，变"废"为宝，实现农业可再生资源的合理开发与利用，在发展现代农业的同时，节约资源、保护环境，走资源节约型和环境友好型的良性发展道路。

五、启示

建设食品工业园，发展特色现代农业，通过全面科学分析与论证，准确把握农业发展的优势与劣势，从国家政策和周边区域的发展态势等方面分析、谋划好西洞庭农业发展。坚持用市场化理念和发展工业的办法，大力发展各具特色、优势明显、竞争力强的特色农业产业。

1. 调结构，增效益 坚持把发展绿色、安全、高效的现代农业作为主攻方向，加快调整农业主导产业结构，促进农业增效。坚持以市场为导向，因地制宜发展产业。坚持走品质化发展之路，按照国际标准抓好农产品质量。

2. 抓培育，促带动 深化"加工企业＋合作社、村＋家庭农场""公司＋基地＋农户"模式，引导农业经营主体在推进现代农业发展中发挥主力军作用。规范培养专业大户、农民合作社、龙头企业等，促进其分工协作、优势互补、网络发展。

3. 深化特色农业产业发展 因地制宜地加强特色产业园、特色产业片区的发展，深化蔬菜业、林果业、畜牧业等基地建设，形成特色资源优势和品牌优势，为后续产业链延伸提供基础。

4. 抓好食品工业园 在一定区域范围内，按照专业化分工的要求，将上下游各类主体有机连接在一起，推进一二三产业融合。

5. 创新农村产业融合发展的投融资机制 按照企业主导、政府支持、社会参与、市场运作的原则，构建财政支持、金融保障、社会投入相结合

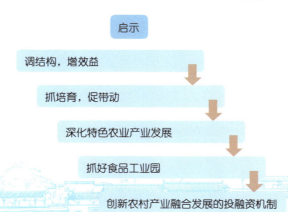

的多元化投融资机制。制定企业通过政府和公私合营模式（PPP）等进入农村产业融合发展的办法，鼓励社会资本参与农村产业融合发展。2020年，建立了农村产业融合发展证券化融资模式，实现了金融资本与融合发展资金需求的高效匹配。

附　　录

附录 1　农业部　财政部关于开展国家现代农业产业园创建工作的通知

各省、自治区、直辖市及计划单列市农业（农牧、农村经济）厅（局、委、办）、财政厅（局），新疆生产建设兵团农业局、财务局，黑龙江省农垦总局、广东省农垦总局：

根据中央农村工作会议、《中共中央　国务院关于深入推进农业供给侧结构性改革加快培育农业农村发展新动能的若干意见》（中发〔2017〕1号）以及《2017年政府工作报告》部署与要求，贯彻落实全国春季农业生产暨现代农业产业园建设工作会议精神，为突出现代农业产业园产业融合、农户带动、技术集成、就业增收等功能作用，引领农业供给侧结构性改革，加快推进农业现代化，农业部、财政部现就开展国家现代农业产业园创建工作通知如下。

一、充分认识建设国家现代农业产业园的重大意义

国家现代农业产业园是在规模化种养基础上，通过"生产＋加工＋科技"，聚集现代生产要素，创新体制机制，形成了明确的地理界限和一定的区域范围，建设水平比较领先的现代农业发展平台，是新时期中央推进农业供给侧结构性改革、加快农业现代化的重大举措。各地要深化认识，精心组织，切实做好创建申请和建设工作。

（一）建设国家现代农业产业园，为引领农业供给侧结构性改革搭建新平台。建设国家现代农业产业园，有利于在更高标准上促进农业生产、加工、物流、研发、示范、服务等相互融合，激发产业链、价值链的重构和功能升级，促进产业转型、产品创新、品质提升，创造新供给、满足新需求，引领新消费，提高农业供给质量和效益。

（二）**建设国家现代农业产业园，为培育农业农村经济发展新动能创造新经验。**建设国家现代农业产业园，有利于在更深层次上吸引和集聚土地、资本、科技、人才、信息等现代要素，加快改革举措落地，创新发展体制机制，打通先进生产力进入农业的通道，全面激活市场、激活要素、激活主体，促进产业集聚、企业集群发展，发挥引领辐射带动作用，形成农业农村经济发展新的动力源。

（三）**建设国家现代农业产业园，为探索农民持续增收机制开辟新途径。**建设国家现代农业产业园，有利于在更大范围上发挥政策优势和服务优势，为中高等院校毕业生、农民工等开展规模种养、农产品加工、电商物流等创业创新提供"演练场"和"大舞台"，为农民通过股份合作等方式参与分享二三产业增值收益，构建利益联结、共享机制提供有力保障。

（四）**建设国家现代农业产业园，为推进农业现代化建设提供新载体。**建设国家现代农业产业园，有利于在更广领域集中政策资源，加快改善农业生产条件，加速科技推广应用，推进专业化、集约化、标准化生产，提高土地产出率、资源利用率、劳动生产率，促进农业转型升级，示范带动区域现代农业发展。

二、总体要求

（一）**指导思想。**认真贯彻党中央国务院决策部署，紧紧围绕推进农业供给侧结构性改革这个主线，立足优势特色产业，以提高农业质量效益和竞争力为中心任务，以培育壮大新型农业经营主体、推进一二三产业融合为重点，聚力建设规模化种养基地为依托、产业化龙头企业带动、现代生产要素聚集的现代农业产业集群，促进农业生产、加工、物流、研发、示范、服务等相互融合和全产业链开发，创新农民利益共享机制，带动农民持续稳定增收，加快构建现代农业产业体系、生产体系、经营体系，打造高起点、高标准的现代农业发展先行区，为农业农村经济持续健康发展注入新动能新活力。

（二）**基本原则。**一是政府引导，市场主导。统筹兼顾，因地施策，强化政府规划引领、机制创新、政策支持和配套服务，充分发挥市场主体在产业发展、投资建设、产品营销等方面的主导作用，形成多种有效建设模式。二是以农为本，创新发展。立足资源禀赋，突出发展优势主导产业，拓展产业链，提升价值链，挖掘农业多种功能，推进一二三产业深度融合，坚决防止非农异化，不能成为少数加工企业的工业园。三是多方参与，农民受益。坚持城乡统筹，倡导开门办园、"有边界，无围墙"，发挥农业产业化龙头企业带动作用，注重吸引多元主体、全社会力量参与产业园建设。坚持为农、贴农、惠农，完善利益联结机制，带动农民就业增收，让农民分享产业园发展成果。四是绿色发展，生态友好。发展绿色产业，创设绿色政策，推广绿色模式，大力推行农业节水，建立绿色、低碳、循环发展长效机制，率先实现"一控两减三基本"，污水、废气排放达标，垃圾有效处理。

（三）目标。按照"一年有起色、两年见成效、四年成体系"的总体安排，建成一批产业特色鲜明、要素高度聚集、设施装备先进、生产方式绿色、经济效益显著、辐射带动有力的国家现代农业产业园，加快补齐农业现代化短板，构建我国"三农"发展动力结构、产业结构、要素结构，形成农民收入增长新机制，推动农业农村经济向形态更高级、分工更优化、结构更合理阶段演进。

三、创建条件及建设任务

（一）创建条件。创建国家现代农业产业园应达到以下条件：

1. 发展功能定位准确　产业园建设思路清晰，发展方向明确，突出规模种养、加工转化、品牌营销和技术创新的发展内涵，突出技术集成、产业融合、创业平台、核心辐射等主体功能，突出对区域农业结构调整、绿色发展、农村改革的引领作用。

2. 规划布局科学合理　产业园建设与当地产业优势、发展潜力、经济区位、环境容量和资源承载力相匹配。产业园专项规划或方案符合当地经济社会和农业发展规划的要求，并与有关规划相衔接。产业园有明确的地理界限和一定的区域范围，全面统筹布局生产、加工、物流、研发、示范、服务等功能板块。

3. 建设水平区域领先　产业园各项指标区域领先，现代要素高度集聚，技术集成应用水平较高，一二三产业深度融合，规模经营显著，新型经营主体成为园区建设主导力量，体制机制创新活力迸发。主导产业集中度较高，占产业园总值的50%以上。

4. 绿色发展成效突出　种养结合紧密，农业生产清洁，农业环境突出问题得到有效治理。农业水价综合改革顺利推进，全面推行"一控两减三基本"。生产标准化、经营品牌化、质量可追溯，产品优质安全，无公害农产品生产全覆盖，绿色食品认证比重较高。绿色、低碳、循环发展长效机制基本建立。

5. 带动农民作用显著　入园企业积极创新联农带农激励机制，通过构建股份合作等模式，建立与基地农户、农民合作社"保底＋分红"等利益联结关系，实现产业融合发展，让农民分享产业增值收益。园区农民可支配收入持续稳定增长，原则上应高于当地平均水平 30% 以上。

6. **政策支持措施有力**　地方政府支持力度大，统筹整合财政专项、基本建设投资等资金优先用于产业园建设，并在用地保障、财政扶持、金融服务、科技创新应用、人才支撑等方面有明确的政策措施，政策含金量高，有针对性和可操作性。水、电、路、讯、网络等基础设施完备。

7. **组织管理健全完善**　产业园建设主体清晰，管理方式创新，有适应发展要求的管理机构和开发运营机制，形成了政府引导、市场主导的建设格局。

对地方申请创建的现代农业产业园，符合上述条件的，可批准创建国家现代农业产业园。

（二）建设任务。 创建国家现代农业产业园，应重点围绕以下任务开展建设：

1. **做大做强主导产业，建设优势特色产业引领区**　依托优势特色主导产业，建成一批规模化原料生产大基地，培育一批农产品加工大集群和大品牌，将产业园打造为品牌突出、业态合理、效益显著、生态良好的优势特色产业发展先行区。

2. **促进生产要素集聚，建设现代技术与装备集成区**　聚集市场、资本、信息、人才等现代生产要素，推进农科教、产学研大联合大协作，配套组装和推广应用现有先进技术和装备，探索科技成果熟化应用有效机制，将产业园打造成为技术先进、金融支持有力、设施装备配套的现代技术和装备加速应用的集成区。

3. **推进产加销、贸工农一体化发展，建设一二三产业融合发展区**　构建种养有机结合，生产、加工、收储、物流、销售于一体的农业全产业链，挖掘农业生态价值、休闲价值、文化价值，推动农业产业链、供应链、价值链重构和演化升级，将产业园打造成为一二三产业相互渗透、交叉重组的融合发展区。

4. **推进适度规模经营，建设新型经营主体创业创新孵化区**　鼓励引导家庭农场、农民合作社、农业产业化龙头企业等新型经营主体，重点通过股份合作等形式入园创业创新，发展多种形式的适度规模经营，搭建一批创业见习、创客服务平台，降低创业风险成本，提高创业成功率，将产业园打造成为新型经营主体"双创"的孵化区。

5. **提升农业质量效益和竞争力，建设现代农业示范核心区**　加快农业经营体系、生产体系、产业体系转型升级，推进质量兴农、效益兴农、竞争力提升，树立农业现代化建设的标杆，将产业园打造成示范引领农业转型升级、提质增效、绿色发展的核心区。

四、创建工作要求

（一）**加强组织领导**。各省（区、市）要高度重视，把国家现代农业产业园创建工作摆在重要位置，建立由分管省领导挂帅，省农业、财政厅（委、局）牵头的申请创建国家现代农业产业园工作协调机制，统筹负责组织创建工作。

（二）**强化创建指导**。各地方要加强调查研究，准确把握产业园功能定位，突出以规模种养基地依托、龙头企业带动、现代生产要素集聚，突出探索农民分享二三产业增值收益的体制机制，突出以新理念新办法新机制建设产业园。立足当地资源优势，科学编制产业发展建设规划，合理确定产业园建设布局。要严格按照创建条件，遴选推荐国家现代农业产业园，鼓励积极争创。

（三）**加大政策支持**。各地方应加大对创建国家现代农业产业园的支持力度。统筹现有渠道资金，按照"渠道不乱、用途不变"的原则向园区适当倾斜，形成集聚效应。发挥财政资金的引领作用，通过 PPP、政府购买服务、贷款贴息等方式，撬动更多金融和社会资本投入园区建设。鼓励地方创新产业园管理体制和产业园投资、建设、运营方式。

五、申请创建数量、程序和中央财政支持政策

（一）**申请创建数量**。2017 年，根据各省（区、市）2015 年农林牧渔业总产值确定国家现代农业产业园申请创建数量。总产值 5 000 亿以上、2 000 亿～5 000 亿元、2 000 亿元以下的省（区、市），分别按照 3 个、2 个和 1 个控制数申请创建国家现代农业产业园，超报的不予受理。计划单列市名额计入本省指标，由所在省统筹安排上报。新疆生产建设兵团、黑龙江省农垦总局和广东省农垦总局可单独申请创建 1 个国家现代农业产业园。

（二）**申请创建程序**。按照由产业园所在地人民政府提出申请，省级农业和财政厅（委、局）核报省级政府同意后报农业部、财政部的程序，开展申请创建工作。新疆生产建设兵团、黑龙江省农垦总局和广东省农垦总局直接报农业部、财政部。农业部、财政部按照高标准、少而精、宁缺毋滥的要求，联合组织竞争性选拔。符合创建条件的，经公示后可批准创建国家现代农业产业园；经一定时间建设达到国家现代农业产业园标准的，可批准为国家现代农业产业园。

（三）**中央财政支持政策**。根据产业园的规划面积、园内农业人口数量、地方财政支持情况等因素，中央财政通过以奖代补方式对批准创建的

国家现代农业产业园给予适当支持。为体现激励约束，强化地方政府责任，奖补资金分期安排。农业部、财政部将建立"能进能退、动态管理"的国家现代农业产业园考核管理机制，对考核不合格的，不再给予奖补资金，并按规定撤销创建资格，对绩效考核成绩突出的加大奖补力度。

各省（区、市）应于 2017 年 4 月 30 日前报送申请创建材料（附电子文档光盘，一式 7 份，其中 5 份报农业部、2 份报财政部），超期不予受理。申请创建材料应包括产业园发展现状、功能定位和思路目标、创建内容、带动农民、支持政策、运行管理机制、保障措施及相关证明材料等方面内容。在申请创建过程中，如有什么疑问，请及时与农业部发展计划司、财务司、财政部农业司联系。

农业部　财政部

2017 年 3 月 29 日

附录 2 国家农业科技园区发展规划 (2018—2025 年)

为深入贯彻落实党的十九大报告关于"实施乡村振兴战略"精神和中央 1 号文件关于"提升农业科技园区建设水平"要求，落实《"十三五"国家科技创新规划》和《"十三五"农业农村科技创新规划》要求，进一步加快国家农业科技园区创新发展，科技部、农业部、水利部、国家林业局、中国科学院、中国农业银行共同制订了《国家农业科技园区发展规划(2018—2025 年)》。

当前，我国正处于深入实施创新驱动发展战略、全面深化科技体制改革、推进农业农村现代化的关键时期，处于全面建成小康社会和进入创新型国家行列的决胜阶段。为深入贯彻党的十九大关于"实施乡村振兴战略"部署和《中共中央 国务院关于实施乡村振兴战略的意见》精神，认真落实《"十三五"国家科技创新规划》和《"十三五"农业农村科技创新规划》要求，进一步加快国家农业科技园区(以下简称"园区")创新发展，制订本规划。

一、现状与成就

为落实中共中央、国务院《关于做好 2000 年农业和农村工作的意见》(中发〔2000〕3 号)中"要抓紧建设具有国际先进水平的重点实验室和科学园区，并制定扶植政策"和国务院办公厅《关于落实中共中央、国务院做好 2000 年农业和农村工作意见有关政策问题的通知》(国办函〔2000〕13 号)中"科学园区由科技部牵头，会同有关部门制定建设规划和政策措施"精神，自 2000 年以来，科技部联合农业部、水利部、国家林业局、中国科学院、中国农业银行等部门，启动了国家农业科技园区建设工作。园区发展经历了试点建设(2001—2005 年)、全面推进(2006—2011 年)、创新发展(2012 年至今)3 个阶段。截至 2017 年底，已批准建设了 246 个国家级园区，基本覆盖了全国所有省、自治区、直辖市、计划单列市及新疆生产建设兵团，初步形成了特色鲜明、模式典型、科技示范效果显著的园区发展格局。按照建设和运营主体的差异，园区形成了政府主导型(占 87.0%)、企业主导型(占 9.7%)、科研单位主导型(占 3.3%)3 种模式。近年来，园区基于自身发展模式和区域特色等，为适应创新驱动发展的需要，在功能定位、规划布局上出现了一系列新变化、政府主导型园区向农业高新技术产业培育和产城、产镇、产村融合的"杨凌模式"发展，其他两类园区分别向科技服务和成果应用方向发展。

自开始建设以来，园区建设得到了各有关部门、各级政府的大力支持，中央1号文件先后7次对园区工作作出部署，为园区有序、健康发展提供了坚实保障，同时也为依靠科技创新驱动现代农业发展提供了新型模式和示范样板。

（一）保障国家粮食安全的重要基地

在东北平原、华北平原、长江中下游平原的13个粮食主产省份，先后部署了117个园区。通过实施国家种业科技创新、粮食丰产科技工程、渤海粮仓科技示范工程等重大科技项目，园区已成为优良农作物新品种、粮食丰产技术集成创新的示范基地，为粮食产量十二连增作出了重要贡献。截至2015年底，园区累计增产粮食5600多万吨，增加效益1000多亿元，有力地带动了园区周边地区粮食增产增效，推动实现"藏粮于地、藏粮于技"。

（二）加快农业科技创新创业和成果转移转化的重要平台

园区注重政产学研合作交流平台和技术研发平台建设，吸引大学、科研院所和企业入驻，联合开展农业技术研发。深入推行科技特派员制度，积极引导科技人员创新创业，鼓励科技特派员创办农业科技型企业，建设"星创天地"，健全新型社会化农业科技服务体系，发展星火基地、农科驿站、专家大院、科技服务超市及农技信息化服务，加速农业科技成果的转移转化。目前，已建成的246家园区核心区面积579万亩，示范区2.0亿亩。园区引进培育的农业企业总数达8700多家，其中高新技术企业1555家。累计引进培育新品种4.09万个，推广新品种1.46万个，引进推广各类农业新技术2.2万项，审定省级及以上植物和畜禽水产新品种642项，取得专利授权超过4000项。

（三）推动农业产业升级和结构调整的重要支撑

园区坚持以创新为动力，加速现代产业组织方式进入农业领域，产业发展形态由"生产导向"向"消费导向"转变，发展模式由"拼资源、拼环境"的粗放式发展向"稳数量、提质量"的集约式发展转变，有力地推动了产业升级和结构调整。园区内粮食、蔬菜、花卉、林果、农产品加工等传统产业不断发展壮大，农产品物流、科技金融、电子商务等现代服务业加速成长，推动了农村一二三产业融合发展。园区以展示现代农业技术、培训职业农民为主攻方向，加强农业先进技术组装集成，促进传统农业改造与升级。2015年，园区实现总产值1.2万亿元，培训农民374万人，带动当地农民170万人就业；全员劳动生产率14.25万元/人，比全国 8.90 万元/人高 60.1%，各项创新指标明显优于全国平均水平。

（四）探索农业科技体制机制改革创新的重要载体

按照加快转变政府职能与更好发挥市场作用相结合的要求，加强园区之间政策联动、投资结盟、信息共享、产业互动，进一步激发园区活力，形成了园区自我发展的长效机制，推动了园区产城、产镇、产村融合发展，推进了政府、市场、社会的协同创新，提升公共服务水平，推动金融资源更多向农村倾斜，为建设美丽宜居乡村，加快推进城乡二元结构破解作出新贡献。

二、形势与需求

当前，中国特色社会主义进入新时代，我国社会主要矛盾已经转化为人民日益增长的美好生活需要和不平衡不充分的发展之间的矛盾，我国经济也已由高速增长阶段转向高质量发展阶段。深化供给侧结构性改革，加快建设创新型国家，实施创新驱动发展战略和乡村振兴战略，有力推动了农业农村发展进入"方式转变、结构优化、动力转换"的新时期。园区发展既存在诸多有利条件和机遇，也面临不少困难和挑战，必须更加依靠科技进步实现创新驱动、内生发展。

（一）实施创新驱动发展战略为园区发展提供了新动源

实施创新驱动发展战略，建设世界科技强国，是以习近平同志为核心的党中央在新的历史方位立足全局、面向未来做出的重大战略决策。习近平总书记指出，"实施创新驱动发展战略，必须紧紧抓住科技创新这个'牛鼻子'，切实营造实施创新驱动发展战略的体制机制和良好环境，加快形成我国发展新动源。"当前，全球新一轮农业科技革命和产业变革蓄势待发，信息技术、生物技术、制造技术、新材料技术、新能源技术等广泛渗透到农业农村领域，带动了以绿色、智能、泛在为特征的群体性重大技术突破。深入推行科技特派员制度，创新创业进入活跃期，"大众创业、万众创新"深入人心，人才、知识、技术、资本等创新资源加速流动。园区要准确把握未来发展的阶段性特征和新的任务要求，以创新驱动发展战略为动源，打造科技先发优势，推动更多农业科技成果直接转化为新技术、新产品，形成新产业、新业态，培育新动能、新活力。

（二）推进供给侧结构性改革对园区发展提出了新要求

推进农业供给侧结构性改革任重道远。一方面，农产品价格封顶、农业生产成本抬升、进口农产品冲击、农业资源过度利用与紧缺双重约束日益加剧；另一方面，农村土地流转加速，规模经营比例扩大，新型农业经营主体参与，支撑新型农业经营体系的需求更加迫切；尤其是在经济发展速度放缓的背景下，农民持续增收的压力变大。园区作为农业科技创新、技术应用和产业发展的示范样板，要加快推进农业供给侧结构性改革，把提高农产品的供给质量和效率作为主攻方向，推进农业农村现代化；要建立创新驱动现代农业发展的新模式，融合聚集科教、资本等资源，探索多种模式和途径，孵化、培育农业高新技术企业，提升农业产业整体竞争力，充分发挥科技在农业现代化建设进程中的支撑引领作用。

（三）打赢脱贫攻坚战为园区发展带来新机遇

打赢脱贫攻坚战，全面建成小康社会，是中国共产党对全国人民的庄严承诺，也是中国政府对全世界的郑重宣告。当前我国进入全面建成小康社会决胜期，脱贫攻坚进入攻坚拔寨的冲刺阶段，园区要加强科技供给，发挥示范带动作用，服务于脱贫攻坚的主战场。要充分发挥园区产业集聚、平台载体、政策环境以及基础设施等方面的优势，加快先进适用科技成果的转化应用，培育创新创业主体，加强农民技能培训，推进创业式扶贫，以创业带动产业发展，以产业发展带动精准脱贫，增强贫困地区可持续发展的内生动力。

面对农业农村发展新时期以及供给侧结构性改革的新需求，农业科技园区建设在取得显著成绩的同时，也存在诸多需要进一步完善和亟待解决的新问题，主要表现在：一是引领示范现代农业发展的作用还未充分凸显，园区创新创业、成果转化水平仍需进一步提高，新产业和新业态的集聚效应不够，农业产业竞争力不强；二是区域布局有待进一步优化，园区发展不平衡，建设水平参差不齐，创新资源和要素流动不畅，同质化竞争严重，支撑区域发展显示度不高，东部地区的园区布局密度、发展水平明显高于中西部地区；三是资源整合力度有待加大，园区的组织领导和业务指导有待加强，园区缺乏支撑政策，特别是土地配套政策、金融贷款政策和社会投资政策，导致园区科教资源和创新型企业的集聚力度不强。因此，必须按照党中央国务院的战略部署，按照十九大提出的战略目标，牢牢把握战略机遇，乘势而上，推动园区发展迈上新台阶。

三、总体要求

（一）指导思想

全面贯彻党的十九大精神，以习近平新时代中国特色社会主义思想为指导，统筹推进"五位一体"总体布局和协调推进"四个全面"战略布局，牢固树立和贯彻落实新发展理念，以实施创新驱动发展战略和乡村振兴战略为引领，以深入推进农业供给侧结构性改革为主线，以提高农业综合效益和竞争力为目标，以培育和壮大新型农业经营主体为抓手，着力促进园区向高端化、集聚化、融合化、绿色化方向发展，发展农业高新技术产业，提高农业产业竞争力，推动农业全面升级；着力促进产城、产镇、产村融合，统筹城乡发展，建设美丽乡村，推动农村全面进步；着力促进一二三产业融合，积极探索农民分享二三产业利益的机制，大幅度增加农民收入，推动农民全面发展。

（二）建设定位

集聚创新资源，培育农业农村发展新动能，着力拓展农村创新创业、成果展示示范、成果转化推广和职业农民培训的功能。强化创新链，支撑产业链，激活人才链，提升价值链，分享利益链，努力推动园区成为农业创新驱动发展先行区、农业供给侧结构性改革试验区和农业高新技术产业集聚区，打造中国特色农业自主创新的示范区。

（三）基本原则

1. **坚持创新引领**　深入实施创新驱动发展战略，以科技创新为核心，大力强化农业高新技术应用，培育农业高新技术企业，发展农业高新技术产业，建设一批农业高新技术产业集聚的园区，统筹推进科技、管理、品牌、商业模式等领域全面创新。

2. **加强分类指导**　根据各地区的资源禀赋与发展阶段，立足区域农业生态类型和产业布局，对园区进行分类建设和指导，促进区域特色优势产业集聚升级。

3. **强化示范带动**　创新完善园区核心区、示范区、辐射区之间的技术扩散和联动机制，增强园区科技成果转移转化和辐射带动能力，提高农业生产的土地产出率、资源利用率和劳动生产率。

4. **发挥"两个作用"**　更好地发挥政府的引导作用，集成科技、信息、资本、人才、政策等创新要素，加大对园区支持；更好地发挥市场在资源配置中的决定性作用，调动园区与高等院校、科研院所、企业、新型经营主体等各方面的积极性。

（四）发展目标

到 2020 年，构建以国家农业科技园区为引领，以省级农业科技园区为基础的层次分明、功能互补、特色鲜明、创新发展的农业科技园区体系。

——园区布局更加优化。国家级农业科技园区达到 300 个，带动省级园区发展到 3 000 个，基本覆盖我国主要农业功能类型区和优势农产品产业带。

——园区成果转移转化能力不断增强。累计推广应用农业新技术 4 000 项、新品种 6 000 个以上，授权发明专利数在 1 000 个以上。

——园区高新技术产业集聚度有较大提升。培育 20 个产值过 100 亿元、30 个产值过 50 亿的园区，3 000 个农业高新技术企业，10 000 个农业技术成果推广示范基地。

——园区大众创业万众创新成效显著。园区累计创建 500 个"星创天地"，创新创业活动持续涌现，创新创业氛围更加浓厚。

——园区精准脱贫带动能力大幅提升。累计培训农民 1 000 万人次以上，带动周边农民收入增长 20％以上，推动园区成为科技扶贫、精准脱贫的重要载体。

到 2025 年，把园区建设成为农业科技成果培育与转移转化的创新高地，农业高新技术产业及其服务业集聚的核心载体，农村大众创业、万众创新的重要阵地，产城镇村融合发展与农村综合改革的示范典型。

四、重点任务

（一）全面深化体制改革，积极探索机制创新

以体制改革和机制创新为根本途径，在农业转方式、调结构、促改革等方面进行积极探索，推进农业转型升级，促进农业高新技术转移转化，提高土地产出率、资源利用率、劳动生产率。通过"后补助"等方式支持农业科技创新，深入推进科研成果权益改革试点。加快落实农业科技成果转化收益、科技人员兼职取酬等制度规定。完善政策、金融、社会资本等多元投入机制，着力优化投入结构，创新使用方式，提升支农效能，通过创新驱动将小农生产引入现代农业发展的轨道。

（二）集聚优势科教资源，提升创新服务能力

引导科技、信息、人才、资金等创新要素向园区高度集聚。吸引汇聚农业科研机构、高等学校等科教资源，在园区发展面向市场的新型农业技术研发、成果转化和产业孵化机构，建设农业科技成果转化中心、科技人员创业平台、高新技术产业孵化基地。支持园区企业和科研机构结合区域实际，自主承担或联合参与国家科研项目，开展特色优势产业关键共性技术研发和推广。吸引汇聚农业科研机构、高等学校等科教资源，搭建各类研发机构、测试检测中心、院士专家工作站、技术交易机构等重大功能型和科研公共服务平台，促进国际先进技术、原创技术的对接与转化。引导园区积极开展技术培训、创新创业、企业孵化、信息交流、投融资等一体化服务，加强先进实用技术集成示范，打造科技精准扶贫模式，发挥园区窗口效应和带动作用。

（三）培育科技创新主体，发展高新技术产业

打造科技创业苗圃、企业孵化器、星创天地、现代农业产业科技创新

中心等"双创"载体，培育一批技术水平高、成长潜力大的科技型企业，形成农业高新技术企业群。依托园区资源禀赋和产业基础，打造优势特色主导产业，实现标准化生产、区域化布局、品牌化经营和高值化发展，形成一批带动性强、特色鲜明的农业高新技术产业集群。发展"互联网＋园区"等创新模式和新型业态，强化现代服务业与农业高新技术产业的融合发展。加强特色优势产业共性关键技术研发，增强创新能力和发展后劲。突出"高""新"特征，强化高新技术在农业中的应用，使产业链向中高端延伸，形成现代农业发展和经济增长的新业态。

（四）优化创新创业环境，提高园区双创能力

构建以政产学研用结合、科技金融、科技服务为主要内容的创新体系，提高创新效率。建设具有区域特点的农民培训基地，提升农民职业技能，优化农业从业者结构，培养适应现代农业发展需要的新农民。按照实施人才强国战略的要求，聚集一批农业领域战略科技人才、科技领军人才、青年科技人才和高水平创新团队，打造一支素质优良、结构合理的农业科技创新创业人才队伍。促进园区更加注重吸引、培养、使用、激励人才，更加注重发挥创新型企业家、专业技术人才在园区发展中的作用，营造集聚创新创业人才的生态环境。坚持高端人才引进与乡土人才培养并重，鼓励有条件的园区建立创业服务中心和科技孵化器。鼓励大学生、企业主、科技人员、留学归国人员自主创新创业，使各类"双创"主体成为推动农业创新发展的主力军。

（五）鼓励差异化发展，完善园区建设模式

全面推进国家农业科技园区建设，引导园区依托科技优势，开展示范推广和产业创新，培育具有较强竞争力的特色产业集群。按照"一园区一主导产业"，打造具有品牌优势的农业高新技术产业集群，提高农业产业竞争力。建设区域农业科技创新中心和产业发展中心，形成区域优势主导产业，探索创新驱动现代农业发展的特色模式，形成可复制可推广的经验做法。

（六）建设美丽宜居乡村，推进园区融合发展

走中国特色新型城镇化道路，探索"园城一体""园镇一体""园村一体"的城乡一体化发展新模式。整合园区基础设施、土地整治、农业综合开发、新型城镇化等各类资源，兼顾园区生产生活生态协调发展。强化资源节约、环境友好，确保产出高效、产品安全。推进农业资源高效利用、提高农业全要素生产率，发展循环生态农业，打造水体洁净、空气清新、土壤安全的绿色园区。依托园区绿水青山、田园风光、乡土文化等资源，促进农业与旅游休闲、教育文化、健康养生等产业深度融合，发展观光农

业、体验农业、创意农业。打造"一园一品""一园一景""一园一韵",建设宜业宜居宜游的美丽乡村和特色小镇,带动乡村振兴。

五、保障措施

(一)强化组织领导

建立科技部牵头,联合农业部、水利部、林业局、中科院、中国农业银行等相关部门统筹协调,省级科技主管部门业务指导,园区所在市人民政府具体推进的工作联动机制,形成国家和地方共同支持园区创新发展的新模式,建立管理科学、运转高效、部门协同、部省联动的运行机制。适时调整园区协调指导小组成员单位,加强对园区的组织领导、顶层设计。各省级科技行政管理部门要成立园区工作领导小组,推进园区建设。各园区要设立管理委员会,落实必要的管理职权和专职人员,推进"放管服"改革,构建精干高效的管理体系。实施园区"建管分离、管评分离"的管理机制,发挥好各类创新战略联盟的作用,加强园区之间的培训交流、成果对接,为产业发展提供示范引领和服务支撑。加强园区智库建设,成立园区专家咨询委员会,建立区域性园区核心专家库制度。

(二)加大政策支持

结合中央财政科技计划(基金、专项等)管理改革,通过技术创新引导专项(基金)、"三区"人才支持计划科技人员专项计划等,支持园区开展农业科技成果转化示范、创新创业。鼓励国家重点研发计划农业领域项目优先在园区研发试验、科技示范。科技部会同有关部门,探索制定园区土地、税收、金融以及鼓励科技人员创新创业的专项政策,赋予更大的改革试验权。创新科技金融政策,通过政府和社会资本合作(PPP)等模式,吸引社会资本向示范区倾斜,支持园区基础设施建设;鼓励社会资本在示范区投资组建村镇银行等农村金融机构。创新信贷投放方式,鼓励政策性、商业性金融机构在业务范围内为符合条件的示范区建设项目提供信贷支持。各园区所在地人民政府结合本地情况,制定符合当地实际且操作性强的支持园区发展相关政策。各级科技行政管理部门要加大涉农科技计划项目与园区建设的资源整合。对园区创新驱动发展涌现出的新典型、新模式、新机制,及时总结推广,加大对先进单位和个人的表彰力度。

(三)加强协同发展

进一步转变政府职能、提高服务效能,在投融资、技术创新、成果转化、人才管理以及土地流转等方面进行探索创新,推进园区协同创新。建立园区统一的信息平台、交易平台、成果平台、专家平台,实现园区资源整合和互联互通。引导各地园区建立区域联盟主导产业联盟,开展技术、成果、市场、信息共享，推动园区产业发展。国家级农业科技园区在推进农业科技成果转化、农业新兴产业培育、现代农业管理模式创新方面发挥示范作用。省级农业科技园区要因地制宜，突出区域优势，针对区域农业发展瓶颈，开展联合攻关，解决制约区域农业发展的重大问题。进一步加快农业科技成果转化，加强职业农民培训，推进科技扶贫精准脱贫。可结合实际成立园区投资管理公司或园区服务公司，作为园区工程建设、科技研发与企业服务的执行机构，推进园区建设发展。

（四）开展监测评价

落实国家创新调查制度，加强园区创新能力监测评价研究，更加注重经济发展质量和效益，突出对园区科技创新、产业发展、企业培育、辐射带动、脱贫攻坚等方面的考核和评价。建立园区年度创新能力监测与评价制度和工作体系，组织开展园区年度创新能力监测与评价，根据评价结果和区域发展需求进行针对性指导，在对园区评价监测基础上，采取后补助机制及政府购买服务等形式，重点支持科技创新能力提升和高新技术成果转化应用。强化园区动态管理，建立淘汰退出机制，对已经验收的园区定期进行评估，优先支持成绩优秀的园区。对评估不达标的园区责令限期整改，整改后仍不达标的取消国家农业科技园区资格。

图书在版编目（CIP）数据

全国乡村产业园区典型案例：彩图版／农业农村部
乡村产业发展司组编 . —北京：中国农业出版社，
2023.2

（乡村产业振兴案例精选系列）

ISBN 978 - 7 - 109 - 30455 - 0

Ⅰ.①全… Ⅱ.①农… Ⅲ.①农村经济－经济开发区
－案例－中国 Ⅳ.①F327.9

中国国家版本馆 CIP 数据核字（2023）第 026385 号

中国农业出版社出版

地址：北京市朝阳区麦子店街 18 号楼
邮编：100125
责任编辑：刘 伟 文字编辑：胡烨芳
版式设计：书雅文化 责任校对：刘丽香
印刷：中农印务有限公司
版次：2023 年 2 月第 1 版
印次：2023 年 2 月北京第 1 次印刷
发行：新华书店北京发行所
开本：700mm×1000mm 1/16
印张：17.25
字数：310 千字
定价：68.00 元
